die 35 wichtigsten Fälle zum Strafprozessrecht

Hemmer/Wüst/Berberich

Hemmer/Wüst Verlagsgesellschaft

Hemmer/Wüst/Berberich, die 35 wichtigsten Fälle zum Strafprozessrecht

ISBN 978-3-86193-971-9

8. Auflage 2020

gedruckt auf chlorfrei gebleichtem Papier
von Schleunungdruck GmbH, Marktheidenfeld

Inhaltsverzeichnis: Die Zahlen beziehen sich auf die Seiten des Skripts.

Vorwort

Die vorliegende Fallsammlung ist für **Studierende in den ersten Semestern** gedacht. Gerade in dieser Phase ist es wichtig, bei der Auswahl der Lernmaterialien den richtigen Weg einzuschlagen. **Auch in den späteren Semestern und im Referendariat** sollte man in den grundsätzlichen Problemfeldern sicher sein. Die essentials sollte jeder kennen.

Die Gefahr zu Beginn des Studiums liegt darin, den Stoff zu abstrakt zu erarbeiten. Nur ein **problemorientiertes Lernen**, d.h. ein Lernen am konkreten Fall, führt zum Erfolg. Das gilt für die kleinen Scheine / die Zwischenprüfung genauso wie für das Examen. In juristischen Klausuren wird nicht ein möglichst breites Wissen abgeprüft, vielmehr steht der Umgang mit konkreten Problemen im Vordergrund. Nur wer gelernt hat, sich die Probleme des Falles aus dem Sachverhalt zu erschließen, schreibt die gute Klausur. Es geht darum, Probleme zu erkennen und zu lösen. Abstraktes anwendungsunspezifisches Wissen, sog. „Träges Wissen", täuscht Sicherheit vor, schadet aber letztlich.

Bei der Anwendung dieser Lernmethode sind wir Marktführer. Profitieren Sie von der über 40-jährigen Erfahrung des **Juristischen Repetitoriums hemmer** im Umgang mit Examensklausuren. Diese Erfahrung fließt in sämtliche Skripten des Verlages ein. Das Repetitorium beschäftigt **ausschließlich Spitzenjuristinnen und Spitzenjuristen**, teilweise Landesbeste ihres Examenstermins. Die so erreichte Qualität in Unterricht und Skripten werden Sie anderswo vergeblich suchen. Lernen Sie mit den Profis!

Ihre Aufgabe als Juristin oder Jurist wird es einmal sein, konkrete Fälle zu lösen. Diese Fähigkeit zu erwerben ist das Ziel einer guten juristischen Ausbildung. Nutzen Sie die Chance, diese Fähigkeit bereits zu Beginn Ihres Studiums zu trainieren. Erarbeiten Sie sich das notwendige Handwerkszeug anhand unserer Fälle. Sie werden feststellen: Wer Jura richtig lernt, dem macht es auch Spaß. Je mehr Sie verstehen, desto mehr Freude werden Sie haben, sich neue Probleme durch eigenständiges Denken zu erarbeiten. Wir bieten Ihnen mit unserer **juristischen Kompetenz** die notwendige Hilfestellung.

Fallsammlungen gibt es viele. Die Auswahl des richtigen Lernmaterials ist jedoch der entscheidende Aspekt. Vertrauen Sie auf unsere Erfahrungen im Umgang mit Prüfungsklausuren. Unser Beruf ist es, **alle klausurrelevanten Inhalte** zusammenzutragen und verständlich aufzubereiten. Prüfungsinhalte wiederholen sich. Wir vermitteln Ihnen das, worauf es in der Prüfung ankommt – verständlich – knapp – präzise.

Achten Sie dabei insbesondere auf die richtige Formulierung. Jura ist eine Kunstsprache, die es zu beherrschen gilt. Abstrakte Floskeln, ausgedehnte Meinungsstreitigkeiten sollten vermieden werden. Wir haben die Fälle daher bewusst kurz gehalten. Der Blick für das Wesentliche darf bei der Bearbeitung von Fällen nie verloren gehen.

Wir hoffen, Ihnen den Einstieg in das juristische Denken mit der vorliegenden Fallsammlung zu erleichtern und würden uns freuen, Sie auf Ihrem Weg in der Ausbildung auch weiterhin begleiten zu dürfen.

Karl-Edmund Hemmer & Achim Wüst

Allgemeine Einführung zu diesem Fallbuch

Von RA Dr. Bernd Berberich, Würzburg

Häufig werden so genannte „Nebengebiete“ wie die StPO im Studium vernachlässigt. Die Bezeichnung als „Nebengebiet“ sollte allerdings nicht darüber hinwegtäuschen, dass gerade in diesen Bereichen sich häufig die „Spreu vom Weizen“ trennt. Insoweit darf die Bedeutung einer strafprozessualen Zusatzfrage für die Bewertung einer Klausur oder Hausarbeit nicht unterschätzt werden. Es werden häufig durch StPO-Themen wichtige Punkte vergeben, die eine gute Klausur ausmachen. Der Student und auch der Referendar haben sich in einem kurzen Zeitraum möglichst umfassend in ein „Nebengebiet“ einzuarbeiten. Wichtig ist dabei das richtige Lernmaterial. Bei strafprozessualen Fragen in der Ausbildung geht es häufig um die immer wiederkehrenden „Klassiker“. Diese finden Sie in der vorliegenden Fallsammlung.

Erforderlich ist in Klausuren auch Grundverständnis für die Systematik der StPO. Dies ist erlernbar, so dass auch unbekannte Aufgabenstellungen durch das Training mit der Fallsammlung gut lösbar werden. Sie trainieren anwendungsspezifisch die Probleme der StPO. Die Lösungen sind didaktisch aufbereitet. Die Schwerpunktbildung entspricht unserer seit 1970 bestehenden Erfahrung mit der juristischen Ausbildung. Auslegungstechnik und Argumentationsvermögen werden geschult. In jeder Prüfung erwartet der Korrektor eine prägnante und häufig knappe Sprache. Deshalb werden mit einfacher und klarer Sprache die inneren Zusammenhänge der StPO erläutert. Der Korrektor einer Klausur will sehen, ob der Prüfling die Problemstellung präzise erfasst. Insoweit stellen die ausgewählten Fälle wichtige Muster dar.

Bevor es nun gleich mit den Fällchen „losgehen“ soll, noch einige Bemerkungen zur Bedeutung der StPO sowie ein kurzer Überblick über die gesetzlichen Grundlagen. Auch so wird Ihr Grundverständnis verbessert. Gerade bei Gesetzen, die nicht selten den Studenten weniger bekannt sind, ist die Kenntnis dessen, um was es eigentlich bei der gesetzlichen Regelung geht und wie der Gesetzgeber das Gesetz systematisch aufgebaut hat, besonders wertvoll.

Viel Spaß beim Durcharbeiten!

I. Zielsetzung der Strafprozessordung

Die Strafprozessordnung soll - wie alle Prozessordnungen - als formeller Rahmen der praktischen Verwirklichung des Rechts dienen. Während das Strafgesetzbuch sich vor allem mit den verschiedenen Voraussetzungen der Strafbarkeit und den daraus resultierenden verschiedenen Sanktionsmöglichkeiten beschäftigt (*materielles Strafrecht*), regelt die Strafprozessordnung das staatliche Verfahren, um strafbares Verhalten aufzudecken, zu ermitteln und schließlich in einem gerichtlichen Verfahren über die angeklagte Tat zu urteilen (*formelles Strafrecht*).

Typisch für alle Prozessordnungen, und damit auch für die Strafprozessordnung, ist dabei das Spannungsfeld zwischen der effektiven staatlichen Aufgabenerfüllung und der Wahrung der Rechte und Interessen des Einzelnen.

Die Strafprozessordnung soll geeignete Instrumente zur Verfügung stellen, um über die Bestrafung von Delinquenten eine Abschreckung und Erziehung zu erreichen. Dadurch soll die Gesellschaft vor Verletzungen schützenswerter Rechtsgüter bewahrt werden. Insoweit ist eine effektive Strafrechtspflege zur Sicherung des inneren Friedens und zum Funktionieren des Gemeinwesens ein wichtiges Instrument.

Außerdem soll die Strafprozessordnung Vorsorge dafür treffen, dass diese nicht ihrerseits unzumutbar in die Rechte des Einzelnen eingreift. Das Strafprozessrecht ist dabei Prüfstein für die vorherrschende Geisteshaltung hinsichtlich des stets im Wandel befindlichen Verhältnisses zwischen Bürger und Staat. Es wird nicht selten als "Seismograph der Staatsverfassung" oder als "geronnenes Verfassungsrecht" bezeichnet, denn die Instrumente, welche zur effektiven Strafrechtspflege in Betracht kommen, betreffen die Freiheitsrechte des - möglicherweise unschuldigen - Einzelnen ganz erheblich. Man denke nur an die Möglichkeit der Freiheitsentziehung bei der Untersuchungshaft.

Des Weiteren kommen angesichts des unaufhaltsam voranschreitenden Fortschritts in den verschiedensten Bereichen der Wissenschaft immer neue Möglichkeiten der Verbrechensbekämpfung wie zum Beispiel die DNA-Analyse, der so genannte "genetische Fingerabdruck", hinzu.

Es wird abzuwarten sein, welches Gewicht den Rechten des Einzelnen hinsichtlich immer neuer Möglichkeiten der Verbrechensbekämpfung beigemessen wird. Dabei ist stets zu berücksichtigen, dass die staatlich garantierte Menschenwürde in ihrem Kernbereich als unantastbar gilt und diese Freiheit des Einzelnen im und durch das Gemeinwesen eine elementare Säule unseres Rechtsstaats ist.

Dieses Streben nach dem bestmöglichen Ausgleich zwischen einer effektiven Strafrechtspflege und der Beachtung der Grundrechte des Einzelnen ist stark beeinflusst durch die Bewertung der zugrunde liegenden verfassungsrechtlichen Positionen. Der Strafprozessordnung kommt dabei eine überragende Aufgabe zu, indem sie Maßstäbe für die Entscheidung verfahrensrechtlicher Fragestellungen setzt und damit letztlich Verfassungsrecht konkretisiert. Es verwundert angesichts dieses Hintergrunds nicht, dass die Strafprozessordnung einem steten Wandel unterliegt und damit als Spiegel des jeweiligen Zeitgeists betrachtet werden kann.

II. Aufbau der Strafprozessordnung

1. Erstes Buch: Allgemeine Vorschriften

Die Strafprozessordnung ist in acht Bücher untergliedert. Das Erste Buch (§ 1 bis § 149 StPO) enthält allgemeine Vorschriften, die für alle Stadien des Strafverfahrens von Bedeutung sind. Dazu gehören insbesondere die Vorschriften über die örtliche Zuständigkeit (§§ 7 ff. StPO), die Fristen (§§ 42 ff. StPO), Aufgaben und Rechte der Zeugen und Sachverständigen (§§ 48 ff. bzw. 72 ff. StPO).

Weiterhin die verschiedenen Ermittlungsmaßnahmen (§§ 94 ff. StPO), die Regelungen der Verhaftung und vorläufigen Festnahme (§§ 112 ff. StPO), die Vernehmung des Beschuldigten (§§ 133 ff. StPO) sowie seiner Verteidigung (§§ 137 ff. StPO).

2. Zweites Buch: Verfahren im ersten Rechtszug

Das Zweite Buch (§§ 151 bis 295 StPO) behandelt das Verfahren im ersten Rechtszug, welches vom Beginn der Ermittlungen bis zum Urteil reicht. Dabei unterscheidet das Gesetz in chronologischer Sicht zwischen dem Vorverfahren, dem Zwischenverfahren und dem Hauptverfahren.

a) Das Vorverfahren (§§ 151 bis 177 StPO)

Im Vorverfahren geht es im Wesentlichen um die Sachverhaltsermittlung. Zu klären ist durch die Strafverfolgungsbehörden, ob eine Verurteilung des konkret Beschuldigten wahrscheinlicher ist als ein Freispruch, ob mit anderen Worten hinsichtlich des Beschuldigten ein *hinreichender Tatverdacht* festgestellt werden kann. Hierbei versteht sich die Staatsanwaltschaft als "die objektivste Behörde der Welt". Sie ermittelt objektiv alle, also nicht nur die gegen, sondern auch die für den Beschuldigten sprechenden Fakten. Das Vorverfahren steht dabei unter der Herrschaft der Staatsanwaltschaft, welche am Ende des Verfahrens zu entscheiden hat, ob Anklage vor Gericht zu erheben oder das Verfahren einzustellen ist.

Neben der Staatsanwaltschaft ist dabei auch die Polizei zur Verbrechensaufklärung berufen. Insoweit hat diese einerseits selbständig Straftaten zu erforschen (§ 163 I StPO), andererseits hat die Polizei aber auch alle Ermittlungen anzustellen, um die sie von der Staatsanwaltschaft ersucht wird.

Nachdem die Strafverfolgungsbehörden durch Anzeige oder auf anderem Wege von der Möglichkeit, dass eine Straftat begangen wurde, erfahren haben, besteht ein so genannter *Anfangsverdacht*. Es beginnen nun die Ermittlungen zur Aufklärung dieses Verdachts. Dabei ist der Sachverhalt möglichst umfassend aufzuklären und alle belastenden wie entlastenden Umstände zu ermitteln.

Zu diesem Zweck werden zum Beispiel Beschuldigte, Zeugen und Sachverständige vernommen, Durchsuchungen oder Telefonüberwachungen durchgeführt und alles sonst Erforderliche veranlasst.

Auch die Anordnung einer Untersuchungshaft kommt in diesem Stadium bereits in Betracht (vgl. §§ 112 ff. StPO).

Da die verschiedenen Ermittlungsmaßnahmen zum Teil sehr stark in die Freiheitsrechte des Einzelnen eingreifen, ist deren Anordnung grundsätzlich dem persönlich und sachlich unabhängigen Ermittlungsrichter (§ 162 StPO) vorbehalten. Dieser handelt grundsätzlich nur auf Antrag der Staatsanwaltschaft, so dass es bei der Herrschaft der Staatsanwaltschaft während des Vorverfahrens bleibt (siehe auch §§ 165, 167 StPO).

Am Ende des Vorverfahrens stehen verschiedene Möglichkeiten, das Vorverfahren zum Abschluss zu bringen. Falls eine Verurteilung auf Grund der Ermittlungen in tatsächlicher oder rechtlicher Hinsicht nicht wahrscheinlich ist, besteht kein hinreichender Tatverdacht und damit gar kein Anlass zur Klageerhebung. Das Verfahren muss daher eingestellt werden (§ 170 II StPO). In diesem Fall kann der Antragsteller (im Sinne des § 158 I StPO), falls er auch der Verletzte ist, mittels des in den §§ 172 ff. StPO geregelten Klageerzwingungsverfahrens die Staatsanwaltschaft durch eine gerichtliche Entscheidung zur Anklageerhebung zwingen (§ 175 StPO). Diese Möglichkeit stärkt die Position des Bürgers und dient der Kontrolle der Staatsanwaltschaft. Falls dagegen aus Sicht der Staatsanwaltschaft ein hinreichender Tatverdacht besteht, liegt grundsätzlich ein Anlass zur *Erhebung einer Anklage* vor. Allerdings hat die Staatsanwaltschaft zwischen mehreren Möglichkeiten zu wählen, wie weiter zu verfahren ist. So kann sie unter gewissen Umständen teils mit, teils ohne die Zustimmung des zuständigen Gerichts das Verfahren einstellen und von einer weiteren Verfolgung der Tat absehen (§§ 153 ff. StPO). Hält die Staatsanwaltschaft dies für nicht sachdienlich, wird sie Anklage beim zuständigen Gericht erheben, um die Feststellung der Strafbarkeit mittels eines Urteils zu erreichen (§ 170 I StPO).

Gleichzeitig wird damit das Verfahren ins *Zwischenverfahren* übergeleitet. Aber nicht immer rechtfertigt die vermutete Schuld des Beschuldigten den Aufwand der Durchführung eines Strafverfahrens.

In diesen Fällen wird die Staatsanwaltschaft von einer Anklageerhebung absehen und stattdessen einen *Strafbefehl* beantragen (vgl. § 407 I S. 2 StPO). Falls das zuständige Gericht dem Antrag entspricht und der Beschuldigte keinen Einspruch (§ 410 StPO) einlegt, steht der Strafbefehl einem Urteil gleich (§ 410 III StPO). Jedoch ist dabei die gemäß § 373a StPO erleichterte Wiederaufnahmemöglichkeit des abgeschlossenen Verfahrens zu beachten.

b) Das Zwischenverfahren (§§ 199 bis 211 StPO)

Nach Anklageerhebung durch die Staatsanwaltschaft beginnt das Zwischenverfahren. In diesem prüft nun das Gericht, ob bzw. vor welchem Gericht das Hauptverfahren zu eröffnen ist. Eine Eröffnung des Hauptverfahrens setzt voraus, dass das Gericht eine Verurteilung für wahrscheinlich hält. Vor dem *Eröffnungsbeschluss* hat das Gericht dem Angeschuldigten (vgl. § 157 StPO) die Anklageschrift zuzustellen und über Anträge des Angeschuldigten zu entscheiden (§ 201 StPO). Daneben kann das Gericht auch selbst zur besseren Aufklärung der Sache einzelne Beweiserhebungen anordnen (§ 202 StPO). Am Ende des Zwischenverfahrens hat das Gericht schließlich zu entscheiden, ob ein hinreichender Tatverdacht gegenüber dem Angeschuldigten auch aus seiner Sicht besteht.

Bejahendenfalls beschließt das Gericht die Eröffnung des Hauptverfahrens und lässt die Anklage - möglicherweise mit einer rechtlich abweichenden Würdigung (vgl. § 207 II Nr. 3 StPO) - zur Hauptverhandlung zu (§ 207 I StPO). Kann das Gericht in tatsächlicher oder rechtlicher Hinsicht die Auffassung der Staatsanwaltschaft über das Bestehen eines hinreichenden Tatverdachts nicht teilen, hat es die Eröffnung des Hauptverfahrens abzulehnen (§ 204 I StPO). In diesem Fall steht der Staatsanwaltschaft die Möglichkeit offen, gegen die Ablehnung der Eröffnung *sofortige Beschwerde* beim nächsthöheren Gericht einzulegen (§ 210 II StPO).

Insgesamt kommt dem Zwischenverfahren eine *Filterfunktion* zu. Mit der doppelten Prüfung - zunächst durch die Staatsanwaltschaft (s. Vorverfahren), gefolgt von der erneuten Prüfung durch das Gericht im Zwischenverfahren - wird das Ziel verfolgt, den Beschuldigten erst dann einer belastenden öffentlichen Verhandlung auszusetzen, wenn zwei voneinander unabhängige Organe der Rechtspflege eine Verurteilung für wahrscheinlich halten. Bevor es zur öffentlichen Verhandlung kommt, bei der neben dem Gericht und dem Angeklagten gegebenenfalls auch Zeugen und Sachverständige anwesend sein müssen, soll vorab zwischen Gericht und Staatsanwaltschaft Einigkeit über die wesentlichen Eckpfeiler der Anklage erzielt werden.

c) Das Hauptverfahren (§§ 212 bis 295 StPO)

Das durch das Gericht eröffnete Hauptverfahren beginnt mit der Vorbereitung der *Hauptverhandlung*, indem zum Beispiel Termine bestimmt und die Verfahrensbeteiligten geladen werden (§§ 212-225a StPO).

Sodann wird die mündliche Hauptverhandlung durchgeführt, aus deren Inbegriff das Gericht über Schuld und Unschuld des Angeklagten zu entscheiden hat. Die Hauptverhandlung bildet insoweit das Kernstück des gesamten Strafprozesses.

Der Ablauf der Hauptverhandlung durchläuft dabei folgende wesentlichen Stationen: Zunächst wird die Hauptverhandlung durch Aufruf der Sache eröffnet und die Anwesenheit des Angeklagten, des Verteidigers und geladener Zeugen und Sachverständigen festgestellt (§ 243 I StPO). Nachdem die Zeugen den Sitzungssaal verlassen haben, vernimmt der Vorsitzende den Angeklagten über seine persönlichen Verhältnisse (§ 243 II StPO). Diese Befragung dient lediglich der Feststellung der Identität des Angeklagten. Nach der anschließenden Verlesung des Anklagesatzes durch den Staatsanwalt folgt die Vernehmung des Angeklagten, falls dieser nach erfolgtem Hinweis auf sein Schweigerecht (§ 243 V S. 1 StPO) sich gleichwohl zur Sache äußern möchte.

Als nächster Schritt findet die Beweisaufnahme statt (§§ 244 bis 257 StPO). Nur mittels der Beweismittel Zeuge, Sachverständiger, Urkunde oder Augenschein kann der Angeklagte seiner Tat überführt werden (so genanntes Strengbeweisverfahren). Dabei hat der Gesetzgeber Vorsorge dafür getroffen, dass die persönliche Anhörung von Zeugen, Sachverständigen und Mitbeschuldigten nicht in zu großem Umfang durch die Verlesung von Protokollen ersetzt wird (§§ 250 ff. StPO). Denn dadurch erlangt das Gericht eine möglichst unverfälschte Erkenntnis über die maßgeblichen Tatsachen. Nach jeder einzelnen Beweiserhebung wird der Angeklagte gehört (§ 257 StPO).

Hat der Angeklagte einen Verteidiger, ist auch diesem auf Verlangen die Gelegenheit zu geben, sich zu erklären. Dabei ist zu beachten, dass bei bestimmten Verfahrensverstößen durch die unterlassene Rüge des Verteidigers diese Verstöße nicht mehr mittels einer Revision geltend gemacht werden können. Schließlich folgen die Plädoyers des Staatsanwalts und des Verteidigers (§ 258 StPO). Das letzte Wort gebührt dem Angeklagten. Nachdem das Gericht sich zur Beratung und Abstimmung zurückgezogen und eine Entscheidung gefällt hat, folgt die Urteilsverkündung. Dazu verliest der Vorsitzende die Urteilsformel und eröffnet die Urteilsgründe (§ 268 II StPO). Nur wenn das Gericht nach seiner freien, aus dem Inbegriff der Verhandlung geschöpften Überzeugung den Angeklagten für schuldig befindet, erfolgt eine Verurteilung (§ 261 StPO). Andernfalls, also auch wenn die Wahrscheinlichkeit für die Schuld des Angeklagten spricht, ist dieser nach dem Grundsatz "*in dubio pro reo*" freizusprechen. Mit der Urteilsverkündung ist das Verfahren in erster Instanz abgeschlossen.

3. Drittes Buch: Rechtsmittel (§§ 296 bis 358 StPO)

Das dritte Buch beschäftigt sich mit den Rechtsmitteln, welche gegen gerichtliche Entscheidungen eingelegt werden können.

Zu unterscheiden sind die Beschwerde (§§ 304 ff. StPO), die Berufung (§§ 312 ff. StPO) sowie die Revision (§§ 333 ff. StPO), wobei bezüglich der Rechtsmittel Berufung und Revision die strafprozessuale Besonderheit zu beachten ist, dass erstinstanzliche Urteile der Landgerichte sowie der Oberlandesgerichte nur mit der Revision und nicht mit der Berufung angegriffen werden können (vgl. § 312 StPO).

Eine Berufung als zweite Tatsacheninstanz ist folglich nur bei amtsgerichtlichen Urteilen möglich. Damit soll dem Umstand Rechnung getragen werden, dass das Amtsgericht nur durch einen Berufsrichter repräsentiert wird (entweder als Strafrichter, vgl. § 25 GVG, oder als Vorsitzender beim Schöffengericht, vgl. §§ 28, 29 I GVG), während die Kammern bei den Landgerichten sowie die Senate bei den Oberlandesgerichten mit mehreren Berufsrichtern besetzt sind (vgl. §§ 60, 76 GVG bzw. §§ 116, 122 GVG). Da zudem das Amtsgericht eine viel größere Anzahl von Fällen zu bearbeiten hat als die Landgerichte und Oberlandesgerichte, können insoweit eher Fehler bei der tatsächlichen Aufarbeitung unterlaufen, welche durch eine Wiederholung der Beweisaufnahme in der Berufungsinstanz beseitigt werden können (vgl. §§ 74 III, 76 I GVG). Abzuwarten bleibt, ob dieses Modell Bestand haben wird oder ob der Gesetzgeber sich im Rahmen einer Justizreform für eine – freilich schon häufig angedachte – „Stärkung der ersten Instanz“ entscheiden wird. Damit wäre es auch unter Berücksichtigung des Gebots eines effektiven Rechtsschutzes (Art. 19 IV GG) möglich, bei der Zuständigkeit der Amtsgerichte in erster Instanz nur die Möglichkeit der Revision vorzusehen.

Allgemeine Vorschriften zu den genannten Rechtsmitteln enthalten die §§ 296 bis 303 StPO. Von diesen können sowohl der mit dem Urteil beschwerte Beschuldigte als auch die Staatsanwaltschaft Gebrauch machen, wobei die Staatsanwaltschaft auch zugunsten des Beschuldigten Rechtsmittel einlegen kann (§ 296 II StPO).

Während die Beschwerde gegen Beschlüsse des Gerichts und Verfügungen des Vorsitzenden zu richten ist, wenden sich Berufung und Revision gegen das Urteil selbst.

Allen Rechtsmitteln ist der so genannte *Devolutiveffekt* gemeinsam, womit gemeint ist, dass bei deren Einlegung das Verfahren auf die nächsthöhere Instanz verlagert wird. Zudem tritt durch fristgerechte Einlegung von Berufung oder Revision der *Suspensiveffekt* ein: Die Rechtskraft des Urteils wird gehemmt (§ 316 I StPO beziehungsweise § 343 I StPO). Dagegen wird bei Einlegung einer Beschwerde der Vollzug der Entscheidung nicht gehemmt, da der darin begründete Eingriff regelmäßig weniger einschneidend ist als bei einem Urteil (§ 307 I StPO). Jedoch kann im Einzelfall die Vollziehung der angefochtenen Entscheidung durch das Gericht ausgesetzt werden. Auch lediglich der Berufung und der Revision gemeinsam ist das Verschlechterungsverbot (§§ 331, 358 II StPO): Danach darf das Urteil nicht zu Lasten des Angeklagten abgeändert werden, wenn nur zu seinen Gunsten ein Rechtsmittel eingelegt wurde. Allerdings gilt das Verschlechterungsverbot des § 301 StPO dann nicht, wenn ein Rechtsmittel von der Staatsanwaltschaft zu Ungunsten des Angeklagten eingelegt wurde.

Berufung und Revision unterscheiden sich vor allem darin, dass bei der Berufung erneut eine Sachverhaltsermittlung vorgenommen wird und eine eigenständige rechtliche Bewertung erfolgt, wohingegen bei der Revision allein untersucht wird, ob das vorinstanzliche Gericht formelles oder materielles Recht durch das Urteil verletzt hat. Das Revisionsgericht behandelt folglich den ermittelten Sachverhalt als feststehend und untersucht lediglich das Urteil der Vorinstanz auf Rechtsanwendungsfehler. Die Revision ist dann begründet, wenn Verfahrens- bzw. Prozessvoraussetzungen fehlen oder (bzw. zusätzlich) das Urteil auf einer Verletzung des Gesetzes beruht (§ 337 I StPO). Dabei ist zwischen Verfahrens- und Sachrügen zu unterscheiden. Besonders schwerwiegende formelle Verstöße werden als *absolute* Revisionsgründe bezeichnet. Das Urteil ist dann stets als auf einer Verletzung des Gesetzes beruhend anzusehen (§ 338 StPO). Wird ein erheblicher Rechtsanwendungsfehler durch das Revisionsgericht festgestellt, wird regelmäßig das Urteil insoweit aufgehoben und die Sache an ein anderes Gericht gleicher Ordnung zurückverwiesen (vgl. § 354 StPO).

Unter bestimmten Voraussetzungen kann das Revisionsgericht aber auch eine eigene Sachentscheidung treffen, welche sofort in Rechtskraft erwächst, also nicht weiter angefochten werden kann.

Das Berufungsurteil ist dagegen stets eine eigene Sachentscheidung, bei der das erstinstanzliche Urteil entweder (teilweise) aufrechterhalten oder aufgehoben und neu entschieden wird. Gegen die Berufungsentscheidung ist stets noch die Einlegung der Revision möglich. Ist schließlich ein Urteil nicht mehr mit Rechtmitteln angreifbar oder ist dies wegen des Ablaufs der Rechtsmittelfristen nicht mehr möglich, erwächst das Urteil in Rechtskraft. Das bedeutet in aller Regel, dass das Strafverfahren damit endgültig abgeschlossen ist. Nach dem Grundsatz "*ne bis in idem*" ist eine erneute Verurteilung bezüglich der zugrunde liegenden prozessualen Tat verboten (vgl. Art. 103 III GG).

4. Viertes Buch: Wiederaufnahme eines durch rechtskräftiges Urteil abgeschlossenen Verfahrens (§§ 359 bis 373a StPO)

Von dem Grundsatz, dass auch ein fehlerhaftes Urteil zur Schaffung von Rechtsfrieden nach Rechtskraft nicht mehr aufgehoben werden kann, werden zur Wahrung der materiellen Gerechtigkeit in eng umschriebenen Fällen Ausnahmen zugelassen. In drei Fällen kann es für und gegen den Verurteilten zur Wiederaufnahme des Verfahrens kommen: wenn erstens das Urteil durch falsche Urkunden, zweitens durch falsche Zeugen- oder Sachverständigenaussagen und drittens durch strafbare Handlungen eines Richters im konkreten Verfahren beeinflusst wurde. Nur zugunsten des Verurteilten kann eine Wiederaufnahme erfolgen, wenn ein zivilrechtliches Urteil, welches die Bestrafung (mit) stützte, aufgehoben wird, wenn neue Tatsachen oder Beweismittel aufgefunden werden, welche den Verurteilten entlasten oder eine die Verurteilung tragende Bestimmung vom Bundesverfassungsgericht für nichtig erklärt wird. Neue Beweismittel, welche die Schuld des Freigesprochenen dagegen belegen, können keine Wiederaufnahme des Verfahrens bewirken.

Insoweit stuft der Gesetzgeber das Vertrauen auf die Rechtssicherheit - nämlich nach Abschluss des Verfahrens nicht auf ein Neues mit der Strafverfolgung belangt werden zu können - höher ein, als jeden Straftäter seiner gerechten Strafe zuzuführen.

5. Fünftes Buch: Beteiligung d. Verletzten am Verfahren (§§ 374 bis 406l StPO)

Im fünften Buch werden verschiedene Arten der Beteiligung des Verletzten am Verfahren näher geregelt. Dazu zählen die Privatklage, die Nebenklage, die Entschädigung des Verletzten sowie die sonstigen Befugnisse des Verletzten.

a) Die Privatklage (§§ 374 bis 394 StPO)

Bei bestimmten, die Allgemeinheit weniger betreffenden Delikten wird die Staatsanwaltschaft häufig keine Anklage erheben, sondern mangels öffentlichen Interesses das Verfahren gar nicht eröffnen oder auf den Privatklageweg verweisen. In Ausnahme zum Legalitätsprinzip ermöglicht die Privatklage dem Verletzten selbst, ein Verfahren in Gang zu bringen und dieses an Stelle des Staatsanwalts durchzuführen. Regelmäßig ist zur Zulässigkeit der Privatklage vorab ein Sühneversuch durchzuführen (§ 380 StPO). Der Staatsanwaltschaft ist es allerdings jederzeit während des Verfahrens gestattet, die Sache zu übernehmen (§ 377 II StPO).

b) Die Nebenklage (§§ 395 bis 402 StPO)

Sinn der Nebenklage ist es, dem Verletzten in bestimmten Fällen die Möglichkeit zu geben, sich der von der Staatsanwaltschaft erhobenen öffentlichen Klage anzuschließen. Dadurch soll es dem Nebenkläger ermöglicht werden, an einer umfassenden Sachverhaltsaufklärung mitzuwirken. Er hat eine Vielzahl eigener Rechte und kann selbständig Rechtsmittel einlegen (§§ 397, 401 StPO). Die Nebenklage ist dabei akzessorisch zur öffentlichen Klage, so dass diese nicht selbständig eingelegt werden kann, sondern der Nebenkläger sich nur einer bereits erhobenen öffentlichen Klage anschließen kann.

c) Die Entschädigung des Verletzten (§§ 403 bis 406c StPO)

Die §§ 403 ff. StPO (auch *Adhäsionsverfahren* genannt) verschaffen dem durch die Straftat Verletzten die Möglichkeit, einen zivilrechtlichen Anspruch, den er eigentlich vor einem Zivilgericht durchsetzen müsste, im Strafverfahren zu verfolgen. Auf diese Weise soll zu Gunsten der Verfahrensökonomie ein weiterer Prozess vermieden werden. Bisher hat sich diese Möglichkeit, im Strafprozess zivilrechtliche Ansprüche mit zu entscheiden, in der Praxis nicht durchgesetzt. Das Gericht konnte bislang unter geringen Voraussetzungen einen entsprechenden Antrag als nicht sachdienlich abweisen. Durch das Erste Justizmodernisierungsgesetz vom 01.07.2004 wurden die Anforderungen für eine Ablehnung der Entschädigung des Verletzten im Rahmen des Strafverfahrens erhöht (vgl. § 406 StPO).

d) Die sonstigen Befugnisse des Verletzten (§§ 406d bis 406l StPO)

Im vierten Abschnitt sind schließlich die sonstigen Befugnisse des Verletzten geregelt. So kann der Verletzte die Mitteilung des Verfahrensausgangs beantragen, einen Rechtsanwalt damit beauftragen, dass dieser für ihn Einblick in die Akten nimmt und sich eines Rechtsanwalts als Vertreter oder Beistand bedienen.

6. Sechstes Buch: Besondere Arten des Verfahrens (§§ 407 bis 444 StPO)

Im sechsten Buch werden einige besondere Verfahrensarten abgehandelt. Von besonderer Bedeutung sind dabei das Strafbefehlsverfahren, das Sicherungsverfahren sowie das beschleunigte Verfahren.

a) Strafbefehlsverfahren (§§ 407 bis 412 StPO)

Das Strafbefehlsverfahren ist ein besonderes, summarisches Verfahren zur einfacheren Aburteilung von Kleinkriminalität, für die das Amtsgericht zuständig ist.

Es ermöglicht eine einseitige Straffestsetzung ohne Hauptverhandlung und Urteil. Das Strafbefehlsverfahren dient damit vor allem der Entlastung der Gerichte. Kommt der Staatsanwalt nach Abschluss der Ermittlungen zu dem Ergebnis, dass ein hinreichender Tatverdacht zwar besteht, aber angesichts einer fehlenden Schwere der Tat eine mündliche Verhandlung nicht erforderlich ist, um die Schuld des Beschuldigten zu klären, wird er - falls eine Einstellung gemäß §§ 153 ff. StPO nach Opportunitätsgesichtspunkten nicht in Betracht kommt - bei Gericht einen Antrag auf Erlass eines Strafbefehls stellen (§ 407 I StPO). Gegen den vom Richter erlassenen Strafbefehl steht dem Angeklagten die Möglichkeit eines Einspruchs offen (§ 410 StPO). Falls dieser fristgerecht eingereicht und im Übrigen zulässig ist, hat das Gericht Termin zur Hauptverhandlung anzuberaumen (§ 411 I S. 2 StPO).

b) Sicherungsverfahren (§§ 413 bis 416 StPO)

Falls ein Strafverfahren angesichts der Schuld- oder Verhandlungsunfähigkeit des Beschuldigten nicht durchgeführt werden kann, besteht für die Staatsanwaltschaft die Möglichkeit, einen Antrag zu stellen, dass mittels des Sicherungsverfahrens Maßregeln der Besserung und Sicherung selbständig anzuordnen sind (§ 413 StPO).

c) Beschleunigtes Verfahren (§§ 417 bis 420 StPO)

Kommt die Staatsanwaltschaft zu dem Ergebnis, dass der Sachverhalt einfach und die sofortige Verhandlung möglich ist, und kommt keine höhere Freiheitsstrafe als ein Jahr in Betracht, kann sie ohne Einreichung einer Anklageschrift das Verfahren einleiten und die Anklage zu Beginn der Hauptverhandlung mündlich erheben (§ 418 III StPO).

Diese Vorgehensweise ist ohne das Vorliegen besonderer Umstände rechtspolitisch nicht unbedenklich, da die Gefahr besteht, dass durch die schnelle Abhandlung Rechte des Beschuldigten beeinträchtigt werden.

7. Siebtes Buch: Strafvollstreckung und Kosten des Verfahrens (§§ 449 bis 473a StPO)

Im siebten Buch werden die Strafvollstreckung und die Kosten des Verfahrens näher geregelt.

8. Achtes Buch: Erteilung von Auskünften und Akteneinsicht, sonstige Verwendung von Informationen für verfahrensübergreifende Zwecke u.a. (§§ 474 bis 500 StPO)

Das achte Buch schließlich regelt einige Sonderfragen wie die Akteneinsicht, Regeln über die Übermittlung von personenbezogenen Informationen, Dateiregelungen und Vorschriften über die Erstellung und Führung von Registern.

Kapitel I: Die Maximen des Strafverfahrens

Fall 1: Dienst ist Dienst und Schnaps ist Schnaps?

Sachverhalt:

Nach einem anstrengenden Arbeitstag begibt sich Staatsanwältin Sabrina (S) in ein nobles Münchner Kaufhaus, um zur Entspannung Klamotten zu kaufen. Während sie gerade die neuesten Designerkollektionen anprobiert, beobachtet sie, wie ein Unbekannter hastig einige Kleidungsstücke in eine Plastiktüte stopft und anschließend fluchtartig den Laden verlässt. Die Kassiererin Katharina, welche sich dem Unbekannten in den Weg stellt, streckt dieser mit einem Kinnhaken nieder und entkommt.

S fragt sich, ob sie etwas veranlassen muss.

I. Einordnung

Die Grundsätze, welche der Strafprozessordnung zugrunde liegen, können in der Falllösung immer wieder eine Rolle spielen.

Hier kommt es vor allem auf das Zusammenspiel zwischen Offizialprinzip und Legalitätsprinzip an:

Nach dem Offizialprinzip ist die Staatsanwaltschaft als staatliche Behörde mit der Strafverfolgung beauftragt, vgl. § 152 I StPO. Um eine umfassende Strafverfolgung sicherzustellen, ist diese nach §§ 152 II, 160 I StPO verpflichtet, bei tatsächlichen Anhaltspunkten einzuschreiten (sog. Legalitätsprinzip).

Für den konkreten Staatsanwalt ist die Frage, wann er einschreiten und ein Ermittlungsverfahren einleiten muss, von besonderer Bedeutung: Bleibt er entgegen seinen Pflichten untätig, droht unter Umständen eine Strafbarkeit wegen Strafvereitelung im Amt durch Unterlassen, §§ 258a, 13 StGB!

hemmer-Methode: Beachten Sie den Unterschied zum Zivilprozess: Dort gilt grundsätzlich die Dispositionsmaxime. Das heißt, der Bürger ist grundsätzlich selbst für die Einleitung und das weitere Betreiben des Prozesses verantwortlich.

II. Gliederung

1. Pflicht zum Tätigwerden

Legalitätsprinzip, §§ 152 II, 160 I StPO

Begriff des Anfangsverdachts

2. Sonderfall: privat erlangte Kenntnis

e.A.: stets Ermittlungspflicht

h.M.: Differenzierung nach Schwere d. Tat

III. Lösung

Fraglich ist, ob S nach dem von ihr beobachteten Vorfall verpflichtet ist, tätig zu werden.

1. Pflicht zum Tätigwerden

Möglicherweise ist S verpflichtet, ein Ermittlungsverfahren einzuleiten.

hemmer-Methode: Das Strafverfahren ist unterteilt in das Ermittlungsverfahren (auch Vorverfahren genannt, §§ 151 – 177 StPO), das Zwischenverfahren (§§ 199 – 211 StPO) und das Hauptverfahren (§§ 212 – 295 StPO). Im Ermittlungsverfahren untersucht die Staatsanwaltschaft den Sachverhalt und überprüft, ob die Erhebung einer öffentlichen Klage (§ 170 I StPO) überhaupt hinreichend Erfolg verspricht.
Sie kann dabei selbst ermitteln oder sich der Polizei bedienen (§ 161 StPO).

a) Legalitätsprinzip

Nach § 152 I StPO ist die Staatsanwaltschaft zur Verfolgung von Straftaten berufen (Offizialprinzip). Die §§ 152 II, 160 I StPO bestimmen, dass die Staatsanwaltschaft grundsätzlich verpflichtet ist, das Ermittlungsverfahren einzuleiten (sog. Legalitätsprinzip). So soll sichergestellt werden, dass Straftaten auch tatsächlich zur Anklage kommen und abgeurteilt werden.

hemmer-Methode: Den Gegensatz zum Legalitätsprinzip bildet das Opportunitätsprinzip, nach dem die Durchführung des Ermittlungsverfahrens im Ermessen der Strafverfolgungsbehörden steht. Im deutschen Strafprozessrecht stellt das Opportunitätsprinzip aber die Ausnahme dar: Zugrunde gelegt wird es etwa bei der Einstellung des Verfahrens nach den §§ 153 ff. StPO (vgl. dazu Fall 15).
Das Opportunitätsprinzip hat vor allem Bedeutung bei der Verfolgung von Ordnungswidrigkeiten, vgl. § 47 I OWiG.

b) Vorliegen eines Anfangsverdachts

Nach § 152 II StPO ist die Staatsanwaltschaft nur dann zum Handeln verpflichtet, wenn zureichende tatsächliche Anhaltspunkte für eine verfolgbare Straftat vorliegen. Dieser sog. „Anfangsverdacht“ muss es nach kriminalistischer Erfahrung möglich erscheinen lassen, dass eine verfolgbare Straftat vorliegt.[1] Hierbei handelt es sich nicht um eine Ermessensnorm; der handelnde Beamte hat allerdings einen gewissen Beurteilungsspielraum.

hemmer-Methode: Unterscheiden Sie den Anfangsverdacht vom hinreichenden Tatverdacht nach §§ 170 I, 203 StPO, von dem die Erhebung der öffentlichen Klage und die Eröffnung des Hauptverfahrens abhängen (vgl. dazu Fall 14) und vom dringenden Tatverdacht, der bei bestimmten Zwangsmaßnahmen wie bei der Untersuchungshaft nach §§ 112 ff. StPO eine Rolle spielt. Diese verschiedenen Verdachtsbegriffe sollten Sie sich unbedingt einprägen, deshalb an dieser Stelle ein kleiner Überblick:

Anfangsverdacht: Liegt vor, wenn Tatsachen dafür sprechen, dass möglicherweise eine Straftat begangen wurde (dies ist relevant bei der Frage, ob die Staatsanwaltschaft ein Ermittlungsverfahren einzuleiten hat, § 152 II StPO).

Dringender Tatverdacht: Liegt vor, wenn Tatsachen für eine hohe Wahrscheinlichkeit sprechen, dass eine Straftat begangen wurde (dies ist relevant bei der Frage, ob eine sehr grundrechtsintensive Maßnahme wie z.B. Untersuchungshaft ergriffen werden kann, §§ 112 ff. StPO).

---

1 Meyer-Goßner/Schmitt, § 152, Rn. 4.

Hinreichender Tatverdacht: Liegt vor, wenn aufgrund des gesammelten Beweismaterials eine Verurteilung wahrscheinlicher ist als etwa ein Freispruch (dies ist relevant bei der Frage, ob die Staatsanwaltschaft Anklage zu erheben hat, § 170 I StPO bzw. ob das Gericht das Hauptverfahren eröffnen wird, § 203 StPO).

S hat beobachtet, dass U Waren an sich brachte und bei der Flucht die K niederschlug. Aufgrund dieser Beobachtung erscheint es nach kriminalistischer Erfahrung wahrscheinlich, dass U einen Raub nach § 249 I StGB, also eine verfolgbare Straftat, begangen hat. Ein Anfangsverdacht ist gegeben.

S ist also grundsätzlich zur Einleitung des Ermittlungsverfahrens verpflichtet.

hemmer-Methode: Materiell gesehen haben Sie im Fall Raub (§ 249 StGB) vom räuberischen Diebstahl (§ 252 StGB) abzugrenzen. Letzterer setzt voraus, dass ein Diebstahl bereits vollendet wäre (vgl. den Wortlaut: „um sich im Besitz des *gestohlenen* Gutes zu erhalten"). Vorliegend fand die Gewaltanwendung aber noch vor Vollendung statt, sodass nur eine Strafbarkeit gemäß § 249 StGB in Betracht kommt.

2. Sonderproblem: Privat erlangte Kenntnis von der Straftat

Allerdings hat S außerhalb ihrer Dienstzeiten von der Straftat Kenntnis erlangt. Fraglich ist, ob sich dadurch an ihrer Verpflichtung zu handeln etwas ändert.

a) E.A.: Stets Ermittlungspflicht

Nach einer Ansicht soll eine Staatsanwältin auch dann immer zur Einleitung des Ermittlungsverfahrens verpflichtet sein, wenn sie privat von Straftaten erfährt. Dafür spricht vor allem, dass ein öffentliches Interesse an der umfassenden Verfolgung aller Straftaten besteht.

b) H.M.: Differenzierung nach der Schwere der Tat

BGH und h.M.[2] differenzieren hingegen nach der Schwere der Tat. Zwar folgt aus dem Gewaltmonopol des Staates, dass zumindest bei schwereren Straftaten stets Ermittlungen eingeleitet werden mussen.

Andererseits ist aber auch ein privater Rückzugsraum der Ermittlungsbeamten zu respektieren, so dass zumindest leichtere Straftaten nicht immer eine Ermittlungspflicht des konkret betroffenen Beamten auslösen können.

hemmer-Methode: Letztendlich müssen hier die widerstreitenden Interessen der Öffentlichkeit auf umfassende Strafverfolgung und der Ermittlungsbeamten auf Privatsphäre aus Art. 2 I, 1 I GG in Einklang gebracht werden.

Nach dem BGH ist ein Einschreiten dann geboten, wenn nach Art und Umfang der Tat die Belange der Öffentlichkeit und der Volksgesamtheit in besonderem Maße berührt werden. Das sei durch eine Einzelfallabwägung festzustellen.

2 Zum Meinungsstand Krey, Bd. II, Rn. 210.

Es komme insoweit darauf an, ob durch die Straftat Rechtsgüter der Allgemeinheit oder des Einzelnen betroffen sind, denen besonderes Gewicht zukommt (BGH 38, 391 f.).

Die h.M. in der Literatur wendet dagegen ein, dass diese Abgrenzung zu unbestimmt sei (Meyer-Goßner/Schmitt, § 160 Rn. 10). Da nämlich der Ermittlungsbeamte selbst sich möglicherweise wegen Strafvereitelung im Amt nach § 258a StGB strafbar machen kann, müssten konkretere Maßstäbe gelten.

Manche wollen die Ermittlungspflicht allein auf die Beamtengesetze und die darin enthaltene Treuepflicht stützen.

Besonders praktikabel erscheint der Ansatz, nach der gesetzlichen Unterteilung in Vergehen und Verbrechen zu unterscheiden (Krey, Bd. II Rn. 210). Nur Verbrechen und ausnahmsweise besonders schwerwiegende Vergehen können eine Pflicht zum Tätigwerden begründen.

Da der Raub gemäß § 249 I StGB mit Freiheitsstrafe von nicht unter einem Jahr bestraft wird, handelt es sich dabei um ein Verbrechen i.S.d. § 12 I StGB.

S ist daher verpflichtet, Ermittlungen einzuleiten.

hemmer-Methode: Für die Durchführung der Ermittlungen stellt die StPO zahlreiche Möglichkeiten wie etwa die vorläufige Festnahme nach § 127 II StPO oder die Beschlagnahme von Gegenständen nach §§ 94 ff. StPO zur Verfügung. Welcher konkreten Maßnahmen sich die Staatsanwaltschaft bedient, steht dabei in ihrem Ermessen.

IV. Zusammenfassung

- Das Legalitätsprinzip der §§ 152 II, 160 I StPO verpflichtet die Staatsanwaltschaft zum Tätigwerden. Dies folgt aus dem Gewaltmonopol des Staates.
- Bei privat erlangter Kenntnis sind Staatsanwälte nur bei Verbrechen und besonders schwerwiegenden Vergehen zur Einleitung des Ermittlungsverfahrens verpflichtet (h.M.).

V. Vertiefung

- **Zu den Grundsätzen des Strafprozesses**: Hemmer/Wüst, StPO, Rn. 10 ff.
- **Zur Unterscheidung zwischen Offizialdelikten und Antragsdelikten sowie zum Begriff des Anfangsverdachts**: Hemmer/Wüst, StPO, Rn. 30 ff.

Fall 2: Der Prozess in der Sporthalle

Sachverhalt:

Richter Ralf (R) befindet sich in einer schwierigen Lage. Bei seinen letzten beiden mündlichen Hauptverhandlungen gab es besondere Vorkommnisse, welche ihm jetzt als Verfahrensfehler vorgeworfen werden.

In der ersten Verhandlung fiel die Eingangstür des Gerichtsgebäudes unbemerkt ins Schloss. Dies geschah zwar erst, nachdem schon einige Zuhörer Einlass gefunden hatten, jedoch konnten weitere Zuhörer das Gerichtsgebäude nicht betreten und der Verhandlung beiwohnen.

In der zweiten Verhandlung sah sich Richter R zu außergewöhnlichen Maßnahmen gezwungen. In diesem Prozess ging es um einen stadtbekannten Baulöwen, welcher eine Vielzahl seiner Kunden um ihr hart erarbeitetes Hab und Gut brachte. Zu dem Prozess waren alle Geschädigten und deren Freunde und Verwandte erschienen. Der Sitzungssaal fasste aber nur 20 Zuhörer, weshalb Richter R kurzerhand die Verlegung der Verhandlung in die mit Tribünen ausgestattete Sporthalle des örtlichen Handballvereins anordnete.

***Frage:** Hat Richter R in den beiden Verhandlungen gegen den Öffentlichkeitsgrundsatz verstoßen?*

I. Einordnung

Der Grundsatz der Öffentlichkeit ist in § 169 I S. 1 GVG geregelt. Öffentlichkeit bedeutet dabei, dass jedermann das Recht hat, im Rahmen der tatsächlichen Möglichkeiten der Verhandlung beizuwohnen. Um dieses Recht zu gewährleisten, umfasst der Öffentlichkeitsgrundsatz auch die rechtzeitige Veröffentlichung von Zeit und Ort der Hauptverhandlung.

Der Öffentlichkeitsgrundsatz soll das Vertrauen der Allgemeinheit in die Rechtspflege fördern und als zusätzliche Kontrolle dienen.

Bei einem Verstoß gegen den Grundsatz der Öffentlichkeit liegt ein absoluter Revisionsgrund nach § 338 Nr. 6 StPO vor.

hemmer-Methode: Aus diesem Grund wird die Prüfung eines Verstoßes gegen § 169 I S. 1 GVG in der Klausur regelmäßig als abstrakte Zusatzfrage oder als Revisionsgrund in Betracht kommen.

II. Lösung

1. Die zugefallene Eingangstür

Infolge des Umstandes, dass einige Zuhörer wegen der unbemerkt ins Schloss gefallen Eingangstür der Verhandlung nicht beiwohnen konnten, könnte ein Verstoß gegen § 169 I S. 1 GVG vorliegen.

Der Grundsatz der Öffentlichkeit aus § 169 I S. 1 GVG besagt, dass es im Rahmen der tatsächlichen Möglichkeiten den Bürgern ermöglicht werden muss, der Verhandlung beizuwohnen.

Damit dient der Öffentlichkeitsgrundsatz zum einen der Kontrolle der Rechtsprechung durch die Öffentlichkeit. Zum anderen wird so das berechtigte Informationsinteresse der Bürger befriedigt. Dieser Grundsatz wird jedoch dort eingeschränkt, wo eine geordnete Durchführung des Verfahrens nicht mehr möglich wäre, also insbesondere bei Überschreiten der Raumkapazität.[3]

hemmer-Methode: Weitere Ausnahmen vom Öffentlichkeitsgrundsatz sind in §§ 171a, 171b und 172 GVG normiert. Dort kann die Öffentlichkeit aus besonderen Gründen ausgeschlossen werden, z.B. zum Schutz der Privatsphäre. Außerdem finden Verfahren gegen Jugendliche gemäß § 48 I JGG stets unter Ausschluss der Öffentlichkeit statt.

Fraglich ist, ob vorliegend ein Verstoß gegen den Öffentlichkeitsgrundsatz zu bejahen ist. Dabei ist zu beachten, dass die Sitzung nicht unter völligem Ausschluss der Öffentlichkeit stattfand, da ja bereits einige Zuhörer Einlass gefunden hatten. Zu klären ist, wie ein solcher Fall zu behandeln ist.

Der BGH stellt diesen Fall der Beschränkung der Öffentlichkeit aus objektiven Gründen, also z.B. Platzmangel, gleich und verneint eine Verletzung des Öffentlichkeitsgrundsatzes.[4]

Eine andere Ansicht stellt darauf ab, dass es sich eben nicht um ein objektives Hindernis handelt, da ja noch ausreichend Platz im Zuhörerraum gewesen wäre. Deshalb könne man die beiden Situationen nicht gleichstellen, sodass man vorliegend zu einem Verstoß kommen müsste.

Wenn man aber die oben genannten Funktionen des Öffentlichkeitsgrundsatzes beachtet, dann ist festzustellen, dass auch durch die eingeschränkte Öffentlichkeit das Vertrauen in die Rechtspflege gestärkt und eine entsprechende Kontrolle vorgenommen werden kann. Deshalb ist dem BGH zu folgen; ein Verstoß gegen den Öffentlichkeitsgrundsatz ist abzulehnen. Etwas anderes würde nur dann gelten, wenn das Gericht sich bewusst über § 169 I S. 1 GVG hinweggesetzt hätte. Dem ist jedoch nicht so, da die Eingangstür unbemerkt ins Schloss fiel.

Durch das versehentliche Verschließen der Tür wurde somit der Öffentlichkeitsgrundsatz nicht verletzt, da schon einige Zuhörer Einlass gefunden hatten.

2. Die Verlegung in die Sporthalle

Auch durch die Verlegung der Verhandlung in die Sporthalle könnte der R gegen Verfahrensgrundsätze verstoßen haben.

Dabei ist insbesondere problematisch, dass die Öffentlichkeit ja gerade nicht beschränkt, sondern erweitert worden ist.

Grundsätzlich ist eine Verlegung der Verhandlungen bisweilen notwendig und zulässig.[5] Insbesondere kann die Verhandlung in einen größeren Saal des Gerichtsgebäudes verlegt werden, wenn die Verlegung ausreichend bekannt gemacht wird. Wenn dies sowohl am ursprünglichen als auch am neuen Verhandlungsort geschieht und ein sachlicher Grund vorliegt, kann die Verhandlung auch an einen Ort außerhalb des Gerichtsgebäudes verlegt werden.

---

[3] Roxin, Strafverfahrensrecht, § 45, Rn. 5 f.

[4] BGHSt 21, 72 = **juris**byhemmer.

[5] Vgl. Beispiele bei Meyer-Goßner/Schmitt, § 169 GVG, Rn. 6.

Fraglich ist allerdings, ob eine Verlegung gerade in die mit Tribünen ausgestattete Sporthalle zulässig war. Daran ist insbesondere problematisch, dass der Angeklagte einer Massenöffentlichkeit ausgesetzt und so zum bloßen Schauobjekt degradiert wird. Außerdem könnten Zuschauer in so großer Zahl einen gewissen Druck auf den Richter ausüben und so dessen Neutralität aushöhlen.

a) Literaturansicht

Nach einer Ansicht müssen die Grundsätze der Art. 1 I i.V.m. Art. 2 I GG (allgemeines Persönlichkeitsrecht), sowie der Sinn und Zweck des § 169 I S. 2 GVG bei der Beurteilung einer solchen Massenöffentlichkeit berücksichtigt werden.[6] § 169 I S. 2 GVG verbietet Ton- und Fernsehaufnahmen zum Zweck der öffentlichen Vorführung oder Veröffentlichung ihres Inhaltes. Dadurch soll die Personenwürde des Angeklagten gewahrt und die Objektivität des Gerichts vor einer Beeinträchtigung durch die öffentliche Meinung geschützt werden.

hemmer-Methode: Ton- und Filmaufnahmen für justizinterne Belange und für Zwecke der Verteidigung sind dagegen zulässig, wenn sie gegen Missbrauch und Fälschung gesichert werden. Weitere Ausnahmen finden sich in § 169 I S. 3 und 4, II, III GVG.

Da im vorliegenden Fall eine dem § 169 I S. 2 GVG vergleichbare Massenöffentlichkeit geschaffen wurde, liegt nach dieser Ansicht ein Verstoß gegen das Öffentlichkeitsprinzip vor.

b) h.M. und Rspr.

Die wohl h.M. und die Rspr. lehnen grundsätzlich einen Verstoß gegen § 169 I S. 2 GVG ab. Dies wird zum einen dadurch begründet, dass schon gar keine „Aufnahme" im Sinne dieser Vorschrift gemacht werde. Zum anderen fehle es auch an einer Beschränkung der Öffentlichkeit. Der gesamte § 169 GVG solle lediglich eine mögliche Beschränkung der Öffentlichkeit verhindern und könne nicht auch für eine Erweiterung angewendet werden. Deshalb ist eine Erweiterung der Öffentlichkeit nach dieser Auffassung grundsätzlich zulässig.

Eine Ausnahme macht diese Meinung aber für solche Fälle, in denen ein besonders massiver Eingriff in das Persönlichkeitsrecht des Angeklagten vorliegt. Fraglich ist, ob vorliegend nicht gerade ein solcher Ausnahmefall gegeben ist.

Hier wird der Zuhörerkreis durch die Verlegung in die Turnhalle so weit ausgedehnt, dass der Angeklagte zum bloßen Schauobjekt herabgewürdigt wird. Dies stellt einen Verstoß gegen seine Rechte aus Art. 1 I, 2 I GG dar.

Somit kommen beide Meinungen zum selben Ergebnis. Die Verlegung der Verhandlung in die Sporthalle ist als Verstoß gegen das Öffentlichkeitsprinzip zu werten.

hemmer-Methode: Strittig ist in einem derartigen Fall, nach welcher Norm ein solcher Verstoß einen Revisionsgrund darstellt. Der bereits angesprochene § 338 Nr. 6 StPO greift nicht ein, da er nur eine unzulässige Einschränkung der Öffentlichkeit erfasst. Deshalb muss auf § 337 StPO zurückgegriffen werden (BGH, JZ 1970, 34). Vergleichen Sie dazu auch Fall 33.

---

6 Meyer-Goßner/Schmitt, § 169 GVG, Rn. 5.

III. Zusammenfassung

- Die Öffentlichkeit einer Verhandlung ist nur in den Grenzen einer vorhandenen Kapazität durch § 169 I S. 1 GVG gewährleistet.
- Bei einer Erweiterung der Öffentlichkeit kommt es auf den Einzelfall an. Entscheidend ist, ob die Öffentlichkeit so stark erweitert wurde, dass der Angeklagte zum bloßen Schauobjekt herabgewürdigt worden ist.

IV. Vertiefung

- **Zu den Grundsätzen des Strafverfahrens**: Hemmer/Wüst, StPO, Rn. 10 ff.
- **Zum Grundsatz der Öffentlichkeit**: Hemmer/Wüst, StPO, Rn. 228 ff.
- **Verletzung des Öffentlichkeitsgrundsatzes - stets absoluter Revisionsgrund i.S.v. § 338 Nr. 6 StPO?**: Wenn die Voraussetzungen des § 171b III S. 2 GVG vorliegen, stellt das Fehlen eines den Ausschluss der Öffentlichkeit für die Schlussvorträge anordnenden Gerichtsbeschlusses keinen absoluten Revisionsgrund nach § 338 Nr. 6 StPO dar. Vgl. BGH, Beschluss vom 09.05.2019 – 4 StR 605/18 = Life&Law 2019, 837 ff. = **juris**byhemmer.
- **Ausschluss der Öffentlichkeit beim letzten Wort des Angeklagten**: Der zwingende Ausschluss der Öffentlichkeit bei den Schlussanträgen nach § 171b III S. 2 GVG erstreckt sich auch auf das letzte Wort des Angeklagten. Vgl. BGH, Beschluss vom 07.12.2016 – BGH 1 StR 487/16 = Life&Law 2017, 550 ff. = **juris**byhemmer.

Fall 3: Verhandlungssache

Sachverhalt:

Der Prozess gegen den Angeklagten Christoph (C) wegen wiederholten Betruges gestaltet sich äußerst schwierig. Die Taten können ihm nicht zweifelsfrei nachgewiesen werden, sein Verteidiger erkennt jedoch, dass das Gericht geneigt ist, den Ausführungen der Staatsanwaltschaft Glauben zu schenken. In einer Verhandlungspause bietet er, in Gegenwart des C und der Schöffen, dem Richter und dem Staatsanwalt einen „Handel" an. Über einer Tasse Kaffee wird vereinbart, dass der C höchstens zu 3 Jahren Haft verurteilt wird, wenn er ein Geständnis ablegt.

Nach Beendigung der Unterbrechung wird die Verhandlung fortgesetzt. Die Verfahrensbeteiligten verständigen sich absprachegemäß und das Ergebnis der Verständigung wird zu Protokoll gegeben. Wie vereinbart wird der C zu 3 Jahren Haft verurteilt. Daraufhin erklärt sein Verteidiger den Verzicht auf Rechtsmittel, ohne dass das Gericht zuvor darüber belehrt hatte, dass trotz Verständigung Rechtsmittel möglich bleiben.

Schon am nächsten Tag reut C die Vereinbarung und er will sich nicht mit der Höhe der Strafe abfinden. Er beauftragt seinen Verteidiger, gegen das Urteil vorzugehen.

***Frage:** Kann der Verteidiger noch ein Rechtsmittel einlegen?*

I. Einordnung

Die Zulässigkeit von Verständigungen im Strafprozess war lange umstritten. Dies lag vor allem daran, dass sie nicht im Gesetz geregelt waren. Bei der Fülle an Verfahren und der zunehmenden Arbeitsüberlastung der Gerichte war die Verständigung allerdings gleichwohl seit mehr als 20 Jahren ein unverzichtbares Instrument der Verfahrensbeschleunigung.

Durch das Gesetz zur Regelung der Verständigung im Strafverfahren vom 29.07.2009, BGBl. I S. 2353, wurde mit Wirkung zum 04.08.2009 die Absprache im Strafprozess einer gesetzlichen Regelung unterzogen. Wesentlicher Bestandteil ist dabei insbesondere der in die Strafprozessordnung eingefügte § 257c StPO.

Trotz der Vorteile der Entlastung der Gerichte und der Beschleunigung des Verfahrens muss bei Auslegung der gesetzlichen Regelungen darauf geachtet werden, dass nicht die elementarsten Grundsätze des Strafverfahrens unterlaufen oder grundlegende Rechte des Angeklagten ausgehöhlt werden. Deshalb müssen solche Absprachen in jedem konkreten Einzelfall auf ihre Wirksamkeit hin überprüft werden.

hemmer-Methode: Der hier gewählte Klausureinstieg mutet vielleicht auf den ersten Blick schwierig an. Es handelt sich dabei allerdings nur um den Aufhänger, welcher durch bloße Gesetzeslektüre in den Griff zu bekommen ist. Keine Angst vor ungewöhnlichen Konstellationen, schon nach wenigen Sätzen findet man sich meistens auf gewohntem Terrain wieder.

II. Gliederung

1. Problem: Zulässigkeit der Absprache

- Abstrakte Zulässigkeit von Absprachen im Strafprozess
- Fair-Trial-Gebot: Der Grundsatz des fairen und rechtsstaatlichen Verfahrens schließt eine Absprache über den Schuldspruch von vornherein aus, vgl. § 257c II StPO.
- Nemo-tenetur-Grundsatz: Die freie Willensentscheidung des Angeklagten muss gewahrt werden, vgl. § 257c I S. 2 StPO.
- Öffentlichkeitsgrundsatz: Außerhalb des Verfahrens getroffene Vereinbarungen verstoßen gegen § 169 I S. 1 GVG. Protokollierungspflicht nach § 273 I S. 2, Ia StPO.
- Freie richterliche Beweiswürdigung: Eine Bindung des Gerichts an ein bestimmtes Ergebnis ist ausgeschlossen.
- Strafobergrenze und Strafzumessung: Eine Strafobergrenze kann festgelegt werden. Wie ein Geständnis zu berücksichtigen ist, bleibt dem Gericht überlassen.
- Rechtsmittelverzicht: Ein Rechtsmittelverzicht ist unzulässig, wenn dem Urteil eine Verständigung vorausging, vgl. § 302 I S. 2 StPO.

2. Problem: Wie wirkt sich ein Verstoß gegen diese Voraussetzungen aus?

- Rechtsmittelverzicht ist gemäß § 302 I S. 2 StPO unwirksam. Eine Verfristung kommt vorliegend nicht in Betracht.

III. Lösung

Gemäß § 314 I StPO kann der Angeklagte innerhalb einer Woche das Rechtsmittel der Berufung einlegen. Gemäß § 302 I S. 1 StPO gilt das aber nur, wenn er nicht zuvor bereits darauf verzichtet hat.

Im vorliegenden Fall hat aber der Verteidiger des C unmittelbar nach Urteilsverkündung einen Rechtsmittelverzicht erklärt. An diesen ist der C grundsätzlich gebunden. Etwas anderes könnte sich nur daraus ergeben, dass das Urteil aufgrund einer Verständigung ergangen ist und diese möglicherweise unzulässig war.

1. Abstrakte Zulässigkeit von Verständigungen im Strafprozess

hemmer-Methode: Verständigungen können sowohl in der Hauptverhandlung zwischen allen Beteiligten getroffen werden, als auch zwischen dem Staatsanwalt und dem Verteidiger im Ermittlungsverfahren.
Der Gesetzgeber hat klargestellt, dass zu jedem Verfahrensabschnitt dahingehend der Stand des Verfahrens zwischen den Verfahrensbeteiligten erörtert werden kann, vgl. §§ 160b, 202a, 212 StPO.

Ursprünglich gab es in der StPO keine Regelungen über die Zulässigkeit oder die Unzulässigkeit von Verständigungen im Strafprozess. Aufgrund dieser Lücke im Gesetz galt das deutsche Strafverfahrensrecht als grundsätzlich vergleichsfeindlich. Insbesondere ist die Strafverfolgung dem Untersuchungsgrundsatz (§§ 160 I, 244 II StPO) und dem Legalitätsprinzip, also dem Anklage- und Verfolgungszwang (§§ 152 II, 170 I StPO), unterworfen.

Auf der anderen Seite zeigte bereits die Vorschrift des § 153a StPO, welche als Ausdruck des Opportunitätsprinzips eine Einstellung des Verfahrens gegen Auflagen mit Zustimmung des Angeklagten vorsieht, dass Verständigungen dem deutschen Strafprozess nicht völlig fremd sind.

Außerdem dienen solche Verständigungen der Verfahrensökonomie und dem Opferschutz, indem sie die Verfahren beschleunigen und in manchen Fällen den Opfern ein erneutes Verarbeiten des Erlebten ersparen. Auch das BVerfG[7] und der BGH[8] bejahten bereits vor der gesetzlichen Regelung von Verständigungen die generelle Zulässigkeit solcher Absprachen, knüpften aber die Zulässigkeit im Einzelfall an gewisse Bedingungen.[9]

Nunmehr hat der Gesetzgeber sich an verschiedenen Stellen der StPO mit Verständigungen im Strafprozess auseinandergesetzt. Von einer abstrakten Zulässigkeit von Verständigungen im Strafprozess ist nunmehr eindeutig auszugehen, vgl. insbesondere § 257c I S. 1 StPO.

hemmer-Methode: Nachfolgend werden anhand prägender Maximen des Strafverfahrensrechts die Anforderungen an zulässige Verständigungen erörtert. Dabei wird auf die wesentlichen gesetzlichen Regelungen im Einzelnen eingegangen. Wer glaubt, dass die Maximen des Strafverfahrens nur Stoff für eine mündliche Prüfung sind, der wird in der nachfolgenden Lösung feststellen, dass sie auch in einer Klausur von zentraler Bedeutung sein können.

7 BVerfG, NJW 1987, 2662.

8 BGHSt 43, 195 = jurisbyhemmer; dazu hemmer-background, Life&Law 1999, 737.

9 Vgl. zu den Voraussetzungen Meyer-Goßner/Schmitt, Einl., Rn. 119d ff.

2. Fair-Trial-Gebot

Bei der Bewertung der Zulässigkeit einer Verständigung muss zunächst das aus dem Rechtsstaatsprinzip (Art. 20 III GG i.V.m. Art. 2 I GG) hergeleitete Recht des Angeklagten auf ein faires und rechtsstaatliches Verfahren („Fair Trial", vgl. auch Art. 6 I EMRK) beachtet werden. Einem rechtsstaatlichen Verfahren widerspricht es, wenn die Schuld des Angeklagten schon von vornherein feststeht. Gegenstand des Schuldspruches darf nur die aus dem Verfahren gewonnene Überzeugung des Gerichts von der Schuld oder Unschuld des Angeklagten sein. Damit kann eine Vereinbarung über den Schuldspruch niemals Gegenstand einer Absprache sein.

Dies stellt nunmehr § 257c II StPO klar. Insbesondere gemäß § 257c II S. 3 StPO darf der Schuldspruch nicht Gegenstand einer Verständigung sein.

Im vorliegenden Fall wurde aber keine Vereinbarung über die Schuld des Angeklagten getroffen, sondern es wurde nur eine Strafobergrenze für den Fall eines Schuldspruches vereinbart. Dies ist gerade nicht durch § 257c II StPO verboten.

Auch die sonstigen Anforderungen des § 257c II StPO an den Gegenstand der Verständigung werden eingehalten. Es liegt somit kein Verstoß gegen das fair-trial-Gebot bzw. § 257c II StPO vor.

3. Nemo-tenetur-Grundsatz

Insbesondere das BVerfG[10] hat herausgestellt, dass eine Absprache im Strafprozess nur dann wirksam sein kann, wenn die Freiheit der Willensbildung des Angeklagten unangetastet bleibt.

10 BVerfG, a.a.O.

Dem Angeklagten darf also weder gedroht werden, noch darf ihm ein nicht vorgesehener Vorteil in Aussicht gestellt werden. Sowohl § 136a StPO als auch der Grundsatz des „nemo tenetur se ipsum accusare“ (= „niemand darf gezwungen werden, sich selbst zu belasten“) muss beachtet werden.

Im vorliegenden Fall gibt es aber keine Anzeichen für ein den freien Willen des C beeinträchtigendes Verhalten.

4. Öffentlichkeitsgrundsatz

Besonders problematisch sind Absprachen im Strafprozess hinsichtlich des in § 169 I S. 1 GVG verankerten Öffentlichkeitsgrundsatzes. Absprachen werden häufig außerhalb der Hauptverhandlung getroffen. Dadurch werden das Öffentlichkeitsprinzip und die damit verfolgten Ziele – Stärkung des Vertrauens in die Rechtspflege und Kontrolle der Gerichte – unterlaufen. Die Kontrolle kann nur dann stattfinden, wenn die Zuhörer auch Einblick in die wesentlichen Verfahrensabläufe bekommen.

Deshalb muss die Absprache hinsichtlich ihres wesentlichen Inhalts unter Mitwirkung aller Verfahrensbeteiligten in der öffentlichen Hauptverhandlung getroffen werden. Abgesichert wird die Wahrung der Öffentlichkeit durch § 243 IV StPO. Danach hat der Vorsitzende die Pflicht mitzuteilen, ob entsprechende Erörterungen stattgefunden haben, wenn deren Gegenstand die Möglichkeit einer Verständigung im Sinne von § 257c StPO gewesen ist und wenn ja, deren wesentlichen Inhalt (sog. „Transparenzgebot“). Zudem ist das Ergebnis einer Verständigung im Protokoll explizit festzuhalten, vgl. § 273 I S. 2, Ia StPO.

hemmer-Methode: Bei einem bewussten und gewollten Verstoß gegen die Protokollierungspflicht kommt eine Strafbarkeit des Vorsitzenden gemäß § 348 StGB in Betracht.

Die dargestellten Anforderungen schließen allerdings eine Vorverhandlung außerhalb der Hauptverhandlung gerade nicht aus, solange Inhalt und Ergebnis in der Verhandlung offengelegt werden.[11]

Genauso ist es im vorliegenden Fall gehandhabt worden.

Nachdem sich die Verfahrensbeteiligten in der Pause verständigt hatten, haben sie den Inhalt und das Ergebnis dieser Absprache in der Hauptverhandlung offengelegt und zu Protokoll gegeben.

Es wurde also nicht gegen den Öffentlichkeitsgrundsatz verstoßen.

5. Freie richterliche Beweiswürdigung

Außerdem besteht bei Absprachen im Strafprozess die Gefahr eines Konflikts mit dem Grundsatz der freien richterlichen Beweiswürdigung aus § 261 StPO. Das Gericht muss frei sein, den Angeklagten schuldangemessen zu bestrafen und darf nicht schon an ein bestimmtes Ergebnis gebunden sein. Gegenstand einer Absprache kann also nie eine konkrete Strafe sein. Dies kommt auch dadurch zum Ausdruck, dass das Gericht trotz einer Verständigung weiterhin verpflichtet ist, nach pflichtgemäßem Ermessen die Strafbarkeit weiter zu untersuchen, vgl. § 257c I S. 2 StPO i.V.m. § 244 II StPO.

---

[11] BGH, NJW 1998, 86 = **juris**byhemmer.

Kein Verstoß gegen den Grundsatz der freien richterlichen Beweiswürdigung stellt aber eine Strafobergrenze dar. Zwar wird durch sie auch der Entscheidungsspielraum des Gerichts eingeengt. Jedoch verbleibt ein hinreichend großer Spielraum, da das Gericht in der Beratung immer noch entscheiden kann, welche konkrete Strafe es innerhalb des vereinbarten Rahmens aussprechen will.

Außerdem ist eine Begrenzung des möglichen Strafrahmens meistens die Hauptmotivation des Angeklagten, sich überhaupt auf eine Absprache einzulassen.

Im vorliegenden Fall wurde eine Strafobergrenze von 3 Jahren vereinbart, was nach dem Gesagten zulässig war.

hemmer-Methode: Eine andere Frage ist, ob nicht auch eine Strafuntergrenze angegeben werden muss. Ein solches Versäumnis kann jedoch nicht zu einer Beschwer des Angeklagten führen.

6. Rechtsmittelverzicht

Schließlich stellt sich gerade im vorliegenden Fall die Frage, ob bei vorausgegangener Verständigung ein Rechtsmittelverzicht möglich ist.

Nachdem sich die Staatanwaltschaft und das Gericht auf eine Verständigung eingelassen haben, wollen diese nicht selten sicher gehen, dass der Angeklagte nicht doch noch Rechtsmittel einlegt und die ganze Anstrengung und das mögliche Entgegenkommen umsonst war.

Deshalb könnten sie auf die Idee kommen, einen Rechtsmittelverzicht als Gegenleistung für eine Begrenzung des Strafrahmens zu verlangen.

Jedoch besteht insoweit die Gefahr, dass das Recht des Angeklagten auf effektiven Rechtsschutz (Art. 19 IV GG) unzumutbar beeinträchtigt wird. Demzufolge hat der Gesetzgeber in § 35a S. 3 StPO eine spezifische Belehrungspflicht normiert.

Danach ist der Betroffene für den Fall, dass dem Urteil eine Verständigung vorausgegangen ist, durch das Gericht darüber zu belehren, dass er in jedem Fall frei in seiner Entscheidung ist, ein Rechtsmittel einzulegen. Diese Pflicht wurde laut Sachverhalt nicht eingehalten.

Vorliegend muss allerdings nicht weiter darauf eingegangen werden, welche Rechtsfolgen eine solche Pflichtverletzung für das weitere Verfahren hat. Denn gemäß § 302 I S. 2 StPO hat der Gesetzgeber ausdrücklich geregelt, dass ein Verzicht generell ausgeschlossen ist, wenn dem Urteil eine Verständigung vorausgegangen ist. Demzufolge ist unabhängig von einer Verletzung der Belehrungspflicht des § 35a S. 3 StPO jedenfalls der vorliegend erklärte Rechtsmittelverzicht als unwirksam anzusehen.

hemmer-Methode: Natürlich sind in einer Klausur nur die Voraussetzungen, gegen welche verstoßen worden sein könnte, so ausführlich darzustellen wie hier. Es empfiehlt sich aber, auch die unproblematischen kurz zu erwähnen, da Sie so Ihr umfassendes Verständnis demonstrieren können.

7. Ergebnis

Aufgrund der Unwirksamkeit des erklärten Rechtsmittelverzichts ist weiterhin die Einlegung von Rechtsmitteln möglich.

Eine Verfristung des Rechtsmittels kommt nicht in Betracht, da sich C bereits am Tag nach der Urteilsverkündung an seinen Verteidiger wandte. Sowohl die Frist für eine Berufung (§ 314 StPO) als auch für eine Revision (§ 341 StPO) ist bisher nicht abgelaufen.

hemmer-Methode: Nicht geklärt werden muss, wie zu entscheiden wäre, wenn mittlerweile die Fristen für die Einlegung von Rechtsmitteln abgelaufen wären. In Betracht käme, aufgrund des Verstoßes gegen die Belehrungsvorschrift § 35a S. 3 StPO eine Wiedereinsetzung in den vorigen Stand zu gewähren. Jedoch verweist § 44 S. 2 StPO explizit nicht auf § 35a S. 3 StPO, so dass jedenfalls nicht stets von einem fehlenden Verschulden bei Nichteinhaltung der Frist ausgegangen werden kann.

IV. Zusammenfassung

- Verständigungen im Strafprozess sind aus Gründen der Prozessökonomie und des Opferschutzes grundsätzlich zulässig und mittlerweile in der StPO ausdrücklich vorgesehen.
- Im Einzelfall sind einige Voraussetzungen zu beachten, damit nicht die Verfahrensgrundsätze oder die Rechte des Angeklagten ausgehöhlt werden. Insbesondere ist eine Verständigung über die Schuld oder ein bestimmtes Strafmaß unzulässig, § 257c II StPO. Die Verständigung muss auch in der öffentlichen Hauptverhandlung und zu Protokoll erklärt werden, vgl. § 273 I S. 2, Ia StPO.
- Ein Rechtsmittelverzicht kann nach einer Verständigung nicht wirksam erklärt werden, vgl. § 302 I S. 2 StPO. Über das Recht, auch nach einer Urteilsabsprache Rechtsmittel einzulegen, muss das Gericht nach Verkündung des Urteils gesondert belehren, vgl. 35a S. 3 StPO.

V. Vertiefung

- **Zur Zulässigkeit von Absprachen im Strafprozess:** § 257c StPO sichert die Einhaltung der verfassungsrechtlichen Vorgaben in ausreichender Weise. Der in erheblichem Maße defizitäre Vollzug der Regelungen führt derzeit nicht zur Verfassungswidrigkeit. Die Regelung der Verständigung im Strafprozess ist abschließend. Außerhalb des gesetzlichen Regelungskonzepts erfolgende sogenannte „informelle Absprachen“ sind unzulässig. Vgl. BVerfG, 2 BvR 2628/10; 2 BvR 2883/10; 2 BvR 2155/11 – Urteil vom 19.03.2013 = Life&Law 2013, 343 ff. = **juris**byhemmer sowie Hemmer/Wüst StPO, Rn. 412a ff.; Life&Law 2009, 851 ff.
- **Verständigungsversuch im nichtöffentlichen Teil der Hauptverhandlung:** Der Versuch der Verständigung in einem nichtöffentlichen Teil der Verhandlung ist keine Verletzung des Grundsatzes der Öffentlichkeit, wenn die Verständigung in unmittelbarem inneren Zusammenhang mit dem Grund für den Ausschluss der Öffentlichkeit steht. Vgl. BGH, Beschlüsse vom 12.11.2015 bzw. 08.12.2015 – 5 StR 467/15 = Life&Law 2016, 259 ff. = **juris**byhemmer.

- **Bei sog. „informellen Absprachen gilt § 302 I S. 2 StPO entsprechend**: OLG München, Beschluss vom 17.05.2013 – 2 Ws 1149/12, 2 Ws 1150/12 = **juris**byhemmer.
- **Umfang der Mitteilungspflicht bei Verständigungsgesprächen**: Eine Mitteilung des Gerichts gem. § 243 IV S. 1 StPO ist grundsätzlich auch dann erforderlich, wenn zuvor keine auf eine Verständigung gerichteten Gespräche stattgefunden haben (sog. Negativmitteilungspflicht). Bei einem Verstoß gegen § 243 IV S. 1 StPO kommt ausnahmsweise ein Ausschluss des Beruhens dann in Betracht, wenn zweifelsfrei feststeht, dass es keinerlei Gespräche gegeben hat, in denen die Möglichkeit einer Verständigung im Raum stand. Vgl. BVerfG, Beschlüsse vom 26.08.2014 – 2 BvR 272/13; 2 BvR 2400/13 = Life&Law 2015, 25 ff. = **juris**byhemmer.
- OLG München, Beschluss vom 17.05.2013 – 2 Ws 1149/12, 2 Ws 1150/12 = **juris**byhemmer.
- **Rechtsmittelverzicht nach behaupteter Verständigung:** Muss ein Gericht das Vorliegen einer Verständigung im Freibeweisverfahren aufklären, so hat es dazu alle in Betracht kommenden Beweismittel auszuschöpfen und muss auch etwaige Ungereimtheiten und Widersprüche in Stellungnahmen von Verfahrensbeteiligten würdigen. Verbleibende Zweifel dürfen hier, wegen der besonderen gesetzlichen Dokumentationspflichten in § 273 StPO, nicht zu Lasten des Angeklagten gehen. Vgl. BVerfG, Beschluss vom 05.03.2012, 2 BvR 1464/11 = **juris**byhemmer.
- **Zur Möglichkeit der Rücknahme eines Rechtsmittels bei vorausgegangener Verständigung:** Ist dem Urteil eine Verständigung vorausgegangen, so kann eine Zurücknahme des Rechtsmittels grundsätzlich auch noch vor Ablauf der Einlegungsfrist wirksam erfolgen. Vgl. BGH, Beschluss vom 14.04.2010, 1 StR 64/10 = Life&Law 2011, 107 ff. = **juris**byhemmer.
- **Zu den Anforderungen an ein Geständnis bei einer Verständigung:** Die bloße Bereitschaft eines Angeklagten, wegen eines bestimmten Sachverhalts eine Strafe bis zu einem bestimmten Höchstmaß hinzunehmen, entbindet das Gericht nicht von der Pflicht, sich unter Ausschöpfung des Beweismaterials eine Überzeugung zu bilden. Ein nur formelhaftes, inhaltsleeres Einräumen eines angeklagten Sachverhalts kann hierfür nicht ausreichen. Vgl. BGH, Beschluss vom 22.09.2011, 2 StR 383/11 = **juris**byhemmer.
- **Allgemein zum Nemo-tenetur-Grundsatz:** BGH, NJW 2007, 3138 ff. = **juris**byhemmer = Life&Law 2008, 316 ff.: Ein Verdeckter Ermittler darf einen Beschuldigten, der sich auf sein Schweigerecht berufen hat, nicht unter Ausnutzung eines geschaffenen Vertrauensverhältnisses beharrlich zu einer Aussage drängen. Andernfalls liegt ein Verstoß gegen den Nemo-tenetur-Grundsatz vor, welcher regelmäßig ein Beweisverwertungsverbot zur Folge hat. Ähnliche Problemstellung auch bei BGH, NStZ 2009, 343 ff. = **juris**byhemmer = Life&Law 2009, 611 ff.

Kapitel II: Der Gang des Verfahrens

1. Abschnitt: Das Ermittlungsverfahren

Fall 4: Verräterischer Alkoholgeruch

Sachverhalt:

Partymaus Ina (I) war abends mal wieder lange auf einer Studentenparty. Als sie im Morgengrauen mit ihrem Auto nach Hause fährt, wird sie von POM Markus (M) angehalten, der während seiner Streife routinemäßig Alkoholkontrollen durchführt.

Als I das Fenster ihres Autos öffnet, fällt M auf, dass es drinnen nach Alkohol riecht. Darauf weist er die I hin und fragt, ob sie etwas getrunken habe. Die manchmal naive I äußert, sie habe auf der Party fünf Weinschorle getrunken, sei aber kurz nach Mitternacht auf Wasser „umgestiegen" und fühle sich voll fahrtauglich.

Daraufhin belehrt M die I und nimmt sie mit auf das Polizeirevier. Ein Alkoholtest ergibt einen BAK von 0,6 ‰, was den Tatbestand des § 24a StVG erfüllt. Gegen I wird deswegen ein Bußgeld von 250 € sowie ein Fahrverbot von einem Monat verhängt. I ärgert sich, dass M sie nicht auf ihr Recht zu schweigen hingewiesen hat, bevor er sie befragte.

Frage: *Hätte M die I nach § 136 I S. 2 StPO belehren müssen, bevor er fragte, ob sie etwas getrunken habe?*

I. Einordnung

Dieser Fall beschäftigt sich mit dem Beschuldigtenbegriff. Er ist insofern etwas ungewöhnlich, als es im Ausgangspunkt um eine Ordnungswidrigkeit geht. Das bedeutet aber nur, dass Sie lediglich die richtige Verweisungsnorm zu finden haben, dann aber schnell wieder in die üblichen Bahnen einlenken können.

Im Originalfall (vgl. Life&Law 2004, 114 ff.) ging es natürlich nicht lediglich um die Frage, ob eine Belehrung notwendig gewesen wäre, sondern um damit verbundene Probleme der Beweisverwertung.

Zu denken wäre zum einen an eine Verwertbarkeit des Alkoholtests (sog. Problem der „Fernwirkung", vgl. dazu Fall 28) und einer Aussage des M als Zeuge vom Hörensagen (vgl. dazu Fall 30).

II. Gliederung

Belehrungspflicht nach §§ 163a IV S. 2, 136 I S. 2 StPO?

a) Anwendbarkeit der Regelungen der StPO im Ordnungswidrigkeitenverfahren

b) Abgrenzung der Vernehmung zur informatorischen Befragung; Beschuldigtenbegriff

III. Lösung

Belehrungspflicht nach §§ 163a IV S. 2, 136 I S. 2 StPO

Möglicherweise hätte M die I nach §§ 163a IV S. 2, 136 I S. 2 StPO belehren müssen, bevor er sie fragte, ob sie etwas getrunken habe.

a) Anwendbarkeit im Ordnungswidrigkeitenverfahren

Fraglich ist, ob die Belehrungspflicht nach § 136 I S. 2 StPO überhaupt auch im Verfahren wegen einer Ordnungswidrigkeit gilt. § 46 I OWiG erklärt insoweit die StPO für sinngemäß anwendbar, spezielle Regelungen über eine diesbezügliche Belehrungspflicht bei Ordnungswidrigkeiten gibt es nicht. § 136 I S. 2 StPO ist damit vorliegend anwendbar.

b) Vernehmung i.S.d. § 136 I StPO

Deswegen hatte M die §§ 163a IV S. 2, 136 I S. 2 StPO zu beachten. Bei Vernehmungen ist der Beschuldigte zu belehren.

hemmer-Methode: In den §§ 133 ff. StPO wird die erste *richterliche* Vernehmung des Beschuldigten geregelt. Besondere Bedeutung kommt hier vor allem dem Aussageverweigerungsrecht des § 136 I S. 2 StPO und den verbotenen Vernehmungsmethoden des § 136a StPO zu. Bei der Vernehmung im Vorverfahren durch die Staatsanwaltschaft gelten diese Rechte des Beschuldigten über § 163a III S. 2 StPO, bei der Vernehmung durch die Polizei ist § 163a IV S. 2 StPO zu zitieren. Arbeiten Sie hier bei der Zitierung stets genau!
Beachten Sie auch, dass bestimmte Polizeibeamte mit besonderen Eingriffsbefugnissen seit 2004 nicht mehr „Hilfsbeamten der Staatsanwaltschaft", sondern „Ermittlungspersonen der Staatsanwaltschaft" genannt werden, vgl. § 152 GVG.

Es kommt für die Anwendbarkeit des § 136 I S. 2 StPO maßgeblich darauf an, ob die an I gerichtete erste Frage bereits eine „Vernehmung" i.S.d. Vorschrift darstellte.

aa) Nach dem formellen Vernehmungsbegriff liegt eine Vernehmung dann vor, wenn der Vernehmende der Auskunftsperson in amtlicher Funktion gegenübertritt und in dieser Eigenschaft von dieser eine Auskunft verlangt.[12]

M bittet hier die I als Polizeibeamter, also in amtlicher Funktion, um Auskunft.

hemmer-Methode: Teilweise wird auch der materielle Vernehmungsbegriff vertreten, nachdem der Vernehmende nicht nach außen erkennbar als solcher auftreten muss.[13] Dagegen spricht aber, dass dann diverse Ermittlungsmethoden – z.B. der V-Mann-Einsatz – in nicht wünschenswerter Weise eingeschränkt würden. Denn dann müsste beispielsweise ein V-Mann auch den Belehrungsvorschriften nachkommen, so dass dessen Einsatz keinen Sinn mehr machen würde. Zudem besteht in diesen Situationen gerade nicht derselbe Druck wie bei der Befragung durch eine Dienstperson, vor dem § 136 StPO schützen will.

---
[12] BGHSt 42, 145 = jurisbyhemmer.
[13] Z.B. Dencker, StV 1994, 674 f.

Diskutiert wird diese Problematik auch bei der Frage nach der analogen Anwendbarkeit des § 136 StPO in „vernehmungsähnlichen Situationen“, beispielsweise bei der sog. „Hörfalle“. Vgl. dazu Fall 8.

bb) Abzugrenzen ist die Vernehmung von der so genannten „informatorischen Befragung“. Denn „vernommen“ werden kann nur der Beschuldigte. Hat der Befragte noch nicht die Beschuldigtenstellung erlangt, ist § 136 StPO nicht anwendbar.

Nach h.M.[14] ist für die Begründung der Beschuldigtenstellung ein objektives und ein subjektives Element erforderlich. Es muss zum einen ein hinreichend konkreter Anfangsverdacht i.S.d. § 152 II StPO vorliegen, zum anderen muss das Strafverfolgungsorgan auch nach außen hin seinen Willen erkennbar machen, den Beschuldigten als solchen behandeln zu wollen. Erforderlich ist also eine Manifestation des Verfolgungswillens, ein sog. „Inkulpationsakt“.

Bei Beurteilung dieser Frage steht dem Ermittlungsorgan ein gewisser Beurteilungsspielraum zu.[15]

Dabei muss beachtet werden, dass der Betroffene als Beschuldigter zum einen durch die Aussagefreiheit in seinen Rechten besonders geschützt ist.

Zum anderen kommen gegenüber einem Beschuldigten aber auch gewisse Zwangsmaßnahmen wie körperliche Untersuchungen in Betracht, welche diesen besonders belasten.[16]

hemmer-Methode: Die Beschuldigtenstellung hat also Vor- und Nachteile für den Betroffenen. Wenn Sie beispielsweise § 81a StPO und § 81c StPO miteinander vergleichen, werden Sie feststellen, dass die körperliche Untersuchung des Beschuldigten viel leichter möglich ist als die anderer Personen.

Nach der Rechtsprechung ist der Betroffene demnach bei einer verdachtsunabhängigen Verkehrskontrolle nur dann als Beschuldigter zu behandeln, wenn konkrete Anhaltspunkte für eine über dem zulässigen Grenzwert liegende Alkoholisierung sprechen. Dem Polizeibeamten muss eine körperliche Untersuchung unverzichtbar erscheinen.[17]

Allein die Wahrnehmung von Alkoholgeruch *im Auto* reicht dafür aber nicht aus. Denn dieser kann durchaus auch andere Ursachen als eine Alkoholisierung des Fahrers haben.

Demzufolge war I noch nicht als Beschuldigte zu behandeln. Es handelte sich also nicht um eine Vernehmung, sondern um eine bloße informatorische Befragung. I musste noch nicht von M nach §§ 163a IV S. 2, 136 I S. 2 StPO belehrt werden.

hemmer-Methode: Im Ergebnis ist hier auch eine andere Ansicht vertretbar, erscheint es doch sehr spitzfindig, zwischen der Wahrnehmung von Alkoholgeruch *im Auto* bzw. *in der Atemluft* zu unterscheiden.[18]
Dieser Fall soll aber vor allem zeigen, dass die Beschuldigtenstellung Vor- und Nachteile mit sich bringt.

---

14 BGHSt 10, 10 ff. = **juris**byhemmer; Beulke, Rn. 111; ausführlich zum Beschuldigtenbegriff Fall 5.

15 BGHSt 38, 228 = **juris**byhemmer.

16 BayObLG, Life&Law 2004, 116.

17 BayObLG, Life&Law 2004, 116 f.

18 Anders z.B. Meyer-Goßner/Schmitt, Einl., Rn. 77.

Nach § 136 I S. 2 StPO ist der Beschuldigte auch darauf hinzuweisen, dass er sich in jeder Phase des Verfahrens eines Verteidigers bedienen kann.[19]
Außerdem sind dem Beschuldigten Informationen zur Verfügung zu stellen, die es ihm erleichtern, einen Verteidiger zu konsultieren, wenn er einen solchen befragen möchte. Dabei ist auch auf bestehende anwaltliche Notdienste hinzuweisen, vgl. § 136 I S. 3 und 4 StPO.
Nachfolgend ein kurzer Überblick zu den wichtigsten Beschuldigtenrechten und –pflichten:

Rechte des Beschuldigten:

- Anwesenheitsrecht bei richterlicher Vernehmung eines Zeugen, § 168c II StPO
- Recht auf Verteidigung, § 137 StPO
- Recht der Aussageverweigerung, § 136 I S. 2 (i.V.m. § 163a III S. 2, IV S. 2) StPO
- Verbot von bestimmten Vernehmungsmethoden, § 136a (i.V.m. § 163a III S. 2, IV S. 2) StPO

Pflichten des Beschuldigten:

- Pflicht, auf Ladung der Staatsanwaltschaft zu erscheinen, § 163a III S. 1 StPO; gleiches gilt für die Vernehmung durch den Ermittlungsrichter, §§ 133, 134 StPO; eine Pflicht, auf Ladung der Polizei zu erscheinen, besteht nicht
- Erduldung von Zwangsmaßnahmen

IV. Zusammenfassung

- Eine Vernehmung liegt nach dem herrschenden formellen Vernehmungsbegriff vor, wenn der Vernehmende der Auskunftsperson in amtlicher Funktion gegenübertritt und in dieser Eigenschaft von ihm eine Auskunft verlangt.
- Von einer Vernehmung kann man aber nur dann ausgehen, wenn die Auskunftsperson bereits die Beschuldigtenstellung erlangt hat. Ist dies nicht der Fall, spricht man von einer bloßen informatorischen Befragung.

---

[19] Vgl. zu Details Meyer-Goßner/Schmitt, § 136, Rn. 10 ff.

Fall 5: Der falsche Zeuge

Sachverhalt:

Die Staatsanwaltschaft ermittelt wegen Mordes an Oskar (O). Der ermittelnde Staatsanwalt Steffen (S) verdächtigt vor allem Klaus (K), der ein Verhältnis mit der Frau des O hatte. Im Müll des K wurde zudem ein mit dem Blut des O verschmiertes Messer gefunden.

S leitet ein Ermittlungsverfahren gegen einen unbekannten Täter ein. K wird als Zeuge geladen, vom Ermittlungsrichter vernommen und anschließend vereidigt. Als sich später herausstellt, dass K in mehreren Punkten die Unwahrheit gesagt hat, leitet die Staatsanwaltschaft gegen ihn ein Verfahren wegen Meineids ein.

Frage: *Ist K wegen Meineids strafbar?*

I. Einordnung

Der Beschuldigte ist ein Verfahrensbeteiligter des Strafprozesses. Als Prozesssubjekt hat er verschiedene Rechte und Pflichten. So hat der Beschuldigte z.B. ein Recht auf Verteidigung (vgl. § 137 I S. 1 StPO) und das Recht, die Aussage zur Sache zu verweigern (vgl. § 136 I S. 2 StPO). Andererseits hat er beispielsweise nach § 163a III S. 1 StPO die Pflicht, auf Ladung vor der Staatsanwaltschaft zu erscheinen (vgl. die Übersicht bei Fall 4).

Der vorliegende Fall zeigt, dass prozessuale Fragestellungen aber auch im Rahmen des materiellen Rechts, z.B. als Strafbarkeitsvoraussetzung, geprüft werden können.

Beachten Sie zur Zeugenvernehmung im Vorverfahren: Bei einer Ladung durch die Staatsanwaltschaft sind Zeugen verpflichtet, zu erscheinen und zur Sache auszusagen (§ 161a I S. 1 StPO). Gleiches gilt auf Ladung vor Ermittlungspersonen der Staatsanwaltschaft (§ 152 GVG), wenn der Ladung ein Auftrag der Staatsanwaltschaft zugrunde liegt. Die eidliche Vernehmung bleibt aber auf jeden Fall dem Richter vorbehalten, vgl. §§ 161a I S. 3, 163 III S. 3 StPO.

II. Gliederung

Strafbarkeit des K nach § 154 I StGB

1. Wer ist tauglicher Täter des Meineids?

Nur der Zeuge, nicht aber der Beschuldigte, kann Täter des Meineids sein

2. Begründung der Beschuldigtenstellung

- e.A.: Rein objektive Bestimmung nach dem Vorliegen eines Anfangsverdachts
- a.A.: Rein subjektive Bestimmung nach dem Willen der Staatsanwaltschaft
- h.M.: Objektiv-subjektive Theorie, sowohl Anfangsverdacht als auch Inkulpationswille der Staatsanwaltschaft sind erforderlich
- Ausnahme des BGH zum Beschuldigtenschutz: Der Beschuldigtenstatus darf nicht willkürlich vorenthalten werden.

III. Lösung

K könnte sich nach § 154 StGB strafbar gemacht haben.

1. Wer ist tauglicher Täter des Meineids?

A hat vor dem Ermittlungsrichter falsch geschworen. Er ist aber nur dann wegen Meineids strafbar, wenn er auch tauglicher Täter ist.

Ein Beschuldigter kann kein Täter eines Meineids sein, weil er nicht vereidigt werden kann. Dem Beschuldigten steht nach § 136 I S. 2 StPO sogar ein Schweigerecht zu.

Durch eine Vereidigung während des Ermittlungs- oder während des Hauptverfahrens darf auf einen Zeugen nicht Druck ausgeübt werden, eine (wahrheitsgemäße) ihn belastende Aussage zu machen.

hemmer-Methode: Beachten Sie die Änderungen, welche die Regelungen über die Zeugenvereidigung durch das 1. Justizmodernisierungsgesetz vom 24.08.2004 erfahren haben: Während zuvor die Vereidigung der Zeugen der gesetzliche Regelfall war, wurde § 59 I S. 1 StPO der gängigen Praxis angepasst. Zeugen werden nach dem Ermessen des Gerichts nur noch bei besonderer Bedeutung der Aussage oder zur Herbeiführung einer wahren Aussage vereidigt.

K ist also nur dann tauglicher Täter des Meineids, wenn er Zeuge und nicht Beschuldigter ist.

2. Begründung der Beschuldigtenstellung

Es stellt sich demnach die Frage, ob K Beschuldigter ist. Die Begründung der Beschuldigtenstellung ist umstritten.

hemmer-Methode: Beachten Sie die Terminologie nach § 157 StPO: Beschuldigter heißt derjenige, gegen den ein Strafverfahren betrieben wird, und zwar während des gesamten Verfahrens. Während des Zwischenverfahrens, also nach Erhebung der öffentlichen Anklage, spricht die StPO auch vom Angeschuldigten, während des Hauptverfahrens zusätzlich auch vom Angeklagten. Verwechseln Sie diese Bezeichnungen nicht!

a) Rein objektive Bestimmung

Nach einer Ansicht ist die Beschuldigtenstellung rein objektiv zu bestimmen. Immer wenn ein objektiver Tatverdacht gegen eine Person besteht, ist diese als Beschuldigter zu behandeln.

b) Rein subjektive Bestimmung

Andererseits ließe sich die Beschuldigtenstellung aber auch allein subjektiv bestimmen.

Sie hinge dann allein vom Strafverfolgungswillen der Staatsanwaltschaft ab.

c) Objektiv-subjektive Theorie der h.M.

Nach der ganz h.M. von Rspr.[20] und h. Lit.[21] setzt sich die Beschuldigtenstellung aus einem objektiven und einem subjektiven Element zusammen.

---

[20] BGHSt 10, 10 ff. = **juris**byhemmer.

[21] Beulke, Rn. 111.

Grds. ist es der Staatsanwaltschaft als „Herrin des Vorverfahrens“ überlassen, wen sie verfolgt. Deswegen ist ein entsprechender Willensakt erforderlich, durch den zum Ausdruck gebracht wird, dass ein Strafverfahren gegen eine bestimmte Person betrieben werden soll (sog. „Inkulpationsakt“). Um aber die Stellung als Beschuldigter mit entsprechenden Pflichten nicht allein vom Willen der Strafverfolgungsbehörde abhängig zu machen, wird darüber hinaus ein hinreichend konkreter Anfangsverdacht i.S.v. § 152 II StPO verlangt.

Wegen des Messers und des Motivs liegt hier ein hinreichend konkreter Tatverdacht gegen K vor. Allerdings fehlt es an einem Inkulpationsakt, denn die Staatsanwaltschaft will K gerade nicht als Beschuldigten behandeln.

d) Kein willkürliches Vorenthalten der Beschuldigtenstellung

Um den Betroffenen hinreichend zu schützen, darf ihm aber die Beschuldigtenstellung von der Staatsanwaltschaft nicht vorenthalten werden.

Ansonsten würde ihm nämlich der Verlust wesentlicher Rechte drohen, die für ein faires Verfahren notwendig sind.

Deswegen kann nach der Rechtsprechung des BGH ein Verdächtiger auch ohne entsprechenden Willensakt der Staatsanwaltschaft Beschuldigter sein, wenn diese ihm die Beschuldigtenstellung willkürlich vorenthält (BGHSt 37, 51 f.; 38, 228).

Angesichts der Umstände drängt es sich auf, den K wegen Mordes zu verdächtigen.

Obwohl S diese Umstände kannte und den K auch verdächtigte, hat er aber dennoch ein Ermittlungsverfahren gegen einen unbekannten Täter eingeleitet.

Dadurch wurde K die Beschuldigtenstellung willkürlich vorenthalten. Demnach ist K als Beschuldigter zu behandeln. Dabei ist zu beachten, dass insoweit kein Aussagezwang besteht, andernfalls wäre der nemo-tenetur-Grundsatz verletzt. Entsprechend muss ein Beschuldigter als Täter im Sinne des § 154 I StGB ausscheiden. K ist nicht wegen Meineids nach § 154 I StGB zu bestrafen.

hemmer-Methode: Beachten Sie, dass auch bei einer Vereidigung entgegen eines bestehenden Vereidigungsverbots (§§ 60, 62 StPO) eine Strafbarkeit wegen Meineids in Betracht kommt.
Allerdings handelt es sich dann um einen minder schweren Fall i.S.d. § 154 II StGB. Sie können sich deswegen die Vereidigungsverbote neben § 154 II StGB kommentieren, soweit dies nach der für Sie einschlägigen Prüfungsordnung zulässig ist.

IV. Zusammenfassung

- Täter eines Meineids nach § 154 I StGB kann kein Beschuldigter sein.
- Nach ganz h.M. ist für die Begründung der Beschuldigtenstellung ein Inkulpationsakt der Strafverfolgungsbehörde als subjektives sowie ein hinreichend konkreter Anfangsverdacht als objektives Element erforderlich.
- Ausnahmsweise ist ein Verdächtiger aus Gründen des Beschuldigtenschutzes aber auch dann als Beschuldigter zu behandeln, wenn ihm die Strafverfolgungsbehörde diese Stellung willkürlich vorenthält.

V. Vertiefung

- **Zum Beschuldigtenbegriff und der Stellung des Beschuldigten im Strafprozess**: Hemmer/Wüst StPO, Rn. 37 ff.
- **Zu den Aussagedelikten der §§ 153 ff. StGB**: Hemmer/Wüst, StrafR BT II Rn. 221 ff.
- **„Beschuldigten"-Eigenschaft trotz Vernehmung als Zeuge**: Beschuldigter ist derjenige, gegen den ein Strafverfahren betrieben wird. Auch einem Zeugen kann konkludent die Rolle eines Beschuldigten zugewiesen werden, selbst wenn er weiter als Zeuge bezeichnet wird. Abzustellen ist allein darauf, wie sich das Verhalten des ermittelnden Beamten bei seinen Aufklärungsarbeiten nach außen hin darstellt. Von einer Einleitung des Strafverfahrens in diesem Sinne kann ausgegangen werden, wenn gegen den Zeugen Maßnahmen ergriffen werden, die offensichtlich darauf abzielen, strafrechtlich gegen ihn vorzugehen. Vgl. BGH, Urteil vom 30.12.2014 – 2 StR 439/13 = **juris**byhemmer = Life&Law 2015, 592 ff.
- Straftaten, die erst durch die Aussage selbst begangen werden, begründen kein Auskunftsverweigerungsrecht des Zeugen gemäß § 55 StPO. Vgl. BGH, 1 StR 359/11, Beschluss vom 22.03.2012 = **juris**byhemmer = Life&Law 2009, 611 ff.
- **Zur Abgrenzung zwischen einem „verdächtigen Zeugen" und einem „Beschuldigten"**: BGH, NJW 2007, 2706 ff. = **juris**byhemmer = Life&Law 2007, 837 ff.

Fall 6: Kneipenschlägerei

Sachverhalt:

Torsten (T) ist abends auf Zechtour. Als er gerade an der Theke der Kneipe „Zur roten Laterne“ seinen „Friesengeist“ trinken will, setzt sich plötzlich Uwe (U) neben T. Ohne zu zögern, nimmt U das noch volle Glas des T und leert es, dämlich grinsend, mit einem Zug.

Das will T sich natürlich nicht bieten lassen. Sofort springt er auf und schlägt dem U mit der Faust ins Gesicht. U wehrt sich, bald greifen weitere Gäste ein. Bei der folgenden Schlägerei verliert einer der Gäste sein Augenlicht. T entkommt jedoch unverletzt.

Später wird das Hauptverfahren gegen U wegen Beteiligung an einer Schlägerei (§ 231 StGB) eröffnet. In der Hauptverhandlung wird T als Zeuge vernommen, wie es zu den Vorfällen kam. Obwohl aber aufgrund der vorherigen Aussagen anderer Zeugen klar ist, dass T wegen seines Verhaltens ein Auskunftsverweigerungsrecht nach § 55 StPO zustehen könnte, da auch er in die Vorfälle verwickelt war, wird er darüber nicht belehrt.

Um U noch weiteren Schaden zuzufügen, sagt T bewusst falsch aus, dass dieser durch grundloses Pöbeln und Schubsen die Schlägerei ausgelöst und kräftig mitgemischt habe. Er, T, habe das als Unbeteiligter von außen gut beobachten können.

Frage: *Ist T wegen falscher uneidlicher Aussage strafbar?*

I. Einordnung

Dieser Fall ist ähnlich wie Fall 5 aufgebaut. Dort ging es darum, ob derjenige, dem die Beschuldigtenstellung willkürlich vorenthalten wird, Täter des Meineids sein kann. Hier wird hingegen zu untersuchen sein, ob und wie sich prozessuale Verstöße auf die materielle Strafbarkeit auswirken können.

Von seinem Inhalt her gehört dieser Fall eigentlich in das Hauptverfahren („Bestehen eines Auskunftsverweigerungsrechts“, „unterbliebene Belehrung“, „Rechtsfolgen“). Da es hier aber nicht um Folgen für den laufenden Prozess selbst geht, wird der Fall direkt im Zusammenhang mit dem vorhergehenden dargestellt.

hemmer-Methode: Hüten Sie sich vor dem „so ähnlichen Fall“! Kleine Veränderungen der Konstellation können schnell zu vollkommen anderen Ergebnissen führen. Wenn Sie sich dann ohne kritisches Hinterfragen sofort auf das Ihnen Bekannte stürzen, kann Ihre Lösung leicht daneben gehen.

II. Gliederung

Strafbarkeit des T nach § 153 I StGB

1. Objektiver Tatbestand: falsche uneidliche Aussage als Zeuge vor Gericht
2. Vorsatz, Rechtswidrigkeit und Schuld

3. Ausschluss der Strafbarkeit oder Strafmilderungsgrund wegen eines Verfahrensfehlers?

a) Fehlende Belehrung nach § 55 II StPO

b) Str.: Folge für die Strafbarkeit des T

- h.M.: Kein genereller Wegfall der Strafbarkeit, ggf. aber Strafmilderungsgrund
- a.A.: Strafbarkeitsausschluss bei prozessualer Unverwertbarkeit
- a.A.: Differenzierung nach der Funktion der verletzten Verfahrensvorschrift

III. Lösung

Strafbarkeit des T

T könnte sich nach § 153 I StGB wegen falscher uneidlicher Aussage strafbar gemacht haben.

1. Objektiver Tatbestand

T hat als Zeuge vor Gericht uneidlich falsch ausgesagt, da seine Aussage im Widerspruch zur Wirklichkeit steht und damit „falsch" ist (h.M., objektive Theorie). Auch soweit man auf das Vorstellungsbild des T abstellt (subjektive Theorie), kommt man zu keinem anderen Ergebnis.

hemmer-Methode: Bei für das Ergebnis unerheblichen Streitständen sollten Sie sich kurz fassen. Unnötig breite Ausführungen nerven jeden Korrektor.

2. Vorsatz, Rechtswidrigkeit, Schuld

T handelte auch vorsätzlich, rechtswidrig und schuldhaft.

3. Ausschluss der Strafbarkeit oder Strafmilderungsgrund wegen eines Verfahrensfehlers

Allerdings könnte ein Verfahrensfehler hier dazu führen, dass die Strafbarkeit des T ausgeschlossen bzw. ein Strafmilderungsgrund gegeben ist. Dann müsste zunächst ein Verfahrensfehler vorliegen, der auch zu diesen Folgen führt.

hemmer-Methode: Am sinnvollsten ist es wohl, dieses Problem als einen eigenständigen Punkt anzusprechen. Grundsätzlich hätte das zwar bereits im Rahmen des objektiven Tatbestands geschehen können. Da die h.M. aber letztendlich zum Ergebnis eines Strafmilderungsgrundes kommt, erscheint es günstiger, zunächst die Verwirklichung des Straftatbestandes zu bejahen und erst im Anschluss auf den Verfahrensfehler einzugehen.

a) Fehlende Belehrung nach § 55 II StPO

Ein Verfahrensfehler könnte sich vorliegend daraus ergeben, dass T nicht über sein Auskunftsverweigerungsrecht belehrt worden ist.

Bezüglich der Frage, wie es zu der Kneipenschlägerei kam, hätte T sich selbst belasten müssen, wenn er die Wahrheit ausgesagt hätte, da er sich selbst einer Körperverletzung nach § 223 StGB strafbar gemacht haben könnte. Ein Auskunftsverweigerungsrecht nach § 55 I StPO stand T deswegen zu.

Darüber hätte er nach § 55 II StPO belehrt werden müssen, was nicht geschehen ist. Ein Verfahrensfehler liegt demnach vor.

b) Folge für die Strafbarkeit des T

Allerdings ist umstritten, welche Folge eine fehlende Belehrung auf die Strafbarkeit nach § 153 StGB hat.

hemmer-Methode: Dieses oder ähnliche Probleme können sich bei allen Aussagedelikten stellen. So zum Beispiel auch bei der Frage, ob ein Eidesunmündiger, welcher entgegen § 60 Nr. 1 StPO vereidigt wurde, sich gemäß § 154 StGB strafbar machen kann.

aa) h.M.: Lediglich Strafmilderungsgrund

(1) Nach der h.M. in Rechtsprechung und Literatur führen Verfahrensfehler nicht generell zu einem Ausschluss der Strafbarkeit.[22]

Das gilt auch für eine unterlassene Belehrung nach § 55 II StPO.[23]

Dies ergebe sich aus dem Schutzzweck der §§ 153 ff. StGB.

Diese Vorschriften wollen nämlich die Rechtspflege in ihrer Realität, die als Menschenwerk nicht frei von Fehlern sein kann, schützen.[24] Insbesondere die Zeugnis- und Aussageverweigerungsrechte befreien nur von der Aussagepflicht, nicht aber von der Wahrheitspflicht.

Das gelte unabhängig davon, ob ein Verfahrensfehler dazu führt, dass die Aussage im Prozess eventuell nicht verwertet werden darf. Denn Verwertungsverbote bestünden immer nur hinsichtlich einer bestimmten Person in einer bestimmten Hinsicht. Deswegen müsse auch in derartigen Fällen die Wahrheitspflicht des Aussagenden bestehen bleiben. T hätte demnach den U nicht wider besseres Wissen belasten dürfen.

(2) Allerdings kann auch nach dieser Ansicht die Zwangslage, in der T sich bei der Aussage befand, als Strafmilderungsgrund gemäß § 49 StGB analog berücksichtigt werden. Denn § 55 StPO will den Zeugen als Ausprägung des „nemo-tenetur"-Grundsatzes ja gerade vor dem inneren Konflikt zwischen Wahrheitspflicht und Selbstbelastung schützen. Da T, um sich nicht selbst zu belasten, gezwungen war, die Unwahrheit zu sagen, ist dies bei der Strafzumessung zu berücksichtigen.

bb) a.A.: Strafbarkeitsausschluss bei prozessualer Unverwertbarkeit

(1) Eine Mindermeinung in der Literatur will hingegen bei Verfahrensfehlern nur dann eine Strafbarkeit nach den §§ 153 ff. StGB zulassen, wenn die Aussage im Prozess verwertbar ist. In allen anderen Fällen liege ein Ausschluss der Strafbarkeit vor.

hemmer-Methode: Aus einem Fehler bei der Beweiserhebung folgt nicht immer auch, dass dieser Beweis im Prozess unverwertbar ist. Hier nur bereits so viel: Man unterscheidet zwischen Beweiserhebungsverboten („Geschah bei der konkreten Beweiserhebung ein Fehler?") und Beweisverwertungsverboten („Dürfen die konkret erhobenen Beweise im Urteil berücksichtigt werden?").

---

22 BGHSt 8, 189 ff.; Schönke/Schröder – Lenckner, Vorbem. zu § 153 ff., Rn. 23.

23 BGH, StV 1995, 249; OLG Karlsruhe, StV 2003, 505 f. = jurisbyhemmer.

24 Schönke/Schröder – Lenckner, Vorbem. zu § 153 ff., Rn. 23.

Ist bereits die Erhebung eines Beweises unzulässig, kann das – muss aber nicht – auch zu einem sogenannten „unselbständigen“ Beweisverwertungsverbot führen. Ausführlich dazu unten die Fälle 24 ff.

Diese Ansicht stützt sich darauf, dass es Aufgabe der §§ 153 ff. StGB sei, die Organe der Rechtspflege bei ihren Entscheidungen vor falschen Aussagen zu schützen. Ist aufgrund bestehender Beweisverwertungsverbote eine Berücksichtigung der Aussage nicht zulässig, kann die Aussage auch im Fall ihrer Unwahrheit nicht die Rechtspflege gefährden. Bei der Berücksichtigung prozessordnungswidriger Aussagen trägt dafür nicht der Aussagende, sondern der Richter, der die Aussage entgegen dem Gesetz verwertet, die Verantwortung.

(2) Diese Ansicht führt vorliegend aber dann zu keinem anderen Ergebnis, wenn der Verstoß gegen § 55 II StPO nicht zu einem Beweisverwertungsverbot führt.

Ob das der Fall ist, ist je nach Einzelfall zu entscheiden. Dabei ist eine umfassende Interessenabwägung vorzunehmen, bei der das Interesse an einer funktionstüchtigen Strafrechtspflege, das Gewicht der verfolgten Tat und die Intensität des Eingriffs beim Betroffenen berücksichtigt werden müssen.[25]

Insbesondere kommt es darauf an, welchem Schutzzweck das Beweiserhebungsverbot dient.[26]

§ 55 II StPO will den Zeugen vor seelischen Zwangslagen schützen. Sie dient nur dem Schutz des Zeugen, nicht aber dem des Angeklagten.

Nach bestrittener, aber richtiger Ansicht folgt aus einer Verletzung des § 55 II StPO demnach kein Verwertungsverbot gegen den Angeklagten, sondern nur gegen den Zeugen in einem eventuellen Folgeprozess.[27]

Demzufolge kommt auch diese Ansicht hier zum Ergebnis, dass der Verstoß gegen § 55 II StPO einer Strafbarkeit des T wegen Meineids nicht entgegensteht.

cc) a.A.: Differenzierung nach der Funktion der verletzten Verfahrensvorschrift

Nach einer dritten, neueren Ansicht ist bei der Frage nach der Strafbarkeit nach der Funktion der verletzten Verfahrensnorm zu differenzieren.

Soll die Norm zumindest auch den Zeugen vor unangemessener Inanspruchnahme schützen, sei von einem Ausschluss der Strafbarkeit auszugehen.

So liegt der Fall auch hier: Denn als Ausprägung des „nemo-tenetur“-Grundsatzes will § 55 II StPO ja gerade den Zeugen schützen.

Bei einem Verstoß gegen § 55 II StPO müsse zudem § 157 StGB erweiternd ausgelegt werden.

Denn in einer illegitimen Notlage, die dem T durch die unterbliebene Belehrung entstanden ist, müsse die Norm dahingehend erweitert ausgelegt werden, dass ein Absehen von Strafe obligatorisch ist.

25 BGHSt 19, 325.

26 BGHSt 38, 214 = **juris**byhemmer.

27 Meyer-Goßner/Schmitt, § 55, Rn. 17. Ausführlich zu diesem hier sehr verkürzt dargestellten Streit Fall 24.

dd) Entscheidung

Diese letzte Ansicht ist abzulehnen. Denn fast alle Belehrungspflichten wollen den Zeugen vor einer als unangemessen empfundenen Inanspruchnahme zur Aussage schützen. Dann würde der Schutz der Rechtspflegeorgane zu stark untergraben.

Ergebnis

T ist demnach wegen falscher uneidlicher Aussage nach § 153 I StGB zu bestrafen. Allerdings ist die Strafe wegen der unterbliebenen Belehrung gemäß § 49 StGB analog zu mildern.

IV. Zusammenfassung

- Ein Verfahrensfehler führt nach zutreffender h.M. nicht zu einem Ausschluss der Strafbarkeit nach den §§ 153 ff. StGB, sondern nur zu einem Strafmilderungsgrund.

V. Vertiefung

- **Zu den Aussagedelikten:** Hemmer/Wüst, StrafR BT II, Rn. 221 ff.
- **Zum Anwendungsbereich von § 55 StPO:** Straftaten, die erst durch die Aussage selbst begangen werden, begründen kein Auskunftsverweigerungsrecht des Zeugen gemäß § 55 StPO. Vgl. BGH, 1 StR 359/11, Beschluss vom 22.03.2012 = **juris**byhemmer = Life&Law 2009, 611 ff.

Fall 7: Böses Ende einer Weihnachtsfeier

Sachverhalt:

Privatdozent Fichtrunder (F) kehrt spätabends von der feuchtfröhlichen Lehrstuhlweihnachtsfeier zurück. Auf dem Fahrrad fährt er in Schlangenlinien durch die Altstadt und singt dabei laut „Rudolf, the red-nosed Reindeer".

Den Polizisten POM Klaus (K) und POM Lukas (L), die auf Streife unterwegs sind, kommt dieses Verhalten verdächtig vor. Sie halten den offensichtlich sturzbetrunkenen F an, fragen ihn nach seinem Namen und ob er etwas getrunken habe. Anstatt ihnen Auskunft zu geben, beschimpft der lallende F die Polizisten K und L unflätig und antwortet, „Ihr könnt mich mal". Ohne die Polizisten eines weiteren Blickes zu würdigen, dreht F sich um und will seinen Heimweg fortsetzen.

Daraufhin wird es K und L zu bunt. Während K den F festhält, durchsucht L dessen Jacke und findet darin den Geldbeutel des F mitsamt dessen Personalausweis.

Doch auch nach der Feststellung seiner Identität zeigt sich F nicht kooperativ, sondern wehrt sich weiter. Weil F sich weigert, zur Feststellung seines BAK-Werts in ein Messgerät zu blasen, bringen K und L den F schließlich gegen seinen Willen in ein nahegelegenes Krankenhaus, um ihm dort Blut abnehmen zu lassen. Erst als Lernschwester Lena (L) das Zimmer betritt, wird F ruhiger. Er lässt sich, leise fluchend, von L Blut abnehmen und schläft anschließend friedlich ein.

Nachdem die Messungen bei F einen BAK-Wert von 2,4 ‰ ergeben haben, wird gegen F ein Verfahren wegen Trunkenheit im Verkehr nach § 316 I StGB eröffnet.

Frage 1: *Durften K und L den F festhalten und durchsuchen?*

Frage 2: *War das Verbringen des F in das Krankenhaus und die Blutabnahme rechtmäßig? Hätten K und L den F auch zwingen können, in das Messgerät zu pusten?*

Frage 3: *Ist der gemessene BAK-Wert im Verfahren gegen F verwertbar?*

I. Einordnung

Die StPO enthält verschiedene Maßnahmen, welche die Staatsanwaltschaft während des Ermittlungsverfahrens ergreifen kann. Die meisten sind in den §§ 94 ff. StPO geregelt. Diese Maßnahmen sind von entscheidender Bedeutung für den Erfolg oder Misserfolg der Ermittlungen.

Dabei ist zwischen der Rechtmäßigkeit der Maßnahmen und der Verwertbarkeit der gefundenen Ergebnisse im späteren Prozess zu unterscheiden.

Der Betroffene muss natürlich auch die Möglichkeit haben, gegen Ermittlungsmaßnahmen vorgehen zu können.

Welche Rechtsschutzmöglichkeiten hier in Betracht kommen, zeigen die Fälle 9 und 10 auf.

II. Gliederung

Frage 1: Rechtmäßigkeit des Festhaltens und Durchsuchens des F?

a) Identitätsfeststellung nach § 163b I S. 1 StPO; Bestehen eines Tatverdachts?

b) Festhalten des Verdächtigen, § 163b I S. 2 StPO

c) Durchsuchung nach § 163b I S. 3 StPO

Frage 2: Rechtmäßigkeit des Verbringens ins Krankenhaus und der Blutentnahme?

a) Eingriffsgrundlage § 81a StPO deckt nach h.M. auch Verbringen ins Krankenhaus; aber: kein Zwang zu aktivem Tun, also kein „Röhrchenblasen"

b) Anordnung durch Ermittlungspersonen der Staatsanwaltschaft, § 81a II StPO

c) Vornahme nur von einem Arzt, kein Nachteil für die Gesundheit

Frage 3: Verwertbarkeit des Ergebnisses der Blutentnahme?

Kein Beweisverwertungsverbot bei Untersuchung durch eine andere Person als einen Arzt, da allein die Gesundheit des Beschuldigten geschützt werden soll

III. Lösung

Frage 1: Rechtmäßigkeit des Festhaltens und Durchsuchens des F?

Fraglich ist, ob K und L den F festhalten und durchsuchen durften.

a) Identitätsfeststellung nach § 163b I S. 1 StPO

Rechtsgrundlage könnte insofern § 163b I S. 1 StPO sein. Demnach dürfen Staatsanwaltschaft und Beamte des Polizeidienstes die zur Feststellung der Identität einer Person erforderlichen Maßnahmen treffen. Voraussetzung dafür ist, dass F einer Straftat verdächtig ist.

Das muss nicht so weit gehen, dass der Betroffene die Beschuldigtenstellung erlangt hat. Ein Verdacht besteht bereits, wenn der Schluss auf die Begehung einer Straftat, auch des Versuchs, gerechtfertigt ist und Anhaltspunkte vorliegen, welche die Täterschaft oder Teilnahme des Betroffenen als möglich erscheinen lassen.[28] Da F lallend, singend und Schlangenlinien fahrend auf dem Fahrrad unterwegs war, erscheint es zumindest möglich, dass er sich wegen Trunkenheit im Verkehr nach § 316 I StGB strafbar gemacht hat.

hemmer-Methode: Dass der Betroffene noch nicht Beschuldiger sein muss, ergibt der Vergleich mit anderen Eingriffsmaßnahmen.
Während § 163b I S. 1 StPO von „verdächtigt" spricht, ist z.B. in den §§ 81 ff. StPO ausdrücklich vom „Beschuldigten" die Rede!
Eine Identitätsfeststellung von unverdächtigen Personen ist nur unter den besonderen Voraussetzungen des § 163b II StPO möglich.

[28] Meyer-Goßner/Schmitt, § 163b, Rn. 4.

b) Festhalten des Verdächtigen, § 163b I S. 2 StPO

§ 163 I S. 2 StPO stellt klar, dass auch das Festhalten des Verdächtigen unter Umständen zu den zur Identitätsfeststellung erforderlichen Maßnahmen zählt.

aa) „Festhalten" meint dabei eine Freiheitsentziehung, geht aber noch nicht so weit wie eine vorläufige Festnahme nach § 127 StPO.[29] Davon ist immer dann auszugehen, wenn eine Person davon abgehalten wird, sich zu entfernen.[30] Maximaldauer sind zwölf Stunden, vgl. § 163c II StPO.

bb) Voraussetzung ist aber, dass die Identität des Verdächtigen ohne das Festhalten nicht oder nur unter erheblichen Schwierigkeiten festgestellt werden kann. Das ist der Fall, denn F weigerte sich, seine Identität anzugeben, und wollte sich entfernen.

cc) Auch die Voraussetzungen des § 163c StPO wurden eingehalten. Insbesondere war eine Entscheidung durch einen Richter nach § 163c I S. 2 StPO nicht erforderlich, da diese voraussichtlich länger als die Identitätsfeststellung selbst gedauert hätte.

hemmer-Methode: Hier geht es bisher nur um das Festhalten zur Identitätsfeststellung. Inwieweit auch das längere Festhalten des F rechtmäßig war, wird in Frage 2 zu untersuchen sein.

d) Durchsuchung des Verdächtigen, § 163b I S. 3 StPO

Nach § 163b I S. 3 StPO ist bei Vorliegen der Voraussetzungen des S. 2 auch die Durchsuchung des Verdächtigen sowie der von ihm mitgeführten Sachen zulässig.

Die Norm ist insoweit lex specialis zu § 102 StPO, so dass es auf dessen Voraussetzungen nicht ankommt.

Auch ohne die Durchsuchung wäre eine Identitätsfeststellung des F wegen dessen Verhalten nicht möglich gewesen.

Das Festhalten und Durchsuchen des F durch K und L war demnach rechtmäßig.

Frage 2: Rechtmäßigkeit des Verbringens ins Krankenhaus und der Blutentnahme?

Fraglich ist, ob auch das Verbringen des F ins Krankenhaus und die dortige Blutentnahme rechtmäßig waren.

a) Eingriffsgrundlage § 81a StPO

Als Eingriffsgrundlage kommt dabei § 81a StPO in Betracht.

aa) § 81a StPO erlaubt die Vornahme körperlicher Untersuchungen zur Feststellung von Tatsachen, die für das Verfahren von Bedeutung sind. Die Blutentnahme ist eine derartige körperliche Untersuchung. Bei einem Verdacht wegen Trunkenheit im Verkehr ist der BAK-Wert eine Tatsache von Bedeutung.

hemmer-Methode: Hier können Abgrenzungsprobleme zwischen der körperlichen Untersuchung und der Durchsuchung gem. § 102 StPO auftreten. Soll die Beschaffenheit des Körpers oder einzelner Teile festgestellt werden, ist von einer Untersuchung auszugehen. Soll hingegen am Körper oder in zugänglichen natürlichen Körperöffnungen nach Gegenständen gesucht werden, liegt eine Durchsuchung vor.[31]

29 Meyer-Goßner/Schmitt, § 163b, Rn. 7.
30 Kurth, NJW 1979, 1380.
31 Vgl. im Einzelnen Beulke, Rn. 241.

bb) Allerdings sind derartige Maßnahmen nur gegen den Beschuldigten zulässig. Das ist der Fall, wenn ein hinreichend konkreter Anfangsverdacht vorliegt und das Strafverfolgungsorgan auch nach außen hin erkennbar macht, den Beschuldigten als solchen behandeln zu wollen.[32]

Aufgrund der Fahrweise und des Verhaltens des F erscheint es nach kriminalistischer Erfahrung möglich, dass dieser sich wegen Trunkenheit im Verkehr strafbar gemacht hat. Die Polizisten haben auch zu erkennen gegeben, den F als Beschuldigten behandeln zu wollen. Demnach ist er Beschuldigter, eine körperliche Untersuchung ist möglich.

cc) Fraglich ist, ob auch das Festhalten und zwangsweise Verbringen des F ins Krankenhaus von § 81a I StPO gedeckt ist. Anderenfalls müsste insoweit ggf. auf § 127 II StPO zurückgegriffen werden.

§ 81a StPO umfasst auch die zwangsweise Durchsetzung der Anordnung der körperlichen Untersuchung, also insbesondere auch das Festhalten und das zwangsweise Verbringen des Beschuldigten ins Krankenhaus.[33] Denn es ist nicht einzusehen, dass es zusätzlich noch auf weitere Voraussetzungen wie Fluchtgefahr ankommen soll, wenn sich der Beschuldigte weigert, die Untersuchung an sich vornehmen zu lassen. Vielmehr sind diese Maßnahmen dann notwendiger Teil der Vorbereitung der Untersuchung.

dd) Dagegen kann § 81a StPO wie alle Zwangsmittel keine Pflicht zur aktiven Mitwirkung des Beschuldigten, sondern nur eine Duldungspflicht begründen.[34]

Demnach haben K und L keine Handhabe, um den F zu zwingen, in das Messgerät zu blasen.

b) Anordnung durch die Staatsanwaltschaft

Nach § 81a II S. 1 StPO sind körperliche Untersuchungen grundsätzlich vom Richter anzuordnen. Bei Gefährdung des Untersuchungserfolges durch Verzögerung steht diese Befugnis auch der Staatsanwaltschaft und ihren Ermittlungspersonen zu.

hemmer-Methode: Welche Polizeibeamte auch Ermittlungspersonen der Staatsanwaltschaft sind, ergibt sich gemäß § 152 II GVG i.V.m. den dazugehörigen Verordnungen der einzelnen Bundesländer (Für Bayern vgl. § 1 II Nr. 1 der Verordnung über die Ermittlungspersonen der Staatsanwaltschaft, abgedruckt in Ziegler/Tremel, Nr. 755. Die entsprechenden anderen Landesverordnungen sind bei der Kommentierung von § 152 GVG in Meyer-Goßner/Schmitt aufgeführt[35]).

Vorliegend kommt es jedoch gar nicht darauf an, ob eine solche Gefahr im Verzug anzunehmen ist. Denn gemäß § 81a II S. 2 StPO kann die Entnahme einer Blutprobe abweichend von der allgemeinen Regel auch bei bestimmten Verkehrsdelikten durch die Staatsanwaltschaft bzw. ihre Ermittlungspersonen angeordnet werden.

Vorliegend fuhr F offensichtlich stark alkoholisiert auf dem Fahrrad in Schlangenlinien. Dies begründet den Anfangsverdacht der Begehung einer Straftat gemäß § 316 StGB. Mithin waren die Polizisten für die Anordnung der Blutprobe und damit auch für das Verbringen in das Krankenhaus zuständig.

---

32 BGHSt 10, 10 ff. = **juris**byhemmer; Beulke, Rn. 111; ausführlich zum Beschuldigtenbegriff Fall 5.

33 Meyer-Goßner/Schmitt, § 81a, Rn. 29 m.w.N.

34 Beulke, Rn. 241.

35 Meyer-Goßner/Schmitt, § 152 GVG, Rn. 6.

hemmer-Methode: Hält die Staatsanwaltschaft im Ermittlungsverfahren eine richterliche Untersuchungsmaßnahme für erforderlich, beantragt sie deren Vornahme beim Amtsgericht, vgl. § 162 I S. 1 StPO.
In Eilfällen bestehen häufig Ausnahmeregelungen, die eine Vornahme durch die Staatsanwaltschaft oder deren Ermittlungspersonen ermöglichen.

c) Vornahme von einem Arzt, kein Nachteil für die Gesundheit des F

Allerdings müssen körperliche Eingriffe, unter anderem eine Blutentnahme, durch einen Arzt nach den Regeln der ärztlichen Kunst ausgeführt werden, vgl. § 81a I S. 2 StPO. Es darf kein Nachteil für die Gesundheit des Beschuldigten zu befürchten sein.

hemmer-Methode: „Andere körperliche Eingriffe" i.S.d. § 81a I S. 2 StPO sind dabei im Unterschied zur einfachen Untersuchung alle Maßnahmen, bei denen dem Körper des zu Untersuchenden – auch geringfügige – Verletzungen zugefügt werden.[36]

Zwar ist bei einer einfachen Blutabnahme kein Nachteil für die Gesundheit des F zu befürchten. „Nachteil" in diesem Sinne sind nur erhebliche Beeinträchtigungen des körperlichen Wohlbefindens, nicht bereits Schmerzen und andere vorübergehende Unannehmlichkeiten.[37]

Allerdings wurde die Blutabnahme von einer Lernschwester und nicht von einem Arzt ausgeführt.

Das führt unabhängig von der Schwierigkeit der Untersuchung zur Rechtswidrigkeit der durchgeführten Zwangsmaßnahme.

hemmer-Methode: Etwas anderes würde gelten, wenn F mit der Blutabnahme einverstanden gewesen wäre.
Zu beachten ist schließlich auch der Verhältnismäßigkeitsgrundsatz: Eine körperliche Untersuchung darf nur angeordnet werden, wenn sie unerlässlich ist und in einem angemessenen Verhältnis zur Schwere der Tat steht.[38]

Das Verbringen des F ins Krankenhaus war demzufolge rechtmäßig, die Blutabnahme durch die L jedoch nicht.

Frage 3: Verwertbarkeit des Ergebnisses der Blutentnahme?

Schließlich stellt sich die Frage, ob die Rechtswidrigkeit der Blutabnahme dazu führt, dass deren Ergebnis nicht in der Hauptverhandlung verwertet werden darf.

hemmer-Methode: Auch hier geht es wieder um die Frage, ob aus einem Beweiserhebungsverbot auch möglicherweise ein Beweisverwertungsverbot folgt. Ausführlich zu den Grundsätzen unten die Fälle 24 ff.

Die Blutentnahme durch die L war rechtswidrig, es liegt also ein Beweiserhebungsverbot vor. Ob dies letztendlich auch zu einem Beweisverwertungsverbot führt, ist je nach Einzelfall zu untersuchen.

36 Meyer-Goßner/Schmitt, § 81a, Rn. 15.
37 Meyer-Goßner/Schmitt, § 81a, Rn. 17.
38 BVerfGE 16, 201 f.; 17, 117.

Dabei ist eine umfassende Interessenabwägung vorzunehmen, bei der das Interesse an einer funktionstüchtigen Strafrechtspflege, das Gewicht der verfolgten Tat und die Intensität des Eingriffs beim Betroffenen berücksichtigt werden müssen (BGHSt 19, 325).

Insbesondere kommt es darauf an, welchem Schutzzweck das Beweiserhebungsverbot dient (BGHSt 38, 214).

Die Regelung, dass körperliche Eingriffe nur von einem Arzt durchgeführt werden dürfen, soll die Gesundheit des Beschuldigten schützen. Dieser Schutzzweck kann aber im Nachhinein nicht mehr sichergestellt werden. Deswegen ist in derartigen Fällen von einer Verwertbarkeit des Beweises im Prozess auszugehen (BGH 24, 128 f.; SK-Rogall, § 81a, Rn. 89 f.).

Die Verlässlichkeit des Ergebnisses ist durch die Ausführung durch L nicht beeinträchtigt.

hemmer-Methode: Etwas anderes kann aufgrund des „fair-trial"-Grundsatzes wiederum dann gelten, wenn sich die Polizei bewusst über die Regelung hinwegsetzt oder den Beschuldigten gar täuscht. Das Ergebnis der Blutabnahme kann somit im Prozess gegen F verwertet werden.

IV. Zusammenfassung

- § 163b I StPO erlaubt die Identitätsfeststellung eines Verdächtigen und, soweit erforderlich, auch dessen Festhalten und Durchsuchen.
- § 81a StPO bestimmt, unter welchen Voraussetzungen eine körperliche Untersuchung des Beschuldigten möglich ist.
- Zwangsmaßnahmen können immer nur eine Duldungspflicht, niemals aber eine Handlungspflicht begründen.
- Wird eine Blutentnahme nicht durch einen Arzt ausgeführt, folgt daraus in der Regel kein unselbständiges Beweisverwertungsverbot.

V. Vertiefung

- **Zu den einzelnen Ermittlungsmaßnahmen**: Hemmer/Wüst, StPO, Rn. 67 ff.
- **Zur Identitätsfeststellung:** Hemmer/Wüst, StPO, Rn. 70; **zu körperlichen Untersuchungen**: Hemmer/Wüst, StPO, Rn. 75 ff.
- **Verstoß gegen den Richtervorbehalt bei einer Durchsuchung**: Die Polizei kann auch während eines bereits laufenden Ermittlungsverfahrens aufgrund präventiver Ermächtigungsgrundlagen zum Zwecke der Gefahrenabwehr tätig werden. Es besteht kein allgemein gültiger Vorrang der Strafprozessordnung. Die Verwertung von Beweisen im Strafverfahren, die auf präventiv-polizeilicher Grundlage gewonnenen wurden, bestimmt sich nach § 161 II S. 1 StPO. Vgl. BGH, Beschluss vom 21.04.2016 – 2 StR 394/15 = Life&Law 2017, 36 ff. = **juris**byhemmer.

- **Verstoß gegen den Richtervorbehalt bei einer Durchsuchung**: Bei Anerkennung eines hypothetisch rechtmäßigen Ersatzeingriffs als Abwägungskriterium bei der Prüfung des Vorliegens eines Beweisverwertungsverbots würde der Richtervorbehalt unterlaufen und damit sinnlos werden. Vgl. BGH, Urteil vom 26.04.2017 – 2 StR 274/16 = Life&Law 2018, 96 ff. = **juris**byhemmer.

- **Gespräche von/mit Verteidiger**: Der Schutz des § 53 StPO beginnt nicht erst mit Abschluss des zivilrechtlichen Geschäftsbesorgungsvertrags zwischen Rechtsanwalt und Mandant, sondern auch das entsprechende Anbahnungsverhältnis ist schon umfasst. Vgl. BGH, Beschluss vom 18.02.2014 – StB 8/13 = Life&Law 2014, 822 ff. = **juris**byhemmer.

- **Durchsuchung beim Berufsgeheimnisträger**: Unterlagen beim Steuerberater, die nicht mehr zum Zweck der Buchführung, Abschlusserstellung oder Bearbeitung von Steuererklärungen benötigt werden, sind nicht gem. § 97 StPO beschlagnahmefrei. Der Schutz des § 97 StPO endet mit Erledigung des Auftrages und ist damit enger als das Zeugnisverweigerungsrecht des § 53 StPO. Vgl. LG Saarbrücken, Beschluss vom 12.03.2013 – 2 Qs 15/13 = Life&Law 2013, 753 ff. = **juris**byhemmer.

Fall 8: Prahlerei am Telefon

Sachverhalt:

Der in der Unterwelt berüchtigte Hans (H) wird verdächtigt, die betuchte Oma Erna (E) in ihrer Wohnung überfallen, geschlagen und ausgeraubt zu haben. E ist allerdings sehr eingeschüchtert und macht kaum weiterführende Aussagen.

Als die Ermittlungen stagnieren, greift Staatsanwalt Sebastian (S) zu einem Trick: Er bittet den Bekannten Bernd (B) des H, bei diesem anzurufen und ihn über die Vorfälle auszufragen. Tatsächlich brüstet sich der großspurige H mit der Tat und verrät B einige Details. S hört an einem zweiten Hörer des Telefons des B mit.

S freut sich über die gewonnenen Erkenntnisse. Dennoch zweifelt er, ob es rechtmäßig war, auf diesem Weg an Informationen zu gelangen.

Frage: *War das Vorgehen des S rechtmäßig?*

I. Einordnung

Die sog. „Hörfalle" ist ein Klassiker des Strafprozessrechts. Es ergeben sich Bedenken aufgrund mehrerer Normen der StPO und der Grundsätze des Strafprozesses. Es kommt insoweit darauf an, die einzelnen Problempunkte anzusprechen und mit guten Argumenten zu einem vertretbaren Ergebnis zu kommen.[39]

II. Gliederung

1. Verstoß gegen die §§ 100a ff. StPO?

Eingriff in das Fernmeldegeheimnis?
Aber: Mithören ≠ Abhören!

2. Verstoß gegen §§ 136 I S. 2, 163a III S. 2 StPO?

- (P): Keine Belehrung des Beschuldigten
- Aber: Nicht unmittelbar anwendbar, da keine Vernehmung i.S.d. § 136 I StPO
- § 136 I StPO analog wegen Vernehmungsähnlichkeit str.; GrS BGH (-)

3. Verstoß gegen §§ 136a I S. 1, 163a III S. 2 StPO?

- Abgrenzung zwischen Täuschung und kriminalistischer List
- M.M.: „Gebot der offenen Ermittlung"

4. Verstoß gegen „nemo-tenetur-Grundsatz"?

(P): Zwang zur Aussage?

5. Verstoß gegen das Recht auf informationelle Selbstbestimmung?

Aber: Mithören ≠ Abhören!

6. Sonstige rechtsstaatliche Grenzen

Grundsatz der Verhältnismäßigkeit:

- Nur bei Straftaten erheblicher Bedeutung
- Andere Ermittlungsmethoden versprechen erheblich weniger Erfolg oder sind wesentlich erschwert

[39] Diesem Fall liegt die Entscheidung des BGH in NJW 1996, 2940 ff. zugrunde.

III. Lösung

Fraglich ist, ob das Vorgehen des Staatsanwalts rechtmäßig war. Dem könnten verschiedene Gesichtspunkte entgegenstehen:

1. Verstoß gegen die §§ 100a ff. StPO?

Möglicherweise verstößt die „Hörfalle“ gegen die §§ 100a ff. StPO. Diese Normen, welche eine Überwachung der Telekommunikation ohne Wissen des Betroffenen ermöglichen, dienen unter anderem dem in Art. 10 I GG verankerten Schutz des Fernmeldegeheimnisses. Es werden verschiedene Voraussetzungen für die Überwachung der Telekommunikation normiert. § 100a I S. 1 StPO verlangt, dass bestimmte Tatsachen den Verdacht einer in Absatz 2 näher bezeichneten schweren Straftat begründen, die Tat auch im Einzelfall schwer wiegt und die Erforschung des Sachverhalts auf andere Weise zumindest wesentlich erschwert wäre.

Die Anordnung darf dabei nur gegen die in § 100a III StPO genannten Personen ergehen. Sollten tatsächliche Anhaltspunkte dafür sprechen, dass durch die Maßnahme allein Erkenntnisse aus dem Kernbereich privater Lebensgestaltung erlangt würden, ist die Maßnahme unzulässig, § 100d I StPO. Grundsätzlich ist die Überwachung der Telekommunikation durch den Richter anzuordnen, vgl. § 100e I S. 1 StPO.

hemmer-Methode: Verschaffen Sie sich einen kurzen Überblick über die Maßnahmen nach den §§ 100a ff. StPO. Diese wurden zum 24.08.2017 durch das „Gesetz zur effektiveren und praxistauglicheren Ausgestaltung des Strafverfahrens“ reformiert. Aufgenommen wurde etwa in § 100a StPO die sogenannte Quellen-Telekommunikationsüberwachung („Quellen-TKÜ“), die ein Abhören von Telekommunikation direkt an der Sende- bzw. Empfangsquelle erlaubt.

Außerdem hat der Gesetzgeber die Möglichkeit der sog. „Online-Durchsuchung“ eingeführt. § 100b StPO gestattet es, sämtliche Inhalte informationstechnischer Systeme (also insb. Computer und Smartphones) über das Internet unbemerkt auszulesen und zu speichern (mittels sog. „Staatstrojaner“). Im Unterschied zu § 100a StPO können nach § 100b StPO alle Daten – und nicht nur Kommunikationsvorgänge – ausgelesen werden, und dies auch rückwirkend, also auch solche Dateien, die vor dem Zeitpunkt der richterlichen Anordnung der Maßnahme gespeichert wurden.

Ob diese Voraussetzungen vorliegend eingehalten wurden, ist sehr zweifelhaft. Darauf kommt es aber nur an, wenn es sich bei der „Hörfalle“ tatsächlich um eine Überwachung der Telekommunikation handelt.

S hört das Gespräch nicht aufgrund eines Eingriffes in die Leitung mit, sondern außerhalb der Leitung an einem Zweithörer am Endgerät des B. Die Maßnahme beruht auf einem freien Entschluss des B. Der Schutz des Fernmeldegeheimnisses endet aber am Endgerät des Teilnehmers.[40] Es kann insoweit nichts anderes gelten, als wenn B den Lautsprecher an seinem Telefon eingeschaltet hätte.

Da die „Hörfalle“ also keine Überwachung der Telekommunikation darstellt, sind die §§ 100a ff. StPO nicht einschlägig.

---

[40] Meyer-Goßner/Schmitt, § 100a, Rn. 1; BGH 42, 154.

2. Verstoß gegen §§ 136 I S. 2, 163a III S. 2 StPO

Die „Hörfalle“ könnte aufgrund der §§ 136 I S. 2, 163a III S. 2 StPO rechtswidrig sein.

Denn nach § 136 I S. 2 StPO ist der Beschuldigte vor einer Vernehmung darauf hinzuweisen, dass es ihm freisteht, sich zu der Beschuldigung zu äußern. Gegen H besteht ein hinreichend konkreter Tatverdacht, die Staatsanwaltschaft will ihn auch als Beschuldigten behandeln. Eine Belehrung des H vor dem Telefonat mit B ist unterblieben.

a) Vernehmung des H?

Fraglich ist allerdings, ob es sich bei dem Telefonat überhaupt um eine „Vernehmung“ i.S.d. § 136 I StPO handelt.

Das ist nur dann der Fall, wenn der Vernehmende der Auskunftsperson in amtlicher Funktion gegenübertritt und in dieser Eigenschaft von ihm eine Auskunft verlangt.[41]

hemmer-Methode: Nur wenn dem Beschuldigten eine Amtsperson gegenübersteht, wird auf ihn durch diese Situation ein besonderer Druck zur Aussage ausgeübt. Um ihm diesen Druck zu nehmen, muss eine Belehrung nach § 136 I S. 2 StPO stattfinden.

Vorliegend hat B das Gespräch mit H geführt, S hat nur mitgehört. B ist aber keine Amtsperson, es handelt sich also nicht um eine Vernehmung i.S.d. § 136 I StPO.

b) § 136 I S. 2 StPO analog?

Möglicherweise muss H aber nach § 136 I S. 2 StPO analog belehrt werden. Nach der Ansicht des 5. Senats des BGH ist dies der Fall, da eine vernehmungsähnliche Situation vorliege.[42] Denn es ist gerade Sinn und Zweck der „Hörfalle“, den Beschuldigten gezielt auszuhorchen.

B handelt gleichsam an Stelle eines Vernehmungsbeamten. Er kann auch mit gezielten Informationen ausgestattet werden, um H zum Sprechen zu bringen.

Dennoch hat der Große Senat des BGH eine Belehrungspflicht zu Recht abgelehnt. Denn die Belehrung soll den Druck vom Beschuldigten nehmen, wenn er einer Amtsperson gegenübersteht. Eine solche Drucksituation besteht dem B gegenüber aber gerade nicht.

Es ist die freie Entscheidung des H, was er anderen gegenüber erzählt.

Die „Hörfalle“ verstößt also nicht gegen §§ 136 I S. 2, 163a III S. 2 StPO analog.[43]

hemmer-Methode: Ähnlich gelagert ist die Problematik der Äußerung gegenüber einem V-Mann. Siehe dazu Fall 11.

3. Verstoß gegen §§ 136a I S. 1, 163 III S. 2 StPO?

Die „Hörfalle“ könnte gegen die §§ 136a I S. 1, 163a III S. 2 StPO verstoßen. In Betracht kommt insofern eine Täuschung des H. Zwar wurde diese Täuschung hier durch eine Privatperson, nämlich den B, verübt.

---

41 Vgl. Fall 4.

42 BGH, NStZ 1995, 110.

43 BGH, NJW 1996, 2941 f. = jurisbyhemmer.

Da dies aber auf ausdrückliche Bitte des S geschah, muss dieses Verhalten den Ermittlungsbehörden zugerechnet werden.

a) Abgrenzung von Täuschung und der sog. „kriminalistischen List“

§ 136a I S. 1 StPO verbietet Täuschungen des Beschuldigten bei der Vernehmung. Nach allgemeiner Ansicht ist der Begriff der Täuschung aber zu weit gefasst und muss einschränkend ausgelegt werden. Nicht verboten ist die bloße „kriminalistische List“, beispielsweise durch Fangfragen.

Eine relevante Täuschung i.S.d. § 136a I S. 1 StPO liegt nur dann vor, wenn die Maßnahme ihrem Gewicht nach den anderen in § 136a I S. 1 StPO genannten Alternativen wie z.B. Misshandlung, Verabreichung von Mitteln oder Quälerei gleichkommt.

Vorliegend nutzt die Staatsanwaltschaft lediglich den Irrtum des H, es höre kein anderer mit, aus. Deswegen handelt es sich noch nicht um eine verbotene Täuschung.

hemmer-Methode: Diese heftig umstrittene Frage können Sie mit entsprechender Argumentation auch anders entscheiden. Sinnvoll ist es allerdings, dem Großen Senat des BGH zu folgen, um noch auf den Grundsatz der Verhältnismäßigkeit eingehen zu können.

b) Gebot der offenen Ermittlung?

Teilweise wird in der Literatur gefordert, dass § 136a StPO ein allgemeines „Gebot der offenen Ermittlung“ beinhalte.

Angesichts der zahlreichen verdeckten Ermittlungsmöglichkeiten, welche die StPO gestattet (z.B. §§ 100a ff. StPO, verdeckter Ermittler nach §§ 110a ff. StPO), ist diese Ansicht aber abzulehnen.

4. Verstoß gegen den „Nemo-tenetur-Grundsatz“

Im Strafverfahren gilt der allgemeine Grundsatz, dass niemand gezwungen werden darf, sich selbst zu belasten (nemo tenetur se ipsum accusare“). Dagegen könnte die „Hörfalle“ verstoßen.

Allerdings wurde auf H keinerlei Zwang ausgeübt, sich dem B anzuvertrauen. Er tat dies vielmehr freiwillig, der „Nemo-tenetur-Grundsatz“ wurde nicht verletzt.[44]

5. Verstoß gegen das Recht auf informationelle Selbstbestimmung?

Auch eine Verletzung des grundgesetzlich garantierten Rechts auf informationelle Selbstbestimmung hat der BGH abgelehnt. Denn heutzutage muss jeder damit rechnen, dass Telefongespräche – beispielsweise über einen Lautsprecher – von Dritten mitgehört werden. Der geschützte Bereich des Privaten ist deswegen noch nicht verletzt.

hemmer-Methode: Gut vertretbar ist es auch, einen Eingriff in den Schutzbereich des Rechts auf informationelle Selbstbestimmung zu bejahen, denn H verlor die Herrschaft darüber, wer ihn vernehmen kann (Art. 2 I GG, „Recht am eigenen Wort“).

---

[44] Instruktiv zum nemo-tenetur-Grundsatz siehe BGH, NJW 2007, 3138 ff. = **juris**byhemmer.

Ein solcher Eingriff wäre dann aber unter bestimmten Umständen gerechtfertigt (zu diesen sogleich)! Im Ergebnis ändert sich folglich nichts.

6. Sonstige rechtsstaatliche Gesichtspunkte

Allerdings stellt der BGH aus allgemeinen rechtsstaatlichen Gesichtspunkten dennoch besondere Anforderungen an den Einsatz einer „Hörfalle". Denn immerhin beinhaltet die Maßnahme eine gewisse Heimlichkeit und kommt einem Verstoß gegen den „Nemo-tenetur-Grundsatz" nahe (BGH, NJW 1996, 2943 = **juris**byhemmer).

Dann verlangt der Grundsatz des fairen Verfahrens, dass die Interessen des Beschuldigten mit dem öffentlichen Interesse einer effektiven Strafverfolgung abgewogen werden.

Eine „Hörfalle" ist nur unter folgenden Voraussetzungen zulässig:

- Es muss um die Verfolgung einer Straftat von wesentlicher Bedeutung gehen. Insofern können die Kataloge der §§ 98a, 100a, 110a StPO herangezogen werden.
- Der Einsatz anderer Ermittlungsmethoden muss zudem erheblich weniger Erfolg versprechend oder wesentlich erschwert sein.

Nur unter diesen Voraussetzungen genügt die „Hörfalle" den Anforderungen des Verhältnismäßigkeitsprinzips und ist rechtmäßig.

H ist verdächtig, einen Raub gem. § 249 StGB begangen zu haben. Diese Straftat ist in § 100a II Nr. 1 lit. k StPO genannt.

Es handelt sich also um einen Straftatbestand von wesentlicher Bedeutung. Andere Ermittlungsmethoden versprechen auch keinen ausreichenden Erfolg, da E sehr eingeschüchtert ist und keine Aussage machen will.

Der Einsatz der „Hörfalle" war demnach rechtmäßig.

V. Zusammenfassung

- Die „Hörfalle" ist keine Überwachung der Telekommunikation i.S.d. §§ 100a ff. StPO.
- Es handelt sich auch nicht um eine Vernehmung, eine Belehrung nach § 136 I S. 2 StPO ist deswegen nicht erforderlich.
- Sie ist auch nicht wegen einer Täuschung nach § 136a S. 1 StPO rechtswidrig.
- Allerdings muss sie aus Gründen der Verhältnismäßigkeit zur Aufklärung einer Straftat von wesentlicher Bedeutung eingesetzt werden und andere Ermittlungsmaßnahmen müssen erheblich weniger Erfolg versprechen.

V. Vertiefung

- **Zur „Hörfalle":** Hemmer/Wüst, StPO, Rn. 67 ff.
- **Zu den §§ 100a ff. StPO:** Hemmer/Wüst, StPO, Rn. 96 ff.

Fall 9: Lauschangriff!

Sachverhalt:

Gegen Albert (A) wurde wegen gewerbsmäßiger Hehlerei ermittelt. Aufgrund verschiedener Hinweise durch Informanten war sich Staatsanwalt Siegfried (S) sicher, dass A tatsächlich in solche Geschäfte verstrickt war. Es wurden verschiedene Ermittlungsmethoden versucht, jedoch ohne Erfolg. A wickelte seine Geschäfte in einem Nebenzimmer seiner Wohnung ab. Er war immer sehr vorsichtig und es gelang nicht, einen Ermittler einzuschleusen. Da es S als notwendig ansah, beantragte er beim zuständigen Gericht die technische Überwachung des Raumes mittels Abhörgeräten. Nachdem dies genehmigt wurde, wurden zwei „Wanzen" in dem besagten Raum installiert, und ein Beamter überwachte ständig, was in diesem Raum gesprochen wurde. Sobald die Ehefrau des A den Raum betrat, wurde die Überwachung unterbrochen.

Die Maßnahme zeigte Erfolg. Aufgrund eines Gesprächs des A mit einem anderen Verdächtigen kam S zu dem Schluss, dass im Augenblick Hehlerware in der Wohnung des A gelagert wurde, welche in einer Stunde abtransportiert werden sollte. Er ordnete daraufhin die Durchsuchung der Wohnung an und stellte die Ware sicher.

Als A Kenntnis von der Überwachungsaktion erlangte, war er außer sich und beauftragte einen Rechtsanwalt, gegen die Überwachung und die Durchsuchung der Wohnung vorzugehen.

***Frage 1:** Waren die Maßnahmen im Ermittlungsverfahren rechtmäßig?*

***Frage 2:** Welcher Rechtsbehelf wäre jeweils statthaft? Auf die Möglichkeit einer Beschwerde gemäß §§ 304 ff. StPO ist nicht näher einzugehen.*

I. Einordnung

Einige der in der StPO vorgesehenen Eingriffsmaßnahmen schränken die Beschuldigtenrechte stark ein. Damit die Staatsanwaltschaft nicht zu leichtfertig mit den Maßnahmen umgeht, sind die Voraussetzungen sehr detailliert geregelt und es besteht häufig ein Richtervorbehalt. Zum einen ist die Entscheidung des BVerfG[45] zum „Großen Lauschangriff" in diesem Zusammenhang von großer Bedeutung, da sie zu einer völligen Neufassung der §§ 100c ff. StPO geführt hat.

Zum anderen sind durch das seit dem 24.08.2017 geltende „Gesetz zur effektiveren und praxistauglicheren Ausgestaltung des Strafverfahrens" noch umfangreichere Regelungen geschaffen worden.

Eine weitere Konstellation zum „Großen Lauschangriff" finden Sie in Fall 29.

hemmer-Methode: Die Entscheidung des BVerfG sollte intensiv nachbearbeitet werden, da sie sich auch hervorragend für eine Klausur im Öffentlichen Recht im Bereich der Grundrechte eignet.

[45] BVerfG, NJW 2004, 999 ff. = **juris**byhemmer.

Die Frage nach dem statthaften Rechtsbehelf ist für den Verdächtigen von zentraler Bedeutung, da er sich nur so gegen den „übermächtigen" Staatsapparat zur Wehr setzen kann.

II. Gliederung

Frage 1: Rechtmäßigkeit der Maßnahmen

1. Rechtmäßigkeit der Wohnungsüberwachung
- Formelle Rechtmäßigkeit: Zuständigkeit für die Anordnung
- Materielle Rechtmäßigkeit: Voraussetzungen des § 100c StPO

2. Rechtmäßigkeit der Wohnungsdurchsuchung
- Formelle Rechtmäßigkeit: Zuständigkeit der Staatsanwaltschaft
- Materielle Rechtmäßigkeit: Voraussetzungen des § 102 StPO

Frage 2: Statthafter Rechtsbehelf

1. Gegen die Wohnungsüberwachung
- Grundsätzlich Beschwerde nach § 304 StPO
- Hier aber Spezialvorschrift, vgl. § 101 VII S. 2 StPO

2. Gegen die Wohnungsdurchsuchung
- Vor Vollzug: § 98 II S. 2 StPO analog
- Nach Vollzug strittig: entweder §§ 23 ff. EGGVG oder auch hier § 98 II S. 2 StPO analog bei berechtigtem Interesse

III. Lösung

Frage 1: Waren die Maßnahmen rechtmäßig?

1. Rechtmäßigkeit der Wohnungsüberwachung

Zunächst ist fraglich, ob es rechtmäßig war, dass der Nebenraum in der Wohnung des A mittels Wanzen überwacht worden ist.

Damit überhaupt der Anwendungsbereich der §§ 100c ff. StPO eröffnet ist, müsste es sich bei dem Raum um die Wohnung des A im Sinne dieser Vorschrift handeln. Unter Wohnung versteht man alle Räumlichkeiten, die der Beschuldigte tatsächlich zum Wohnen nutzt.[46] Dabei kann man aber nicht nach einzelnen Zimmern unterscheiden. Die anderen Räume sind direkt mit dem zu überwachenden Zimmer verbunden. Es wäre lebensfremd, die Wohnung darüber hinaus aufzuteilen. Insbesondere kann A den Raum auch jederzeit für seine private Lebensführung nutzen, deshalb ist auch dieser Raum Wohnung im Sinne der Vorschrift.

hemmer-Methode: Das BVerfG legt, entsprechend dem Sinn und Zweck, den privaten Lebensbereich umfassend zu schützen, den Begriff „Wohnung" in diesem Kontext weit aus. Auch Büroräume, welche nicht für die Allgemeinheit zugänglich sind, fallen darunter.

a) Formelle Rechtmäßigkeit

Fraglich ist zunächst, ob die formellen Voraussetzungen der Wohnungsüberwachung eingehalten worden sind.

[46] Meyer-Goßner/Schmitt, § 37, Rn. 8.

Gemäß § 100e II S. 1 StPO ist dafür die in § 74a IV GVG genannte Kammer am Landgericht zuständig. Diese hat im vorliegenden Fall auf Antrag der Staatsanwaltschaft hin die Überwachung angeordnet. Dies war also formell rechtmäßig.

hemmer-Methode: Zu beachten bei § 100e II StPO ist, dass bei Gefahr im Verzug gemäß § 100e II S. 2 StPO nicht wie gewöhnlich die Staatsanwaltschaft für die Anordnung zuständig ist, sondern der Vorsitzende der nach § 100e II S. 1 StPO zuständigen Kammer. Auch daran zeigt sich die besondere Schwere des Grundrechtseingriffes beim „Großen Lauschangriff".

b) Materielle Rechtmäßigkeit

Außerdem müssten die materiellen Voraussetzungen des § 100c StPO vorliegen.

aa) Zunächst müssten die Voraussetzungen des § 100c I StPO vorliegen.

Durch die verschiedenen Hinweise lagen ausreichende Gründe für einen Verdacht einer Straftat nach §§ 260, 260a StGB vor. Diese stellt eine Katalogstraftat des § 100b II Nr. 1 lit. k StPO dar. Von einer besonderen Schwere der Tat im Einzelfall ist wegen des Umfangs der Hehlerei des A auszugehen.

Außerdem war bekannt, dass A seine Geschäfte immer in dem zu überwachenden Raum tätigte, weshalb anzunehmen war, dass bei der Überwachung Äußerungen des A aufgezeichnet werden können, welche der Ermittlung des Sachverhalts dienen. Darüber hinaus waren andere Ermittlungsmethoden erfolglos und eine Überwachung stellte die Ultima Ratio dar. Damit liegen die Voraussetzungen des § 100c I StPO vor.

bb) Außerdem müssten die übrigen Rechtmäßigkeitsvoraussetzungen vorliegen.

(1) Die Maßnahmen dürfen sich nach § 100c II StPO nur gegen den Beschuldigten richten und grundsätzlich nur in dessen Wohnung durchgeführt werden. S ließ nur die Wohnung des Beschuldigten A überwachen.

(2) Gemäß § 100d IV S. 1 StPO darf eine solche Maßnahme nur angeordnet werden, wenn die Strafverfolgungsbehörden anhand tatsächlicher Anhaltspunkte prognostizieren können, dass keine Äußerungen aufgezeichnet werden, die dem Kernbereich der privaten Lebensführung zuzuordnen sind. Im vorliegenden Fall sollte nur ein Nebenraum überwacht werden. Es konnte angenommen werden, dass sich die Ehefrau des A nicht in diesem Raum aufhalten werde. Außerdem war ein Beamter ständig damit betraut, die Aufzeichnung zu unterbrechen, wenn die Ehefrau doch einmal das Zimmer betreten würde.

Es ist auch davon auszugehen, dass er seinen Pflichten nachkam und die Überwachung immer dann unterbrach, wenn die Ehefrau des A zugegen war. Somit ist auch § 100d IV S. 2 StPO erfüllt.

Es ist also festzustellen, dass auch die materiellen Voraussetzungen vorlagen und die Überwachung des Raumes in der Wohnung des A rechtmäßig war.

2. Rechtmäßigkeit der Wohnungsdurchsuchung

Außerdem ist zu prüfen, ob die Durchsuchung der Wohnung wegen der Anordnung des Staatsanwaltes rechtmäßig war.

a) Formelle Rechtmäßigkeit

Grundsätzlich dürfen Durchsuchungen nur durch einen Richter angeordnet werden, vgl. § 105 I S. 1 StPO. Bei Gefahr im Verzug kann aber gemäß § 105 I S. 1 StPO auch die Staatsanwaltschaft eine Durchsuchung anordnen. Dies ist anzunehmen, wenn die richterliche Anordnung nicht eingeholt werden kann, ohne dass der Zweck der Maßnahme gefährdet wird.

Im vorliegenden Fall sollte die Hehlerware innerhalb der nächsten Stunde weggebracht werden. Einen Richter zu kontaktieren und dessen Genehmigung einzuholen hätte mit Sicherheit länger gedauert, so dass der Erfolg der Maßnahme gefährdet gewesen wäre. Es bestand also Gefahr im Verzug, sodass S zur Anordnung befugt war.

b) Materielle Rechtmäßigkeit

Außerdem müssten die materiellen Voraussetzungen des § 102 StPO vorgelegen haben. Nach dieser Vorschrift ist eine Durchsuchung der Wohnung eines der Hehlerei Verdächtigten zulässig, wenn anzunehmen ist, dass dies zum Auffinden von Beweismitteln führen wird.

A war der Hehlerei verdächtig. Aufgrund des mitgehörten Gesprächs konnte auch vermutet werden, dass sich in der Wohnung Hehlerware befand.

Es liegen also auch die materiellen Voraussetzungen vor. Die Wohnungsdurchsuchung war rechtmäßig.

hemmer-Methode: In einer Klausur ist es bei einer solchen Fragestellung eher unwahrscheinlich, dass alle Maßnahmen rechtmäßig sind.
Hier sollten aber insbesondere die sich nun in verschiedenen Normen befindenden Voraussetzungen des „Großen Lauschangriffes“ dargestellt werden. Außerdem kann so auch bei Frage 2 auf alle möglichen Rechtsbehelfe eingegangen werden.

Frage 2: Welche Rechtsbehelfe wären gegen die Maßnahmen statthaft?

Bei der Beantwortung dieser Frage muss man zwischen der ersten, von einem Richter angeordneten Maßnahme, und der zweiten, durch die Staatsanwaltschaft angeordneten Maßnahme, unterscheiden.

1. Die Wohnungsüberwachung

Die Wohnungsüberwachung wurde durch einen Richter angeordnet. Als statthaften Rechtsbehelf gegen Maßnahmen eines Richters sieht die StPO grundsätzlich die Beschwerde nach § 304 StPO vor. Laut Fragestellung ist jedoch nicht weiter auf die §§ 304 ff. StPO einzugehen.

hemmer-Methode: Eine Beschwerde gemäß §§ 304 ff. StPO wäre hier auch möglich. Zu den Einzelheiten insoweit siehe den folgenden Fall 10.

Mit dem Gesetz zur Neuregelung der Telekommunikationsüberwachung wurden mit Wirkung zum 01.01.2008 die Verfahrensregelungen vereinheitlicht. Entsprechend bestimmt nun § 101 VII S. 2 StPO für sämtliche Maßnahmen nach den §§ 98a, 99, 100a bis 100f, 100h, 100i, 110a, 163d bis 163f StPO einen allgemeinen Rechtsbehelf.

Demnach kann bis zu zwei Wochen nach der Benachrichtigung von der Durchführung der Maßnahme die Überprüfung der Rechtmäßigkeit der Art und Weise der Durchführung durch die Staatsanwaltschaft bzw. die Polizei (nicht aber der richterlichen Anordnung) beantragt werden.

hemmer-Methode: Zu begrüßen ist insoweit die Vereinheitlichung des Rechtsschutzes für die meisten heimlichen Ermittlungsmaßnahmen. Damit wird das System übersichtlicher. Dagegen wirft die sehr kurze Frist von zwei Wochen Bedenken auf. Dem Betroffenen ist es so kaum möglich, sich eingehend mit dem Sachverhalt zu befassen und entsprechend die Erfolgsaussichten abzuwägen.[47] Jedoch verbleibt daneben noch die Möglichkeit, Beschwerde gemäß den §§ 304 ff. StPO einzulegen.

Im vorliegenden Fall könnte A somit die Überprüfung der Rechtmäßigkeit der Wohnungsüberwachung gemäß § 101 VII S. 2 StPO beantragen.

hemmer-Methode: Detailkenntnisse werden von Ihnen nicht erwartet. Den zum 01.01.2008 eingeführten Rechtsbehelf gemäß § 101 VII S. 2 StPO für heimliche Ermittlungsmaßnahmen sollten Sie sich jedoch merken.

2. Die Wohnungsdurchsuchung

Die Möglichkeit einer Beschwerde scheidet aus, wenn die Staatsanwaltschaft oder ihre Ermittlungspersonen eine Maßnahme angeordnet haben, da sie gemäß § 304 I StPO nur gegen Beschlüsse des Gerichts statthaft ist.

Auch der Rechtsbehelf gemäß § 101 VII S. 2 StPO greift für die Wohnungsdurchsuchung (§ 102 StPO) nicht ein, vgl. § 101 I StPO.

a) Eine ausdrückliche Regelung findet sich in § 98 II S. 2 StPO nur für die Beschlagnahme. Es ist aber allgemeine Meinung, dass diese Norm auch analog auf alle anderen Maßnahmen angewendet wird.[48]

Der Adressat solcher Maßnahmen darf im Hinblick auf Art. 19 IV GG nicht rechtlos gestellt werden.

b) Ein besonderes Problem ergibt sich, wenn die von der Staatsanwaltschaft oder von Ermittlungsbeamten angeordnete Maßnahme bereits vollzogen worden ist. Es ist strittig, welcher Rechtsbehelf dann statthaft ist.

aa) Nach einer in der Literatur verbreiteten Meinung ist das Verfahren nach §§ 23 und 28 I S. 4 EGGVG anzuwenden. Es ist also ein Fortsetzungsfeststellungsverfahren vor dem OLG zu führen (Nachweise bei Meyer-Goßner/Schmitt, § 98 Rn. 23 i.V.m. § 105 Rn. 17).

bb) Gegen diese Ansicht wendet sich ausdrücklich die Rechtsprechung (BGH, NJW 1999, 730). Nach dieser ist immer ein Rechtsbehelf nach § 98 II S. 2 StPO statthaft, egal ob die Maßnahme schon vollzogen worden ist oder nicht. Dies ist insbesondere im Hinblick auf Art. 19 IV GG überzeugend, da bereits ein effektiver Rechtsschutz gewährleistet werden kann, wenn das AG, welches auch sonst bei Ermittlungsmaßnahmen zuständig wäre, über die Rechtmäßigkeit entscheidet.

[47] Ebenso Puschke, NJW 2008, 113 (116).

[48] Meyer-Goßner/Schmitt, § 98, Rn. 23.

Voraussetzung für die Zulässigkeit des Rechtsbehelfs ist, da die Ermittlungsmaßnahme bereits vollzogen ist, das Vorliegen eines berechtigten Interesses an der Feststellung.

Statthafter Rechtsbehelf gegen die Wohnungsdurchsuchung wäre also § 98 II S. 2 StPO analog.

hemmer-Methode: Ganz korrekt wäre eigentlich eine „doppelte" Analogie, da zum einen eine analoge Anwendung für eine andere Maßnahme als eine Beschlagnahme notwendig ist und zudem eine Analogie für die Anwendung nach Vollzug. Beachten Sie gleichwohl, dass eine Vorschrift nur „analog" oder eben nicht analog angewendet werden kann.

IV. Zusammenfassung

- Wegen des Urteils des BVerfG bestehen extrem hohe Hürden für den Einsatz von Abhörgeräten in Wohnungen. Die §§ 100c ff. StPO regeln diese sehr detailliert.
- Bei Gefahr im Verzug kann häufig auch die Staatsanwaltschaft Ermittlungsmaßnahmen anordnen.
- Gegen den „Großen Lauschangriff" aus § 100c StPO ist neben der Beschwerde gemäß §§ 304 ff. StPO auch der Rechtsbehelf gemäß § 101 VII S. 2 StPO einschlägig.
- Gegen alle Maßnahmen, welche die Staatsanwaltschaft oder ihre Ermittlungspersonen anordnen, ist § 98 II S. 2 StPO analog statthaft. Dies gilt auch nach Vollzug, jedoch auch hier nur in Verbindung mit einem berechtigten Feststellungsinteresse.

V. Vertiefung

- **Grundsatzurteil des BVerfG**: NJW 2004, S. 999 ff. = **juris**byhemmer.
- **Zu den statthaften Rechtsbehelfen**: Hemmer/Wüst, StPO, Rn. 104 ff.
- **Zur Sicherstellung von E-Mails beim E-Mail-Provider**: Für die Sicherstellung und Beschlagnahme von E-Mails beim E-Mail-Provider bedarf es der Voraussetzungen des § 100a StPO nicht. Eine solche Vorgehensweise ist vielmehr entsprechend den Voraussetzungen des § 99 StPO mit der Herausgabepflicht nach § 95 II StPO anzuordnen, vgl. hierzu BGH, NJW 2009, 1828 ff. = **juris**byhemmer = Life&Law 2010, 107 ff. Bei der Beschlagnahme der auf dem Mailserver eines Providers gespeicherten Daten handelt es sich um eine offene Ermittlungsmaßnahme, deren Anordnung den davon Betroffenen und Verfahrensbeteiligten bekanntzumachen ist (§§ 33 I, 35 II StPO), vgl. BGH, Beschluss vom 04.08.2015 – 3 StR 162/15 = **juris**byhemmer = Life&Law 2016, 180 ff.
- **Zur Durchsuchung und Beschlagnahme hinsichtl. Presseangehörigen (Fall „Cicero")**: Durchsuchungen und Beschlagnahmen in einem Ermittlungsverfahren gegen Presseangehörige sind verfassungsrechtlich unzulässig, wenn sie ausschließlich oder vorwiegend dem Zweck dienen, die Person des Informanten zu ermitteln, vgl. BVerfG, NJW 2007, 1117 ff. = **juris**byhemmer = Life&Law 2007, 689 ff.

Fall 10: Neue Erkenntnisse

Sachverhalt:

Gegen Harald (H) wird wegen des Verdachts der Hehlerei ermittelt. Es gibt zwar mehrere Indizien, die für eine umfangreiche und gut organisierte Hehlertätigkeit des H sprechen, jedoch ist es bis jetzt nicht gelungen, ausreichende Beweise zu finden. Deshalb beantragt die Staatsanwaltschaft als letztes Mittel die Überwachung des Telefons des H. Diese wird durch den zuständigen Richter angeordnet.

Während eines überwachten Telefonats zwischen H und einer Bekannten schildert diese dem H, wie sie am Abend zuvor von dem bekannten Fernsehmoderator Andreas (A) zu sexuellen Handlungen genötigt worden sei.

Nachdem die Ermittlungen abgeschlossen waren, wurde H die Überwachung seines Telefons mitgeteilt. Dieser sieht darin einen unerlaubten Eingriff in seine Privatsphäre und will nun gegen die Telekommunikationsüberwachung vorgehen.

Außerdem hat die Staatsanwaltschaft mittlerweile Ermittlungen gegen A eingeleitet. Dieser fragt sich, ob die Aufnahme des Telefonats zwischen H und dem vermeintlichen Opfer gegen ihn verwendet werden kann und ob die Staatsanwaltschaft ihren Anfangsverdacht überhaupt auf dieses Telefonat stützen durfte.

Frage 1: *War die Telekommunikationsüberwachung rechtmäßig?*

Frage 2: *Welche Rechtsschutzmöglichkeiten bestehen?*

Frage 3: *Kann die Aufnahme im Prozess gegen A verwendet werden und durfte die Staatsanwaltschaft ermitteln?*

I. Einordnung

Auch in diesem Fall geht es um die Verteidigungsmöglichkeiten des Beschuldigten gegen Maßnahmen der Ermittlungsbehörden.

§ 100a StPO gibt den Behörden eine Rechtsgrundlage für erhebliche Eingriffe in die Telekommunikationsfreiheit, z.B. mittels Überwachung und Aufzeichnung des Fernmeldeverkehrs.

Insbesondere ist von erheblicher Bedeutung, inwieweit Zufallserkenntnisse aus Telekommunikationsüberwachungen verwertet werden dürfen. Gerade bei der umfassenden Überwachung eines Telefonanschlusses kommt es häufig vor, dass die Polizei Kenntnis von anderen Taten erlangt.

Es muss also geklärt werden, ob dies ein Glücksfall für die Ermittlungsbehörden darstellt, oder ob solche Erkenntnisse nicht verwertet werden dürfen.

hemmer-Methode: Die praktische Bedeutung dieses Problems zeigte sich modellhaft am Fall eines bekannten Moderators. Gegen ihn wurde wegen sexueller Nötigung ermittelt, weil die Staatsanwaltschaft ein Gespräch zwischen dem vermeintlichen Opfer und einem Bekannten mitgehört hatte. Obwohl der Moderator freigesprochen wurde, musste er seine Karriere beenden.

II. Gliederung

1. Rechtmäßigkeit der Telekommunikationsüberwachung

- Zuständigkeit des Richters
- Begründeter Verdacht einer Straftat des Katalogs des § 100a II StPO
- Vorgehen nur gegen Beschuldigten und als Ultima Ratio, vgl. § 100a I Nr. 3, III StPO

2. Statthafter Rechtsbehelf gegen die Telekommunikationsüberwachung

- Grundsätzlich ist die Beschwerde nach § 304 StPO statthaft, und zwar nach BVerfG auch dann, wenn Anordnung schon vollzogen, soweit ausreichendes Interesse an Feststellung besteht
- **Problem**: Hier § 101 VII S. 2 StPO lex specialis?

3. Verwertung der Aufnahme gegen A

- Bei sog. „Zufallsfunden" ist zwischen § 161 III S. 1 StPO und § 479 II S. 1 StPO zu differenzieren; hier greift § 479 II S. 1 StPO

  Die einfache sexuelle Nötigung gemäß § 177 I StGB wird vorliegend nicht erfasst, vgl. § 100a II Nr. 1 lit. f StPO; eine Verwertung ist damit nicht möglich
- Es können aber Ermittlungen eingeleitet werden, um andere Beweise zu finden (so die Rspr.)

III. Lösung

1. Rechtmäßigkeit der Telekommunikationsüberwachung

Fraglich ist zunächst, ob die Telekommunikationsüberwachung überhaupt rechtmäßig war.

Das ist dann der Fall, wenn die formellen und materiellen Voraussetzungen vorlagen.

a) Formelle Rechtmäßigkeit

Im Rahmen der formellen Rechtmäßigkeit ist insbesondere auf die Zuständigkeit und den Inhalt der Anordnung einzugehen.

Gemäß § 100e I S. 1 StPO ist der Richter für die Anordnung zuständig. Nur bei Gefahr im Verzug kann die Staatsanwaltschaft nach § 100e I S. 2 StPO eine solche Maßnahme anordnen; sie muss aber gemäß § 100e I S. 3 StPO innerhalb von drei Tagen von einem Richter bestätigt werden.

Hinsichtlich des Inhalts ist insbesondere § 100e III StPO von Bedeutung. Die Telekommunikationsüberwachung muss zeitlich befristet werden, und zwar gemäß § 100e I S. 4 StPO auf maximal drei Monate.

Im vorliegenden Fall hat der zuständige Richter gehandelt, und mangels anderweitiger Angaben im Sachverhalt ist davon auszugehen, dass die inhaltlichen Voraussetzungen eingehalten worden sind.

b) Materielle Rechtmäßigkeit

Für die materielle Rechtmäßigkeit stellt § 100a I S. 1 StPO enge Voraussetzungen auf, welche alle kumulativ vorliegen müssen.

Zunächst muss ein auf Tatsachen begründeter Verdacht einer schweren Straftat im Sinne des § 100a II StPO vorliegen. Im vorliegenden Fall gibt es mehrere Indizien, die dafür sprechen, dass H seinen Lebensunterhalt durch umfangreiche Hehlerei bestreitet.

Es liegt also ein begründeter Verdacht einer gewerbsmäßigen Hehlerei gemäß § 260 StGB vor. Dies stellt eine Katalogtat nach § 100a II Nr. 1 lit. l StPO dar.

Außerdem müsste sich die Maßnahme gegen die richtige Person wenden. Gemäß § 100a III StPO kann eine solche Maßnahme insbesondere gegen den Beschuldigten erlassen werden. H ist Beschuldigter.

Die Überwachung des Telefons müsste auch die letzte Möglichkeit der Ermittlungsbehörden sein, den Sachverhalt aufzuklären. Da alle anderen Ermittlungsmethoden keinen ausreichenden Erfolg gezeigt haben, griff die Staatsanwaltschaft als Ultima Ratio auf die Telekommunikationsüberwachung zurück.

Die Maßnahme erfüllte die materiellen Voraussetzungen und war demnach rechtmäßig.

2. Statthafter Rechtsbehelf gegen die Telekommunikationsüberwachung

In Betracht kommen vorliegend (ausnahmsweise) zwei Rechtsbehelfe. Zum einen die Beschwerde gemäß § 304 StPO, zum anderen der Rechtsbehelf gemäß § 101 VII S. 2 StPO.

a) Beschwerde gemäß § 304 StPO

Grundsätzlich ist die Beschwerde nach § 304 StPO gegen alle von einem Richter erlassenen Verfügungen statthaft. § 304 StPO ist für die Zeit vor der Vollziehung einschlägig. Fraglich ist aber, ob sie auch für Maßnahmen, welche schon vollzogen worden sind, statthaft sein kann.

hemmer-Methode: Die Beschwerde ist problematisch für den Rechtsschutzsuchenden, weil sie keinen Suspensiveffekt hat, die Anordnung also auch vor der Entscheidung über die Beschwerde vollzogen werden kann. Außerdem wird im Rahmen der Zulässigkeit der Beschwerde auch ein besonderes Feststellungsinteresse gefordert, wenn die Maßnahme bereits vollzogen wurde. Ein solches besonderes Feststellungsinteresse liegt vor, wenn Wiederholungsgefahr, ein Rehabilitationsinteresse bzw. ein besonders schwerwiegender Grundrechtseingriff zu bejahen ist.

aa) Nach der früheren Rechtsprechung des BGH[49] lag in einem solchen Fall ein Verlust der Beschwerdemöglichkeit wegen prozessualer Überholung vor. Da die Maßnahme schon vollzogen war, sollte das Rechtsschutzbedürfnis entfallen.

Ein ausreichender Rechtsschutz könnte im Rahmen des Hauptsacheverfahrens gewährt werden. Außerdem kenne die StPO keinen auf Feststellung gerichteten nachträglichen Rechtsschutz.

bb) Gegen diese Praxis wendete sich aber das BVerfG.[50] Das Gebot des effektiven Rechtsschutzes aus Art. 19 IV GG gebiete es, dass es dem Betroffenen in zumutbarer Weise möglich sein muss, einen von der jeweils einschlägigen Verfahrensordnung vorgesehen Rechtsbehelf (hier § 304 StPO) in Anspruch zu nehmen. Deshalb ist die Beschwerde auch nach Vollzug der Maßnahme statthaft, wenn diese sich typischerweise in nahem zeitlichem Zusammenhang durch den Vollzug erledigt und ein besonderes Interesse an der Feststellung (regelmäßig: tiefgreifender Grundrechtseingriff) besteht.

---

49 BGHSt 28, 57 ff.

50 BVerfGE 96, 27 ff. = jurisbyhemmer.

Darüber hinaus geht es im Hauptsacheverfahren nur noch um die Schuld oder Unschuld des Angeklagten und nicht mehr um die Rechtmäßigkeit der Ermittlungsmaßnahme. Wenn diese keine verwertbaren Ergebnisse hervorgebracht hat, wird sie noch nicht einmal im Urteilstext erwähnt. Dies genügt den Anforderungen des Art. 19 IV GG nicht.

Bei der Überwachung des Telefonanschlusses handelt es sich um einen schwerwiegenden Grundrechtseingriff. Deshalb läge ein ausreichendes Feststellungsinteresse vor und die Beschwerde wäre statthaft.

b) Rechtsbehelf gemäß § 101 VII S. 2 StPO

Daneben kommt auch der Rechtsbehelf gemäß § 101 VII S. 2 StPO in Betracht.

Fraglich ist, ob diese Rechtsschutzmöglichkeit parallel zur Beschwerde gemäß § 304 StPO besteht.

Denkbar wäre, dass § 101 VII S. 2 StPO lediglich eine Auffangfunktion hat und somit den allgemeinen Rechtsschutz nach den §§ 304 ff. StPO bzw. § 98 II S. 2 StPO analog lediglich ergänzen, nicht jedoch komplett verdrängen soll. Hierfür spricht folgender Aspekt: Wie bereits angesprochen, verlangen die Rechtsprechung sowie die herrschende Literatur, dass für die Zulässigkeit der gerichtlichen Nachprüfung nach §§ 304 ff. StPO bzw. § 98 II S. 2 StPO analog, wenn sich die Maßnahme bereits erledigt hat, ein besonderes Feststellungsinteresse gegeben sein muss. Dieses besondere Feststellungsinteresse, das v.a. bei schwerwiegenden Grundrechtseingriffen sowie bei einem berechtigten Rehabilitationsinteresse gegeben ist[51], müsste der Rechtsschutzsuchende allerdings selbst darlegen und beweisen. Beim Rechtsschutz nach § 101 VII S. 2 StPO ist ein derartiges Interesse keine Voraussetzung.

Gegen eine Interpretation des § 101 VII S. 2 StPO als bloße Prozesserleichterung spricht allerdings der Wortlaut. Die gesetzgeberische Formulierung lässt darauf schließen, dass es sich bei dieser Vorschrift um einen eigenständigen Rechtsbehelf handeln soll. Hierfür sprechen zudem gesetzessystematische Aspekte: § 101 VII S. 2 StPO beinhaltet besondere Antragsvoraussetzungen, insbesondere die Zwei-Wochen-Frist nach Bekanntgabe der Postbeschlagnahme an die Betroffenen. Würde dem Rechtsschutzsuchenden neben § 101 VII S. 2 StPO noch die Möglichkeit des § 304 StPO bzw. § 98 II S. 2 StPO analog offen stehen, liefe diese Frist ins Leere, da letztgenannte Rechtsmittel eine solche gerade nicht vorsehen.

Wortlaut, Systematik und Sinn und Zweck sprechen daher nach vorzugswürdiger Auffassung dafür, dass § 101 VII S. 2 StPO lex specialis zu dem grundsätzlichen Rechtsschutzsystem gegen Ermittlungsmaßnahmen ist. Allein statthaft war damit im Fall ein Antrag auf gerichtliche Entscheidung gemäß § 101 VII S. 2 StPO.

Aufgrund des ausdrücklichen Wortlauts kann der Rechtsbehelf gemäß § 101 VII S. 2 StPO auch nach Beendigung der Maßnahme beantragt werden. Jedoch ist dabei zu beachten, dass der Antrag innerhalb von zwei Wochen nach der Benachrichtigung von der Maßnahme eingelegt werden muss.

---

[51] BVerfG, NJW 2002, 1333.

hemmer-Methode: Gegen die gemäß § 101 VII S. 2 StPO ergangene Entscheidung des Gerichts besteht schließlich noch die Möglichkeit der sofortigen Beschwerde, vgl. §§ 101 VII S. 3, 311 StPO. Dies ist eine wesentliche Besserstellung gegenüber dem herkömmlichen Rechtsschutzsystem. Ausführlich hierzu und weiteren Fragestellungen in diesem Kontext siehe BGH, NStZ 2009, 104 ff. = Life&Law 2009, 250 ff.

3. Verwertung der Aufnahme gegen A

In diesem Zusammenhang ist zu prüfen, ob das aufgezeichnete Gespräch direkt gegen A verwertet werden kann, und wenn nicht, ob es dann wenigstens als Grundlage eines für weitere Ermittlungen erforderlichen Anfangsverdachts benutzt werden kann.

a) Verwertung der Aufzeichnung im Prozess

Am einfachsten und effektivsten für die Ermittlungsbehörden wäre es, wenn sie die Aufzeichnung direkt in den Prozess einführen und gegen A verwenden könnten.

Dafür gibt es in § 161 III S. 1 StPO sowie in § 479 II S. 1 StPO zwei Regelungen. Nach diesen dürfen sog. Zufallserkenntnisse in einem anderen Strafverfahren zu Beweiszwecken nur dann verwendet werden, wenn es dabei um solche Straftaten geht, zu deren Aufklärung eine entsprechende Maßnahme nach der StPO hätte angeordnet werden dürfen. § 479 II S. 1 StPO erfasst dabei die Fälle, dass es sich um eine Maßnahme nach der StPO handelt, bei welcher die Zufallserkenntnisse erlangt wurden.

§ 161 III S. 1 StPO greift hingegen, wenn es bei Maßnahmen nach anderen Gesetzen (z.B. BKA-Gesetz; Verfassungsschutzgesetz) zu Zufallserkenntnissen gekommen ist.

Vorliegend ging es um eine Telekommunikationsüberwachung nach der StPO. Relevant für die Frage der Verwertbarkeit der Zufallserkenntnisse ist somit § 479 II S. 1 StPO.

Daraus ergibt sich Folgendes:

Im vorliegenden Fall soll gegen A wegen sexueller Nötigung ermittelt werden. Dieses Delikt ist aber im Katalog des § 100a StPO nicht genannt; es stellt somit keine Katalogtat dar. Erkenntnisse über Nichtkatalogtaten dürfen daher nicht unmittelbar zum Beweis verwendet werden.[52]

Die Aufzeichnung des Telefonats kann also nicht als Beweis der Schuld des A in den Prozess eingeführt werden.

Insoweit besteht ein Verwertungsverbot.

hemmer-Methode: Es bestünde auch dann ein Verwertungsverbot für Zufallsfunde, wenn die Maßnahme im Hinblick auf die ursprünglich verfolgte Tat schon gar nicht rechtmäßig gewesen ist. Insoweit resultiert aus dem Verfahrensverstoß nach Abwägung der widerstreitenden Interessen ein Beweisverwertungsverbot, und zwar auch für Drittbetroffene (im Sinne eines „erst-recht"-Schlusses).

---

[52] BGHSt 27, 355.

b) Verwertung der Aufzeichnung zur Begründung eines Anfangsverdachts

Die Staatsanwaltschaft hat die Aufzeichnung zum Anlass genommen, weitere Ermittlungen anzustellen, um ausreichende Beweise für die Schuld des A zu erlangen.

Fraglich ist, ob das Gespräch in dieser Hinsicht verwertet werden kann. Es ist allgemein anerkannt, dass eine mittelbare Verwertung dieser Erkenntnisse in der Weise, dass auf Grund der erlangten Erkenntnisse Ermittlungen geführt und dabei neue Beweismittel gewonnen werden, zulässig ist.[53]

Es war also zulässig, gegen den A zu ermitteln, obwohl die Staatsanwaltschaft nur durch den zufälligen Mitschnitt des Telefongesprächs von einer möglichen Tat Kenntnis erlangt hat.

IV. Zusammenfassung

- Die formellen und materiellen Voraussetzungen der Telekommunikationsüberwachung sind in §§ 100a ff. StPO geregelt.
- Gegen Anordnungen eines Richters ist grundsätzlich die Beschwerde nach § 304 StPO auch nach Vollzug der Maßnahme statthaft, wenn ein berechtigtes Interesse an der Feststellung besteht.
- Zufallserkenntnisse, welche im Rahmen einer zulässigen Telekommunikationsüberwachung erlangt werden, können nur unter den Voraussetzungen der § 161 III S. 1 StPO bzw. § 479 II S. 1 StPO verwertet werden.

---

53 BGHSt 27, 355.

Fall 11: Russen-Mafia

Sachverhalt:

Seit Wochen versucht Staatsanwalt Sergej (S) einer osteuropäischen Autoknackerbande auf die Schliche zu kommen. Er verdächtigt eine Gruppe um Boris (B), der in der Vergangenheit schon häufiger mit ähnlichen Delikten in Verbindung gebracht wurde, die Taten begangen zu haben. Allerdings findet S keine stichhaltigen Beweise.

Deswegen greift S zu einer List. Er veranlasst den Kleinkriminellen Viktor (V), der gelegentlich als Informant der Staatsanwaltschaft arbeitet, sich in der Gruppe um B umzuhören. Tatsächlich lernt V bald den Mitarbeiter Marek (M) des B näher kennen. Nach einigen gezielten Fragen schildert der leichtsinnige M dem V tatsächlich beim abendlichen Bier in der Kneipe einige Autodiebstähle, die er nach Anweisungen seines Chefs B begangen habe.

Frage: *War der Einsatz des V rechtmäßig?*

I. Einordnung

Bei „freien Mitarbeitern" von Polizei und Staatsanwaltschaft, also Leuten, die regelmäßig mit den Ermittlungsbehörden zusammenarbeiten, ohne diesen anzugehören, spricht man von V-Leuten. Da hier keine gesetzlichen Regelungen bestehen, sind einige Detailfragen strittig. Dieser Fall befasst sich mit der Rechtmäßigkeit des Einsatzes eines V-Mannes. Auch bei der Einführung der gefundenen Ergebnisse in den Prozess kann es zu Schwierigkeiten kommen. Vgl. dazu Fall 32.

II. Gliederung

Rechtmäßigkeit des Einsatzes des V

1. **Anwendbarkeit der §§ 110a ff. StPO?**

- V-Mann nicht als verdeckter Ermittler
- nach h.M. keine analoge Anwendung
- V-Mann als atypische Ermittlungsmaßnahme; erforderlich ist lediglich ein Anfangsverdacht i.S.d. § 152 II StPO

2. **Fehlende Belehrung des G nach § 136 I S. 2 StPO?**

Aber: Befragung des V keine Vernehmung!

3. **Kein Verstoß gegen § 136a StPO**

- Anwendbarkeit auf V-Leute
- Aber: Bloß kriminalistische List

III. Lösung

Fraglich ist, ob der Einsatz von V rechtmäßig war.

1. Anwendbarkeit der §§ 110a ff. StPO

Das könnte dann zweifelhaft sein, wenn die Voraussetzungen der §§ 110a ff. StPO nicht eingehalten worden wären.

Zu klären ist dafür aber zunächst, ob die einschränkenden Voraussetzungen dieser Normen überhaupt auf V-Leute anwendbar sind.

hemmer-Methode: Beim Einsatz verdeckter Ermittler ist vor allem der Richtervorbehalt des § 110b II S. 1 StPO zu beachten!

a) Dem Wortlaut nach regeln die §§ 110a ff. StPO nur den Einsatz verdeckter Ermittler, also Beamte des Polizeidienstes, die unter einer ihnen verliehenen, auf Dauer angelegten veränderten Identität (sog. Legende) ermitteln, § 110a II S. 1 StPO. V ist aber kein Polizeibeamter.

hemmer-Methode: V-Leute sind außerdem von Informanten abzugrenzen. Während erstere über einen längeren Zeitraum vertraulich mit den Strafverfolgungsbehörden zusammenarbeiten, geben letztere nur einzelne Informationen gegen Zusicherung der Vertraulichkeit preis.

b) Teilweise wird jedoch gefordert, die §§ 110a ff. StPO analog auch auf V-Leute anzuwenden. Anderenfalls könnten diese Regelungen recht leicht umgangen werden.

c) Der BGH und die h.L. lehnen eine analoge Anwendung der §§ 110a ff. StPO auf V-Leute hingegen ab.[54]

Vor Einführung der §§ 110a ff. StPO wurden nämlich sowohl der Einsatz verdeckter Ermittler als auch der von V-Leuten auf die Generalklauseln der §§ 161, 163 StPO gestützt.

Durch die detaillierte Regelung in den §§ 110a ff. StPO sollte nur der Einsatz verdeckter Ermittler auf eine spezialgesetzliche Grundlage gestellt werden, da deren heimliche und auf Täuschung ausgerichtete amtliche Tätigkeit ansonsten in Konflikt mit den §§ 136a, 163a IV StPO geraten kann. Außerdem besteht gegenüber V-Leuten keine derartige Fürsorgepflicht des Staates wie gegenüber den eigenen Beamten.

Zudem ist der Betroffene beim Einsatz von V-Leuten auch weniger belastet als bei verdeckten Ermittlern, da nur letzteren die besonderen Eingriffsbefugnisse des § 110c StPO zustehen.

d) Demnach war der Einsatz des V nicht an den §§ 110a ff. StPO zu messen. Vielmehr handelt es sich um eine atypische Ermittlungsmaßnahme, die auf die Generalklausel in §§ 161 I S. 1, 163 I S. 2 StPO gestützt werden kann. Als solche ist sie rechtmäßig, wenn ein Anfangsverdacht i.S.d. § 152 II StPO, also zureichende tatsächliche Anhaltspunkte für eine verfolgbare Straftat, vorliegt und die Maßnahme im Übrigen verhältnismäßig ist.

Da tatsächlich mehrere Autos gestohlen wurden, liegen ausreichende tatsächliche Anhaltspunkte für eine Straftat vor. Auch sind keine Anhaltspunkte für eine Unverhältnismäßigkeit der Maßnahme ersichtlich.

Grundsätzlich war der Einsatz des V also rechtmäßig.

2. Fehlende Belehrung des G nach § 136 I S. 2 StPO?

Im vorliegenden Fall könnte das konkrete Verhalten des V aber deswegen rechtswidrig gewesen sein, weil er den M vor seiner Befragung nicht nach § 136 I S. 2 StPO belehrt hat.

---

[54] BGHSt 41, 42; Meyer-Goßner/Schmitt, § 110a, Rn. 4a.

Fraglich ist allerdings, ob es sich bei dem Gespräch überhaupt um eine Vernehmung i.S.d. § 136 I StPO handelt. Das ist nur dann der Fall, wenn der Vernehmende der Auskunftsperson in amtlicher Funktion gegenübertritt und in dieser Eigenschaft von ihm eine Auskunft verlangt.[55]

Da V aber gerade keine Amtsperson ist, liegt keine Vernehmungssituation vor, eine Belehrung war nicht erforderlich.

hemmer-Methode: Hier stellt sich das gleiche Problem wie bei der „Hörfalle", vgl. Fall 8! Auch hier könnten Sie kurz die Frage nach der analogen Anwendbarkeit aufwerfen, dann aber mit der Begründung, es liege keine derartige Drucksituation vor, ablehnen. Lernen Sie in Zusammenhängen!

3. Verstoß gegen § 136a I StPO

Schließlich kommt ein Verstoß gegen § 136a I S. 1 StPO wegen Täuschung in Betracht.

a) Fraglich ist zunächst, ob § 136a StPO auf V-Leute überhaupt anwendbar ist. Denn auch diese Vorschrift bezieht sich grundsätzlich nur auf Vernehmungen.

Aufgrund der herausragenden Bedeutung des § 136a StPO ist diese Norm aber auch auf V-Leute anwendbar. Das Verhalten der für die Strafverfolgungsbehörde tätig werdenden Person wäre dem Staat zuzurechnen.[56]

b) Dennoch handelt es sich bei dem Verhalten des V um bloße kriminalistische List.

Diese ist vom Täuschungsbegriff des § 136a I S. 1 StPO nicht umfasst, denn dieser muss insoweit einschränkend ausgelegt werden (Meyer-Goßner/Schmitt, § 136a Rn. 15).

Dem Verhalten des V kommt nicht dasselbe Gewicht wie den anderen in § 136a StPO genannten Alternativen zu. M hätte sich nicht äußern müssen.

Außerdem zeigen ja gerade die §§ 110a ff. StPO, dass die Täuschung einer Person über die Zusammenarbeit mit der Polizei insoweit nicht zur Rechtswidrigkeit der Maßnahme genügt.

Ergebnis

Der Einsatz des V war also rechtmäßig.

IV. Zusammenfassung

- Nach h.M. sind die §§ 110a ff. StPO auf V-Leute nicht anzuwenden.
- Es handelt sich dabei vielmehr um eine atypische Ermittlungsmaßnahme, die auf §§ 161, 163 StPO gestützt wird. Erforderlich ist insbesondere ein Anfangsverdacht i.S.d. § 152 II StPO.

---

[55] Vgl. Fall 4.

[56] Meyer-Goßner/Schmitt, § 163, Rn. 34a.

V. Vertiefung

- **Zu den Folgen einer rechtsstaatswidrigen Tatprovokation**: Die Annahme eines Verfahrenshindernisses kann insbesondere dann in Betracht kommen, wenn es sich um einen gänzlich Unverdächtigen handelt und dieser lediglich als Objekt der staatlichen Ermittlungsbehörden einen von diesen vorgefertigten Tatplan ohne eigenen Antrieb ausführt. Dies ist etwa dann der Fall, wenn der Lockspitzel den Beschuldigten bedroht oder eine besondere Notlage des Beschuldigten ausnutzt, vgl. BVerfG, Beschluss vom 18.12.2014 – 2 BvR 209/14 = **juris**byhemmer.

Fall 12: Festnahme eines Totschlägers

Sachverhalt:

Gegen Baldur (B) wird wegen Totschlags ermittelt. Aufgrund zahlreicher Indizien, darunter die Aussage einer Augenzeugin, geht die Staatsanwaltschaft davon aus, dass B der Täter ist. Daraufhin erlässt der zuständige Richter einen Haftbefehl und B wird festgenommen. Dieser wendet sich gegen den Haftbefehl, weil seiner Ansicht nach kein Haftgrund vorliegt. Er beauftragt einen Rechtsanwalt, gegen den Haftbefehl vorzugehen.

Frage 1: *Ist der Haftbefehl rechtmäßig ergangen?*

Frage 2: *Welche Rechtsbehelfe kann B einlegen?*

I. Einordnung

Durch die Anordnung der Untersuchungshaft wird gravierend in die Rechte des Beschuldigten eingegriffen. Deshalb ist der Erlass an zahlreiche Voraussetzungen geknüpft und es muss insbesondere der Verhältnismäßigkeitsgrundsatz streng eingehalten werden. Auf der anderen Seite dient die Untersuchungshaft dazu, eine effektive Strafrechtspflege zu gewährleisten, indem sie die Anwesenheit des Beschuldigten und das Vorhandensein von Beweismitteln in der Hauptverhandlung sichert.

Da bis zum Beginn der Hauptverhandlung viel Zeit vergehen kann, ist es wichtig, dass dem Beschuldigten Rechtsschutzmöglichkeiten gegen den Haftbefehl zur Verfügung stehen.

II. Gliederung

1. Frage: Rechtmäßigkeit des Haftbefehls

1. Formelle Voraussetzungen

- Zuständigkeit aus §§ 114 I, 125 I StPO
- Inhalt gemäß § 114 II StPO

2. Materielle Voraussetzungen

- Dringender Tatverdacht, abzugrenzen vom Anfangsverdacht und vom hinreichendem Tatverdacht
- Haftgrund, insbesondere solche des § 112 II StPO unter Berücksichtigung des Art. 20 III GG
- Verhältnismäßigkeit

2. Frage: Welche Rechtsschutzmöglichkeiten hat B?

- Antrag auf Haftprüfung gemäß § 117 StPO
- Haftbeschwerde gemäß § 304 StPO mit Devolutiveffekt

III. Lösung

1. Frage: Rechtmäßigkeit des Haftbefehls?

Um die Frage der Rechtmäßigkeit des Haftbefehls beantworten zu können, müssen dessen formelle und materielle Voraussetzungen überprüft werden.

hemmer-Methode: Außer der Untersuchungshaft kennt die StPO noch die Hauptverhandlungshaft gemäß § 127b StPO, die Sicherungshaft nach § 453c StPO und die Ungehorsamshaft nach §§ 230 II, 236 StPO.
Schließlich gibt es natürlich noch die Strafhaft, in welcher die ausgesprochene Strafe verbüßt wird.

1. Formelle Voraussetzungen der Untersuchungshaft

Zunächst müssten die formellen Voraussetzungen des Haftbefehls gewahrt worden sein. Gemäß § 125 I StPO erlässt der Richter bei dem Amtsgericht, in dessen Bezirk der Gerichtsstand begründet ist oder sich der Beschuldigte aufhält, auf Antrag der Staatsanwaltschaft den Haftbefehl.

Im Hinblick auf Art. 104 II S. 1 und III S. 2 GG ist das Fehlen einer Notkompetenz der Staatsanwaltschaft folgerichtig, da nur ein Richter eine Freiheitsentziehung anordnen kann. Dies ist im vorliegenden Fall geschehen. Von der Wahrung des § 114 II StPO ist mangels anderweitiger Angaben im Sachverhalt auszugehen.

hemmer-Methode: Vorsicht vor der „Falle" des § 125 II StPO: Nach Erhebung der öffentlichen Klage wechselt die Zuständigkeit. Jetzt ist das Gericht zuständig, welches mit der Sache befasst ist.

2. Materielle Voraussetzungen des Haftbefehls

Außerdem müssten die materiellen Voraussetzungen des Haftbefehls vorgelegen haben.

Das ist dann der Fall, wenn B der Tat dringend verdächtig ist, ein Haftgrund vorliegt und die Anordnung der Untersuchungshaft verhältnismäßig ist.

a) Dringender Tatverdacht

Zunächst müsste B der Tat dringend verdächtig sein. Das ist dann der Fall, wenn eine hohe Wahrscheinlichkeit besteht, dass der Beschuldigte wirklich der Täter ist.[57] Dies wird immer nach dem augenblicklichen Stand der Ermittlungen ex ante beurteilt.

hemmer-Methode: Behalten Sie die Unterscheidung zwischen dringendem Tatverdacht, Anfangsverdacht und hinreichendem Tatverdacht im Kopf!

Im vorliegenden Fall müssen die Ermittler aufgrund der zahlreichen Indizien und der Zeugenaussage davon ausgehen, dass B der Täter ist. Ein dringender Tatverdacht bestand demnach.

b) Haftgrund

Außerdem müsste ein Haftgrund vorgelegen haben. Die Haftgründe sind in § 112 II und III StPO geregelt.

aa) In § 112 II Nr. 1 bis 3 StPO sind Flucht, Fluchtgefahr sowie Verdunkelungsgefahr als Haftgründe genannt. Der Haftgrund der Flucht liegt vor, wenn der Beschuldigte flüchtig ist oder sich verborgen hält. Fluchtgefahr liegt vor, wenn bestimmte Tatsachen vorliegen, die eine solche Gefahr als nachvollziehbar erscheinen lassen.

---

[57] Meyer-Goßner/Schmitt, § 112, Rn. 5.

Die Voraussetzungen der Verdunkelungsgefahr liegen vor, wenn der Verdacht besteht, der Beschuldigte werde in unzulässiger Weise auf Beweismittel, Zeugen oder Sachverständige einwirken.

B ist weder flüchtig, noch liegen bestimmte Anhaltspunkte vor, die eine Flucht- oder Verdunkelungsgefahr begründen könnten.

bb) Darüber könnte aber § 112 III StPO hinweghelfen. Dem Wortlaut nach verzichtet die Vorschrift auf jeglichen Haftgrund, wenn der Beschuldigte einer der Katalogtaten dringend verdächtig ist. Im vorliegenden Fall ist B eines Totschlags dringend verdächtig. Dieser ist in § 112 III StPO genannt, weshalb ein Haftgrund entbehrlich erscheint.

Würde man den § 112 III StPO aber so kompromisslos anwenden, würde dies einen Verstoß gegen das immer zu beachtende, aus Art. 20 III GG resultierende, Verhältnismäßigkeitsgebot darstellen. Die Vorschrift ist deshalb verfassungskonform auszulegen. Deshalb muss auch im Fall des § 112 III StPO geprüft werden, ob ein Haftgrund des § 112 II StPO vorliegt.[58] Es werden lediglich nicht so hohe Anforderungen an die Bejahung eines Haftgrundes gestellt. Es genügt die Feststellung, dass eine geringe bzw. entfernte Gefahr dieser Art besteht.

Im vorliegenden Fall ist B eines Totschlags verdächtig, und er sieht sich mit zahlreichen Beweisen konfrontiert. Die Annahme, er werde versuchen, sich der Verurteilung durch Flucht zu entziehen, erscheint deshalb nicht als abwegig. Ein Haftgrund liegt vor.

hemmer-Methode: Kommentieren Sie sich Art. 20 III GG an § 112 III StPO, um an die einschränkende Auslegung zu denken, soweit Gesetzeskommentierungen nach Ihrer Prüfungsordnung zulässig sind.
Der Haftgrund der Wiederholungsgefahr ist in § 112a StPO geregelt.

c) Verhältnismäßigkeit

Außerdem müsste der Erlass eines Haftbefehls gemäß § 112 I S. 2 StPO verhältnismäßig gewesen sein. Dabei müssen die widerstreitenden Interessen gegeneinander abgewogen werden. Auf Seiten des Beschuldigten sind insbesondere die Bedeutung der Tat, die Rechtsfolgenerwartung und sein Gesundheitszustand zu berücksichtigen. Im vorliegenden Fall gibt es keine Anhaltspunkte für eine Unverhältnismäßigkeit des Haftbefehls, insbesondere handelt es sich um eine sehr schwere Straftat, die eine Strafe von mindestens fünf Jahren Freiheitsentzug nach sich ziehen wird.

Damit war der Erlass des Haftbefehls rechtmäßig.

2. Frage: Welche Rechtsschutzmöglichkeiten hat B gegen den Haftbefehl?

Gerade weil die Untersuchungshaft einen so gravierenden Eingriff darstellt, müssen dem Beschuldigten Rechtsschutzmöglichkeiten offenstehen.

a) Haftprüfung

Zunächst kann der Beschuldigte jederzeit eine Haftprüfung im Sinne des § 117 I StPO beantragen.

[58] BVerfGE 19, 350.

Darunter versteht man die gerichtliche Prüfung, ob der Haftbefehl, weil die Voraussetzungen nicht mehr vorliegen, nach § 120 StPO aufzuheben oder nach § 116 StPO auszusetzen ist.

Darüber entscheidet der Richter, der den Haftbefehl erlassen hat. Die Haftprüfung hat keinen Devolutiveffekt.

hemmer-Methode: Wenn der Beschuldigte keinen Antrag auf Haftprüfung stellt, findet nach sechs Monaten eine solche von Amts wegen gemäß § 121 StPO durch das OLG statt. Weitere Zeitpunkte, zu denen von Gesetzes wegen die Pflicht zur Prüfung besteht, ob die Untersuchungshaft andauern darf, sind in den §§ 121 I, 122 IV S. 2 StPO festgelegt. Daneben ist auch bei Eröffnung des Hauptverfahrens (vgl. § 207 IV StPO) und bei Urteilsfällung (vgl. § 268b S. 1 StPO) von Amts wegen über die Fortdauer der Haft zu entscheiden.

b) Beschwerde nach § 304 StPO

Außerdem hat der Beschuldigte noch die Möglichkeit, eine Beschwerde nach § 304 StPO zu erheben. Diese steht gegen alle richterlichen Verfügungen offen. Die Beschwerde hat Devolutiveffekt.

Es ist jedoch der in § 117 II StPO angeordnete Vorrang der Haftprüfung zu beachten.

Die Beschwerde ist nur dann zulässig, wenn nicht gleichzeitig ein Antrag auf Haftprüfung gestellt worden ist.

IV. Zusammenfassung

- Beim Erlass eines Haftbefehls sind die formellen und materiellen Voraussetzungen der §§ 112 ff. StPO zu beachten.
- Insbesondere müssen ein dringender Tatverdacht und ein Haftgrund vorliegen.
- § 112 III StPO ist verfassungskonform dahin auszulegen, dass in den dort genannten Fällen ein Haftgrund nicht entbehrlich ist, sondern dass lediglich geringere Anforderungen an das Vorliegen eines solchen zu stellen sind.
- Als Rechtsschutzmöglichkeiten gegen einen Haftbefehl kommen sowohl eine Haftprüfung nach § 117 StPO, als auch eine Beschwerde nach § 304 StPO in Betracht. Zu beachten ist allerdings die Subsidiarität der Beschwerde nach § 117 II StPO.

V. Vertiefung

- **Zu den Voraussetzungen eines Haftbefehls**: Hemmer/Wüst, StPO, Rn. 109 ff.
- **Zu den Rechtsschutzmöglichkeiten**: Hemmer/Wüst, StPO, Rn. 114 f.

Fall 13: Tim im Gefängnis

Sachverhalt:

Gegen Tim (T) laufen Ermittlungen wegen schweren Raubes, §§ 249, 250 StGB. Während des Ermittlungsverfahrens erlässt das zuständige Amtsgericht auf Antrag der Staatsanwaltschaft einen Haftbefehl, da nach dessen Ansicht T dringend tatverdächtig sei und darüber hinaus Fluchtgefahr bestehe. T und dessen Anwalt sehen das jedoch anders. Sie legen Beschwerde beim AG ein, um die Aufhebung der Untersuchungshaft zu erreichen. Das AG hilft der Beschwerde nicht ab und leitet diese an das örtlich zuständige Landgericht weiter.

Noch bevor das LG über die Beschwerde entscheiden kann, wird öffentliche Klage gegen T erhoben (§ 170 I StPO). Da die Staatsanwaltschaft eine höhere Strafe als vier Jahre erwartet, erhebt es die Klage bei dem LG, § 74 I S. 2 GVG.

***Frage:** Wie wird das LG weiter mit der Beschwerde verfahren?*

I. Einordnung

Gegen den Haftbefehl kommen Haftprüfung und Beschwerde als Rechtsbehelfe in Betracht. Nach § 117 II StPO ist die Haftprüfung vorrangig. Darüber hinaus können sich Probleme im Verhältnis Haftprüfung und Beschwerde ergeben, wenn vor der Entscheidung über die Beschwerde öffentliche Klage nach § 170 I StPO erhoben wird.

II. Gliederung

Wie wird das Gericht weiter verfahren?

1. **Behandlung als Beschwerde, § 304 StPO**
2. **Behandlung als Antrag auf Haftprüfung, § 117 I StPO?**

a) Jetzt wäre LG auch für die Haftprüfung zuständig, vgl. § 126 II S. 1 StPO.

b) Arg. zudem: Gebot des effektiven Rechtsschutzes, Art. 19 IV GG: Kein Verlust einer Instanz!

III. Lösung

Wie wird das Gericht weiter verfahren?

Wie das LG weiter verfahren wird, hängt maßgeblich davon ab, ob es den Rechtsbehelf des T als Beschwerde oder als Haftprüfung zu behandeln hat.

1. Behandlung als Beschwerde, § 304 StPO

Der Rechtsbehelf des T könnte als Beschwerde gegen den Haftbefehl zu behandeln sein. Dafür spricht, dass T und sein Anwalt den Rechtsbehelf als Beschwerde bezeichnet haben.

hemmer-Methode: Die Beschwerde ist neben Berufung und Revision eines der in der StPO vorgesehenen Rechtsmittel. Sie ist gegen alle Beschlüsse und Verfügungen des Gerichts statthaft, § 304 StPO. Vgl. zu den Rechtsmitteln ausführlich Kapitel III.

Zur Terminologie: Rechtsbehelfe werden in ordentliche Rechtsbehelfe, auch Rechtsmittel genannt, und außerordentliche oder sonstige Rechtsbehelfe unterteilt.[59]
Als Rechtsmittel sind in der StPO die Berufung, die Revision und die Beschwerde vorgesehen, als außerordentliche Rechtsbehelfe die Wiederaufnahme des Verfahrens nach §§ 359 ff. StPO und die Wiedereinsetzung in den vorigen Stand nach §§ 44 ff. StPO.
Auch die Haftprüfung ist ein außerordentlicher Rechtsbehelf.

Die Beschwerde wurde ordnungsgemäß beim AG als Ausgangsgericht erhoben, vgl. § 306 I StPO. Nachdem dieses der Beschwerde nicht abgeholfen hat, hat es sie an das nach § 73 I GVG zuständige LG als Beschwerdegericht weitergeleitet.

hemmer-Methode: Durch die Erhebung der öffentlichen Klage wird das Vorverfahren beendet und das Zwischenverfahren eingeleitet. Die Staatsanwaltschaft gibt das Verfahren an das zuständige Gericht ab. Dazu gleich mehr in Fall 14.
Von diesem Zeitpunkt an wäre nach § 125 II StPO das LG auch zum Erlass eines Haftbefehls zuständig, soweit ein solcher noch nicht erlassen worden wäre.

2. Behandlung als Antrag auf Haftprüfung, § 117 I StPO

Allerdings könnte die Beschwerde des T auch in einen Antrag auf Haftprüfung umzudeuten sein.

a) Zuständigkeit des LG

Ursprünglich war für den Antrag auf Haftprüfung der Richter zuständig, der den Haftbefehl erlassen hat, § 126 I S. 1 StPO, also das AG. Diese Zuständigkeit geht nach § 126 II S. 1 StPO mit Erhebung der öffentlichen Klage aber auf das Gericht über, das mit der Sache befasst ist. Das ist jetzt das LG. Demnach wäre das LG für einen Antrag auf Haftprüfung zuständig.

b) Gebot des effektiven Rechtsschutzes

Für eine Umdeutung der eingelegten Beschwerde in einen Antrag auf Haftprüfung spricht vor allem das Gebot des effektiven Rechtsschutzes nach Art. 19 IV GG.

Denn bei Vergleich der Rechtswege bei Haftprüfung und Beschwerde steht dem Beschuldigten bei der Haftprüfung eine Instanz mehr zur Verfügung:

aa) Fasst man den Rechtsbehelf nämlich als Beschwerde gegen die Entscheidung des AG auf und sieht man das LG dann als Beschwerdegericht an, so bleibt dagegen nur noch die Möglichkeit der weiteren Beschwerde, § 310 I StPO. Dem Beschuldigten stehen dann von jetzt an zwei Instanzen zur Verfügung.

bb) Deutet man die Beschwerde dagegen in einen Antrag auf Haftprüfung durch das LG um, ist dieser zunächst gegenüber der Beschwerde vorrangig, § 117 II S. 1 StPO. Nach § 117 II S. 2 StPO ist dann gegen die Entscheidung aber wiederum zunächst die Beschwerde nach § 304 I StPO und anschließend die weitere Beschwerde nach § 310 I StPO statthaft.

---

59 Einen Überblick finden Sie bei Hemmer/Wüst, StPO, Rn. 472 f.

Somit stehen dem Beschuldigten insgesamt drei Instanzen zur Überprüfung der Untersuchungshaft zur Verfügung.

cc) Demzufolge ist eine nicht erledigte Beschwerde nach Erhebung der öffentlichen Klage in einen Antrag auf Haftprüfung durch das jetzt mit der Sache befasste Gericht umzudeuten.[60]

hemmer-Methode: Aufgrund dieser Erwägungen darf auch bei Unzuständigkeit des mit der Beschwerde befassten Gerichts für die Haftprüfung nichts anderes gelten – dann ist die Umdeutung ebenso vorzunehmen und das Verfahren ist an das zuständige Gericht abzugeben.

Ergebnis

Das LG wird die Beschwerde des T demnach in einen Antrag auf Haftprüfung umdeuten.

IV. Zusammenfassung

Eine noch nicht erledigte Beschwerde gegen einen Haftbefehl ist wegen des Gebots des effektiven Rechtsschutzes in einen Antrag auf Haftprüfung durch das mit der Sache befasste Gericht umzudeuten, wenn öffentliche Klage erhoben wird.

[60] OLG Frankfurt, NJW 1985, 1233; Meyer-Goßner/Schmitt, § 117, Rn. 12 m.w.N.

Fall 14: Der Staatsanwalt im Stress

Sachverhalt:

Staatsanwalt Thomas (T) klagt über Arbeitsüberlastung. Er war in letzter Zeit gleich mit mehreren Ermittlungen befasst. Glücklicherweise sind die Ermittlungen aber schon recht weit fortgeschritten, so dass er sie jetzt abschließen möchte.

***Frage:** Wie wird er in den folgenden Fällen weiter verfahren?*

***1.** Gegen Fabian (F) wird wegen Raubes ermittelt. Er wird verdächtigt, Konrad (K) sein Notebook weggenommen zu haben und ihm dabei mit einem Kampfsportkick die Nase gebrochen zu haben. Drei Zeugen haben den Vorfall beobachtet und konnten Fabian identifizieren, zudem wurde das Notebook des K in der Wohnung des F gefunden.*

***2.** Auch gegen Daniel (D) läuft ein Ermittlungsverfahren wegen Betruges, § 263 StGB: Sein Mitbewohner Jens (J) hat einen Strafantrag gestellt, weil D ihn angeblich um 2000 € betrogen hat. Allerdings deuten alle Hinweise darauf hin, dass nicht D, sondern ein bisher Unbekannter Dritter die Tat begangen hat.*

***3.** Marina (M) wird verdächtigt, ein Auto gestohlen zu haben. Mehrere Spuren weisen darauf hin, dass M die Tat begangen hat. Allerdings hat sich M vor einer Woche nach Italien „abgesetzt". Da M dort viele Freunde hat, ist nicht damit zu rechnen, dass ihr genauer Aufenthaltsort in nächster Zeit bestimmt werden kann.*

***4.** Corinna (C) schließlich wird beschuldigt, Heiko (H) bei einer hitzigen Diskussion übel beleidigt zu haben. H hat einen Strafantrag gestellt. Auch gegen C ist die Beweislage erdrückend, sie hat auch schon ein Geständnis abgelegt. Allerdings ist C als Tochter aus gutem Hause bisher nie straffällig geworden.*

***5.** Haben J und H in Fall 2 und Fall 4 die Möglichkeit, darauf hinzuwirken, dass die Verfahren weiter betrieben werden, soweit T die Verfahren einstellt?*

I. Einordnung

Das Ermittlungsverfahren wird durch die so genannte Abschlussverfügung der Staatsanwaltschaft beendet. Die Staatsanwaltschaft kann entweder die öffentliche Klage erheben, § 170 I StPO, oder das Verfahren einstellen. Bei der Einstellung unterscheidet man zwischen Einstellung bei fehlendem hinreichenden Tatverdacht (§ 170 II StPO), Einstellung wegen eines vorübergehenden Verfahrenshindernisses (§ 154f StPO) und Einstellung aus Opportunitätsgründen (§§ 153 ff. StPO).

hemmer-Methode: Enthält der Sachverhalt verschiedene Varianten, will der Klausurersteller häufig darauf hinaus, dass Sie jeweils auch zu unterschiedlichen Ergebnissen kommen.
In diesem Fall sollte dann jede der Möglichkeiten der Staatsanwaltschaft regelmäßig wieder in der Lösung auftauchen!

II. Gliederung

1. Das Verfahren gegen F
Erhebung der öffentlichen Klage? ▪ Hinreichender Tatverdacht gem. §§ 170 I, 203 StPO ▪ Einreichung der Anklageschrift, § 170 I StPO ▪ Alternative: Verfahren bei Strafbefehl, §§ 407 ff. StPO
2. Das Verfahren gegen D
Einstellung wegen fehlenden hinreichenden Tatverdachts? ▪ Einstellung nach § 170 II S. 1 StPO ▪ Möglichkeit des Klageerzwingungsverfahrens nach §§ 172 ff. StPO
3. Das Verfahren gegen M
Einstellung wegen vorübergehenden Verfahrenshindernisses? ▪ Abwesenheit der M, § 276 StPO ▪ Vorläufige Einstellung gem. § 154f StPO
4. Das Verfahren gegen C
Einstellung aus Opportunitätsgründen? ▪ Vorrang der Einstellung nach § 170 II StPO ▪ Möglichkeiten der §§ 153 ff. StPO
5. Möglichkeiten der Betroffenen
Klageerzwingungsverfahren nach §§ 172 ff. StPO; Zulässigkeits- und Begründetheitsprüfung

III. Lösung

T wird das Ermittlungsverfahren durch eine Abschlussverfügung beenden. Dabei kann er entweder öffentliche Klage erheben oder das Verfahren einstellen.

hemmer-Methode: Hier kommt ein weiteres Prinzip der StPO zum Tragen, das Akkusationsprinzip, § 151 StPO: Die Eröffnung einer gerichtlichen Untersuchung ist durch die Erhebung einer Anklage bedingt. Gegenteil dazu ist das sog. Inquisitionsprinzip, bei dem das Gericht selbst auch die Ermittlungen anstellt.

1. Das Verfahren gegen F

Im Fall des F wird T möglicherweise öffentliche Klage erheben.

Dann müsste gegen ihn ein genügender Anlass zur Erhebung der öffentlichen Klage i.S.d. § 170 I StPO bestehen.

Das ist der Fall, wenn kein Verfahrenshindernis besteht, das Verfahren nicht nach einer Bestimmung der §§ 153 ff. StPO eingestellt wird und der Beschuldigte hinreichend verdächtig ist.[61] Ein hinreichender Tatverdacht i.S.d. §§ 170 I, 203 StPO ist gegeben, wenn bei vorläufiger Tatbewertung eine Verurteilung wahrscheinlich ist.[62]

hemmer-Methode: Bei hinreichendem Tatverdacht erhebt die Staatsanwaltschaft öffentliche Klage. Anschließend überprüft das Gericht im Zwischenverfahren, ob der Beschuldigte tatsächlich hinreichend verdächtig ist, bevor es die Eröffnung des Hauptverfahrens beschließt. Insoweit bestehen also identische Maßstäbe, das Zwischenverfahren erfüllt damit vor allem eine Kontrollfunktion gegenüber dem Handeln der Staatsanwaltschaft.

---

61 Meyer-Goßner/Schmitt, § 170, Rn. 1.
62 BGH, StV 01, 580.

Deswegen kann die Norm des § 203 StPO aus dem Zwischenverfahren auch zur Definition des hinreichenden Tatverdachts bei § 170 I StPO mitzitiert werden.

Verfahrenshindernisse oder Gründe für die Einstellung aus Opportunitätsgründen sind bei F nicht ersichtlich. Nach der bestehenden Beweislage ist es bei vorläufiger Bewertung wahrscheinlich, dass F wegen Raubes nach § 249 I StGB verurteilt wird. F ist demnach hinreichend verdächtig.

T wird deswegen öffentliche Klage gegen F erheben. Nach § 170 I StPO geschieht dies durch Einreichen der Klageschrift bei dem zuständigen Gericht. Der Inhalt der Klageschrift richtet sich nach den §§ 199 II, 200 StPO. Von diesem Zeitpunkt an wird F gem. § 157 StPO als Angeschuldigter bezeichnet.

Alternativ kann T öffentliche Klage auch durch Antrag auf Erlass eines Strafbefehls erheben, vgl. § 407 I S. 4 StPO. Nach § 407 I S. 1 StPO ist das Strafbefehlsverfahren aber nur bei Vergehen zulässig.

Da es sich beim Raub um ein Verbrechen nach § 12 I StGB handelt, wird T keinen Antrag auf Erlass eines Strafbefehls stellen.[63]

hemmer-Methode: Das Strafbefehlsverfahren ist eine besondere Verfahrensart. Es ermöglicht eine einseitige Straffestsetzung ohne Hauptverhandlung und Urteil. Dadurch sollen die Gerichte entlastet werden. Auch für das Strafbefehlsverfahren ist ein hinreichender Tatverdacht notwendig.

2. Das Verfahren gegen D

Auch im Fall des D könnte T öffentliche Klage erheben. Zweifelhaft ist aber, ob gegen D ein hinreichender Tatverdacht i.S.d. §§ 170 I, 203 StPO besteht.

Nach den ermittelten Tatsachen ist bei vorläufiger Bewertung nicht damit zu rechnen, dass D verurteilt werden kann, da ihm keine Tat nachgewiesen werden kann.

Liegt kein hinreichender Tatverdacht vor, ist das Verfahren gem. § 170 II S. 1 StPO einzustellen.

Da die Ermittlungen keine Tatsachen ergeben haben, die zur Begründung eines hinreichenden Tatverdachts genügen, ist das Verfahren gegen D aus tatsächlichen Gründen einzustellen.

hemmer-Methode: Unterscheiden Sie davon die Einstellung wegen eines dauerhaften Verfahrenshindernisses (z.B. ein notwendiger Strafantrag wird zurückgenommen, § 77 I StGB) und die Einstellung aus materiellrechtlichen Gründen, wenn der ermittelte Sachverhalt gar keinen strafrechtlich relevanten Tatbestand erfüllt (z.B. wenn sich herausstellt, dass J das Geld verloren hat).

3. Das Verfahren gegen M

Auch gegen M könnte T möglicherweise öffentliche Klage erheben. M ist auch hinreichend verdächtig i.S.d. §§ 170 I, 203 StPO.

Es stellt sich aber die Frage, wie es sich auswirkt, dass sich der Aufenthaltsort der M nicht bestimmen lässt. Nach § 276 StPO gilt eine Person als abwesend, wenn ihr Aufenthaltsort unbekannt ist. Es besteht also ein vorübergehendes Verfahrenshindernis.

---

[63] Einen Überblick über das Strafbefehlsverfahren können Sie sich bei Hemmer/Wüst, StPO, Rn. 433 ff. verschaffen.

In solchen Fällen ist das Verfahren nach § 154f StPO vorläufig einzustellen, soweit, wie hier, kein anderer Einstellungsgrund (z.B. § 170 II StPO) einschlägig ist. Soweit nötig, sind die Beweise zu sichern.

4. Das Verfahren gegen C

Auch im Verfahren der C kommt die Erhebung der öffentlichen Klage in Betracht.

Aufgrund der ermittelten Tatsachen ist bei vorläufiger Bewertung wahrscheinlich, dass C wegen Beleidigung, § 185 StGB, verurteilt wird. Möglicherweise kommt aber eine Einstellung nach den §§ 153 ff. StPO in Betracht.

hemmer-Methode: Die Einstellung nach § 170 II StPO ist vorrangig vor den §§ 153 ff. StPO! Liegt kein hinreichender Tatverdacht vor, muss die Staatsanwaltschaft nach § 170 II StPO einstellen, eine ermessensabhängige Opportunitätseinstellung darf dann nicht stattfinden.
Beachten Sie auch, dass die §§ 153 ff. StPO als Ausprägung des Opportunitätsprinzips eine Ausnahme von dem im Strafprozess geltenden Legalitätsprinzip darstellen: Die Staatsanwaltschaft ist dann ausnahmsweise nicht verpflichtet, öffentliche Klage zu erheben, sondern kann nach ihrem Ermessen das Verfahren einstellen.

Bei den §§ 153 ff. StPO unterscheidet man zwischen der Einstellung ohne belastende Maßnahmen und der Einstellung mit belastenden Rechtsfolgen.[64]

Vorliegend kommt zunächst eine Einstellung nach § 153 I StPO in Betracht. Voraussetzung dafür ist, dass es sich bei dem Delikt um ein Vergehen i.S.d. § 12 II StGB handelt, dass die Schuld der C als gering anzusehen ist und dass kein öffentliches Interesse an der Strafverfolgung besteht. Grundsätzlich muss auch das zuständige Gericht zustimmen (Ausnahme: § 153 I S. 2 StPO).

Besteht hingegen ein öffentliches Interesse an der Strafverfolgung, kann dieses aber durch bestimmte Auflagen und Weisungen beseitigt werden, kommt eine Einstellung nach § 153a I StPO in Betracht.

Angesichts der Reue der geständigen C und der Tatsache, dass die Beleidigung in einer hitzigen Diskussion erfolgte, ist die Schuld der C im Vergleich zu anderen Straftaten der gleichen Art als gering anzusehen. C ist auch nicht vorbestraft. Ein öffentliches Interesse an der Strafverfolgung ist nicht ersichtlich.

T kann das Verfahren gegen C daher nach seinem Ermessen gem. § 153 I StPO einstellen.

hemmer-Methode: Freilich kann T auch öffentliche Klage erheben – die Entscheidung steht in seinem Ermessen.

5. Reaktionsmöglichkeiten von J und H nach Einstellung

J und H wollen sich mit der Einstellung des Verfahrens nicht zufrieden geben.

---

64 Beulke, Rn. 333.

Da sie beide einen Strafantrag nach § 158 I S. 1, 2. Var. StPO gestellt haben, können sie sich zunächst bei dem vorgesetzten Beamten des T beschweren, vgl. § 172 I S. 1 StPO.

Gegen einen ablehnenden Bescheid bleibt dann die Möglichkeit des Klageerzwingungsverfahrens nach §§ 172 ff. StPO. Das dient der Durchsetzung des Legalitätsprinzips und dem Schutz des Verletzten.

a) Klageerzwingungsverfahren des J

(1) Das Klageerzwingungsverfahren müsste zulässig sein.

Nach § 172 II S. 1 StPO ist der Antrag binnen eines Monats zu stellen. Er ist nach § 172 II S. 3 StPO nicht zulässig, wenn das Vergehen im Wege der Privatklage nach den §§ 374 ff. StPO verfolgt werden kann. Betrug ist nicht in § 374 I StPO genannt, so dass der Privatklageweg nicht beschritten werden kann.

hemmer-Methode: Die Privatklage ist wie das Strafbefehlsverfahren eine so genannte besondere Verfahrensart. Dabei können Straftaten ausnahmsweise auch von Privatpersonen verfolgt werden.[65]

Außerdem ist das Klageerzwingungsverfahren nur bei der Einstellung nach § 170 II StPO, nicht aber bei der Einstellung nach den §§ 153 ff. StPO zulässig, vgl. § 172 II S. 3 StPO. Das ist beim Verfahren gegen D der Fall.

(2) Für die Begründetheit des Klageerzwingungsverfahrens kommt es darauf an, ob ein genügender Anlass zur Erhebung der öffentlichen Klage i.S.d. § 170 I StPO besteht, vgl. § 174 I StPO.

Da dies - wie oben gezeigt - nicht der Fall ist, ist das Klageerzwingungsverfahren unbegründet.

b) Klageerzwingungsverfahren des H

Im Rahmen des Klageerzwingungsverfahrens des H bestehen hingegen Zweifel an der Zulässigkeit.

Denn das Verfahren gegen C wurde gem. § 153 I StPO eingestellt. Dann ist nach § 172 II S. 3 StPO das Klageerzwingungsverfahren unzulässig.

Zudem kann eine Beleidigung auch im Wege der Privatklage verfolgt werden, vgl. § 374 I Nr. 2 StPO. Auch daraus ergibt sich die Unzulässigkeit.

Das Klageerzwingungsverfahren des J ist demnach unbegründet, das des H unzulässig.

IV. Zusammenfassung

Das Ermittlungsverfahren wird durch die Abschlussverfügung beendet. Durch sie kann

- öffentliche Klage durch Einreichung einer Klageschrift nach § 170 I StPO oder durch Antrag auf Erlass eines Strafbefehls nach § 407 I S. 4 StPO erhoben werden.
- das Verfahren nach § 170 II StPO eingestellt werden.

---

65 Zur Privatklage vgl. Hemmer/Wüst, StPO, Rn. 448 ff.

- das Verfahren nach § 154f StPO vorläufig eingestellt werden oder
- das Verfahren nach den §§ 153 ff. StPO aus Opportunitätsgründen eingestellt werden.
- Gegen die Einstellung nach § 170 II StPO ist, nach Beschwerde beim vorgesetzten Beamten der Staatsanwaltschaft, ein Klageerzwingungsverfahren möglich.

V. Vertiefung

- **Zum Abschluss des Vorverfahrens:** Hemmer / Wüst, StPO, Rn. 123 ff.
- **Zum Beurteilungsspielraum der Staatsanwaltschaft bei Anklageerhebung:** Die Staatsanwaltschaft ist zur Anklageerhebung verpflichtet, wenn sie einen festgestellten Sachverhalt als straflos einstuft, wenn es eine entgegenstehende höchstrichterliche Rechtsprechung gibt, vgl. OLG Zweibrücken, NStZ 2007, 420 ff. = **juris**byhemmer = Life&Law 2007, 751 ff.

2. Abschnitt: Das Zwischenverfahren

Fall 15: Uneinigkeiten zwischen Richter und Staatsanwältin

Sachverhalt:

Staatsanwältin Scarlett (S) verdächtigt Britta (B) wegen Totschlags. Nach langen und komplizierten Ermittlungen erhebt sie schließlich Anklage vor dem örtlich zuständigen Landgericht. In der Anklageschrift begründet S, warum gegen B ihrer Ansicht nach hinreichender Tatverdacht besteht und weswegen insbesondere keine Mordmerkmale gegeben seien. Sie beantragt, gegen B das Hauptverfahren wegen Totschlags zu eröffnen.

Richter Rainer (R) ist von den Argumenten der S jedoch nicht überzeugt. Er meint, dass B auch des Mordes aus niedrigen Beweggründen hinreichend verdächtig sei. Deswegen wird gegen die B das Hauptverfahren wegen Mordes, § 211 StGB, eröffnet.

Frage 1: *Durfte das Gericht von der Beurteilung durch die S abweichen?*

Frage 2: *Könnte S gegen den Eröffnungsbeschluss vorgehen, wenn das Gericht die Eröffnung des Hauptverfahrens nach § 204 I StPO abgelehnt hätte? Welche Rechtsbehelfe kommen in Frage und sind diese ggf. zulässig?*

Tatsächlich wird schließlich das Hauptverfahren gegen B wegen Mordes eröffnet. Der Anwalt der B äußert aber Zweifel an der Rechtmäßigkeit des Eröffnungsbeschlusses, da dieser von R allein gefasst und unterschrieben wurde.

Frage 3: *Kann ein fehlerfreies Urteil gegen B ergehen? Ist gegebenenfalls Heilung möglich?*

I. Einordnung

Dieser Fall beschäftigt sich mit dem Zwischenverfahren, das in den §§ 199 bis 211 StPO geregelt ist. In ihm überprüft das Gericht als von der Anklagebehörde unabhängige Instanz, ob tatsächlich ein hinreichender Tatverdacht i.S.d. §§ 170 I, 203 StPO vorliegt, bevor das Hauptverfahren gegen den Angeklagten eröffnet wird. Mit Klageerhebung geht die Verfahrensherrschaft auf das Gericht über.

Von nun an wird der Beschuldigte als Angeschuldigter bezeichnet, § 157 StPO.

hemmer-Methode: Die Möglichkeiten des Gerichts im Zwischenverfahren sind mit denen der Staatsanwaltschaft im Ermittlungsverfahren vergleichbar (vgl. soeben Fall 14).
Das Gericht kann die Eröffnung des Hauptverfahrens beschließen (§ 203 StPO), die Eröffnung des Hauptverfahrens ablehnen (§ 204 StPO) oder das Verfahren vorläufig einstellen (§ 205 StPO).

Mit Zustimmung von Staatsanwaltschaft und Angeklagtem ist schließlich auch die Einstellung aus Opportunitätsgründen auf Betreiben des Gerichts (§§ 153 ff. StPO) weiterhin möglich.[66]

II. Gliederung

Frage 1: Durfte das Gericht vom Antrag der Staatsanwaltschaft abweichen?

- Keine Bindung des Gerichts an die Anträge der Staatsanwaltschaft, § 206 StPO
- Darlegung der Änderungen bei abweichender rechtlicher Beurteilung, § 207 II Nr. 3 StPO

Frage 2: Rechtsbehelfe von S

Möglichkeit der sofortigen Beschwerde nach § 210 II StPO

a) Statthaftigkeit, §§ 304 I, 311, 210 II StPO

b) Einlegungsberechtigung, § 304 I, II StPO

c) Form der Einlegung, § 306 I StPO

d) Frist bei sofortiger Beschwerde, § 311 II StPO

e) Zuständiges Beschwerdegericht i.S.d. § 306 II StPO

Frage 3: Kann ein fehlerfreies Urteil ergehen?

a) Ordnungsgemäßer Eröffnungsbeschluss

aa) Zuständiges Gericht

- Zuständig ist das Gericht, das später auch für die Durchführung der Hauptverhandlung zuständig ist, § 199 I StPO
- Hier: LG, vgl. §§ 1 StPO, 24, 74 II S. 1 Nr. 4 GVG

bb) Ordnungsgemäße Besetzung

- Nach §§ 74 II, 76 GVG ist das Schwurgericht mit drei Richtern und zwei Schöffen besetzt
- Fehlende Mitwirkung der Schöffen unschädlich, vgl. § 76 I S. 2 GVG
- Aber: Fehlende Mitwirkung zweier Richter

b) Auswirkung des fehlerhaften Eröffnungsbeschlusses

- Schwerer Fehler steht einem fehlenden Eröffnungsbeschluss gleich
- Str., ob nachholbar

III. Lösung

Frage 1: Durfte das Gericht vom Antrag der Staatsanwaltschaft abweichen?

Nach § 206 StPO ist das Gericht bei der Beschlussfassung nicht an die Anträge der Staatsanwaltschaft gebunden.

Die Kontrolle durch eine von der Staatsanwaltschaft unabhängige Instanz ist gerade Sinn des Zwischenverfahrens. Das Gericht kann die Tat sowohl in tatsächlicher als auch in rechtlicher Hinsicht anders beurteilen. Es muss sich dabei aber um die gleiche Tat im prozessualen Sinne (§ 264 StPO) handeln. Da hier der gleiche Vorgang nur rechtlich unterschiedlich beurteilt werden soll, handelt es sich um dieselbe Tat.

[66] Beulke, Rn. 365.

hemmer-Methode: Ausführlich zum prozessualen Tatbegriff siehe Fall 16. Kommentieren Sie sich § 264 StPO neben § 206 oder § 207 StPO, um diese Voraussetzung nicht zu übersehen, soweit Gesetzeskommentierungen nach Ihrer Prüfungsordnung zulässig sind.

Gem. § 207 II Nr. 3 StPO hat das Gericht bei anderer rechtlicher Würdigung darzulegen, mit welchen Änderungen es das Hauptverfahren eröffnet. Dabei muss es auch darauf eingehen, welche Tatsachen die gesetzlichen Merkmale des anderen Tatbestands erfüllen.[67]

hemmer-Methode: Bestehen aus Sicht des Gerichts noch Unklarheiten, kann es nach § 202 StPO auch einzelne Beweiserhebungen zur weiteren Sachverhaltsaufklärung anordnen.

Das Gericht durfte in seinem Eröffnungsbeschluss demnach von der Anklage der Staatsanwaltschaft abweichen.

hemmer-Methode: Hätte das Gericht einen hinreichenden Tatverdacht lediglich wegen einer weniger schweren Tat, z.B. einer fahrlässigen Tötung gemäß § 222 StGB, angenommen, wäre dieses Ergebnis von vorneherein klar gewesen. § 206 StPO lässt aber auch eine Kontrolle „in die andere Richtung" zu, so dass das Gericht von einer schwereren Tat ausgehen kann.

[67] BGHSt 23, 304; Meyer-Goßner/Schmitt, § 207, Rn. 5.

Frage 2: Rechtsbehelfe des S

Möglicherweise kann S gegen den Eröffnungsbeschluss sofortige Beschwerde nach § 210 II StPO einlegen.

a) Statthaftigkeit der Beschwerde i.S.d. §§ 311, 210 II StPO

Nach § 304 I StPO ist die Beschwerde unter anderem statthaft gegen alle im ersten Rechtszug von den Gerichten erlassenen Beschlüsse.

Das Zwischenverfahren ist Teil des Verfahrens im ersten Rechtszug in diesem Sinne. Gem. § 210 II StPO steht der Staatsanwaltschaft in bestimmten Fällen die sofortige Beschwerde zu. Vorliegend wurde die Eröffnung des Hauptverfahrens abgelehnt, § 210 II 1. Var. StPO greift ein.

b) Einlegungsberechtigung

Nach § 304 I, II StPO kann jeder Beschwerde einlegen, der durch die Maßnahme in seinen Rechten verletzt ist. § 210 II StPO stellt klar, dass dies bei einer Ablehnung der Eröffnung des Hauptverfahrens bei der Staatsanwaltschaft der Fall ist. S ist demnach beschwerdeberechtigt.

c) Form der Einlegung

§ 306 I StPO bestimmt, dass die Beschwerde bei dem Gericht, dessen Entscheidung angefochten wird (iudex a quo), schriftlich oder zu Protokoll der Geschäftsstelle einzulegen ist. Das ist hier das örtlich zuständige LG.

d) Frist bei sofortiger Beschwerde

Schließlich ist im hier einschlägigen Sonderfall der sofortigen Beschwerde die Einlegungsfrist des § 311 II StPO zu beachten. S muss die Beschwerde binnen einer Woche von Bekanntmachung an einlegen.

e) Zuständiges Beschwerdegericht

Zuständiges Beschwerdegericht i.S.d. § 306 II StPO ist nach § 121 I Nr. 2 GVG das örtlich zuständige OLG.

Bei der sofortigen Beschwerde ist das Gericht nach § 311 III S. 1 StPO als lex specialis zu § 306 II HS 1 StPO auch grundsätzlich nicht zur Abänderung der eigenen Entscheidung befugt.

hemmer-Methode: Auf die Begründetheit der Beschwerde war nach der Fallfrage nicht einzugehen, dafür gibt der Sachverhalt hier auch zu wenig Informationen.

Eine sofortige Beschwerde der S wäre demnach zulässig.

hemmer-Methode: § 210 I StPO bestimmt, dass der Angeklagte den Eröffnungsbeschluss nicht anfechten kann. Denn die Bewertung der Tat selbst kann später in der Hauptverhandlung und eventuell in späteren Instanzen noch überprüft werden.[68]

Frage 3: Kann ein fehlerfreies Urteil ergehen?

Ob noch ein fehlerfreies Urteil ergehen kann, hängt davon ab, ob der Eröffnungsbeschluss fehlerhaft war und welche Auswirkungen das auf die spätere Hauptverhandlung hat.

a) Ordnungsgemäßer Eröffnungsbeschluss

Zunächst ist zu prüfen, ob der Eröffnungsbeschluss ordnungsgemäß ergangen ist.

aa) Zuständiges Gericht

Nach § 199 I StPO ist das für die spätere Hauptverhandlung zuständige Gericht auch zuständig für die Entscheidung über den Eröffnungsbeschluss. Da B wegen Mordes angeklagt ist, ist nach § 74 II S. 1 Nr. 4 GVG das LG sachlich zuständig. Von der örtlichen Zuständigkeit ist nach dem Sachverhalt auszugehen.

hemmer-Methode: Eine besondere Konstellation ergibt sich, wenn das Gericht durch die andere rechtliche Würdigung ein anderes Gericht für zuständig erachtet. Dann eröffnet das Gericht das Hauptverfahren vor diesem anderen Gericht bzw. legt diesem die Akten durch Vermittlung der Staatsanwaltschaft zur Entscheidung vor, vgl. § 209 I, II StPO.

bb) Ordnungsgemäße Besetzung

Zweifelhaft ist vorliegend aber, ob das Gericht bei Erlass des Beschlusses ordnungsgemäß besetzt war. Denn R hat den Beschluss allein gefasst und unterschrieben.

---

68 Beulke, Rn. 359; str. aber bei einem unwirksamen oder mit schweren Mängeln behafteten Eröffnungsbeschluss.

Nach § 74 II S. 1 GVG ist im Fall des Mordes die Strafkammer als Schwurgericht zuständig. Wie sich aus § 76 GVG ergibt, ist diese mit drei Richtern und zwei Schöffen besetzt. Hier haben weder die beiden Schöffen noch die beiden anderen Richter mitgewirkt.

hemmer-Methode: Arbeiten Sie i.R.d. § 76 GVG genau: Grundsätzlich ist gemäß § 76 I GVG die Besetzung der großen Strafkammer mit drei Berufsrichtern und zwei Schöffen angeordnet. Jedoch wird gemäß § 76 II S. 4 GVG bei Eröffnung der Hauptverhandlung regelmäßig beschlossen, dass auf einen Berufsrichter verzichtet wird, wenn nicht eine der bezeichneten Ausnahmen vorliegt. Eine solche ist insbesondere gegeben, wenn es um eine Schwurgerichtsangelegenheit i.S.d. § 74 II S. 1 GVG geht, vgl. § 76 II S. 3 Nr. 1 GVG.
Merken Sie sich, dass das Schwurgericht eine große Strafkammer ist mit der Besonderheit, dass diese stets mit drei Berufsrichtern besetzt ist.

Die fehlende Mitwirkung der beiden Schöffen ist insoweit nach § 76 I S. 2 GVG allerdings unschädlich, da es sich bei dem Eröffnungsbeschluss um eine Entscheidung außerhalb der Hauptverhandlung handelt.

Die beiden anderen Richter hätten jedoch bei der Entscheidung mitwirken müssen. Die Strafkammer war also nicht ordnungsgemäß besetzt.

b) Auswirkungen des fehlerhaften Eröffnungsbeschlusses

aa) Zunächst ist insofern zu differenzieren, ob der Eröffnungsbeschluss unter einem gravierenden oder einem weniger gravierenden Mangel leidet.

Während weniger gravierende Mängel zunächst keine Auswirkung auf die Hauptverhandlung haben, sind schwere Mängel wie ein ganz fehlender Eröffnungsbeschluss zu behandeln.[69]

Wird der Beschluss nur von einem Richter erlassen, obwohl die Besetzung der Kammer mit mehreren Richtern notwendig war, führt das zu einem schwerwiegenden Mangel in diesem Sinne.[70] Das ergibt sich letztlich aus dem Recht auf den gesetzlichen Richter aus Art. 101 I S. 2 GG. Denn dann handelt es sich nach der Rechtsprechung lediglich um den Entwurf eines Beschlusses.

bb) Damit ist aber noch nicht geklärt, welche Auswirkungen ein fehlender oder mit schweren Mängeln behafteter Eröffnungsbeschluss auf die Hauptverhandlung hat. Grundsätzlich liegt dann ein Prozesshindernis vor, so dass das Verfahren eingestellt werden muss.

Allerdings ist umstritten, ob ein fehlender Eröffnungsbeschluss nicht möglicherweise nach Beginn der Hauptverhandlung noch geheilt werden kann.

(1) Ein Eröffnungsbeschluss mit lediglich leichten Mängeln bleibt jedenfalls wirksam. Die Fehler können in der Hauptverhandlung geheilt werden.[71] Hier handelt es sich aber gerade nicht um einen leichten Mangel.

(2) Nach der Rechtsprechung ist auch bei einem fehlenden oder mit schweren Mängeln behafteten Eröffnungsbeschluss eine Heilung während der Hauptverhandlung möglich, indem in der Hauptverhandlung ein ordnungsgemäßer Eröffnungsbeschluss ergeht.[72]

---

[69] BGH, GA 1980, 108; NStZ 1984, 133 = **juris**byhemmer; Beulke, Rn. 362.

[70] BGH 10, 278; NStZ 1995, 19.

[71] OLG Karlsruhe, JR 1991, 37.

[72] BGHSt 29, 228 ff. = **juris**byhemmer; KMR-Seidl, § 203, Rn. 9.

Denn durch das Fehlen wird lediglich ein behebbares Verfahrenshindernis begründet, das erst mit Abschluss der Tatsacheninstanz zu einem nicht behebbaren Hindernis würde.

Auch schutzwürdige Interessen des Angeklagten stehen dem nicht entgegen, da davon auszugehen ist, dass die spätere Überprüfung des hinreichenden Tatverdachts vom Gericht mit ausreichender Sorgfalt durchgeführt wird.

Auch für die Festlegung der prozessualen Tat i.S.d. § 264 StPO als Verfahrensgegenstand spielt der Zeitpunkt des Eröffnungsbeschlusses keine Rolle.

(3) Dagegen wenden sich einige Stimmen in der Literatur.[73] Denn der Eröffnungsbeschluss sei eine vom Gesetz vorgesehene Sicherung des rechtsstaatlichen Verfahrens, die nicht ohne weiteres aufgegeben werden dürfe. Bei fehlendem Eröffnungsbeschluss sei demnach das Verfahren nach § 260 III StPO einzustellen.

(4) Da der fehlende Eröffnungsbeschluss aber auch nach der letztgenannten Ansicht ein behebbares Prozesshindernis darstellt und somit kein Strafklageverbrauch eintritt, kann die Staatsanwaltschaft anschließend erneut Klage erheben.

Dann beginnt das Zwischenverfahren von neuem. Dieser Weg erscheint aber kompliziert und nicht prozessökonomisch, so dass der Rechtsprechung zu folgen ist.

hemmer-Methode: Keine Sorge: Dieser letzte Streit wurde hier sehr ausführlich dargestellt, was in dieser Breite von Ihnen in der Klausur nicht erwartet werden kann. Wenn Sie das Problem erkennen und mit ein oder zwei sinnvollen Argumenten diskutieren, sind Sie auf der sicheren Seite.

Demnach kann wegen des fehlerhaften Eröffnungsbeschlusses zwar kein fehlerfreies Urteil gegen B ergehen. Der Eröffnungsbeschluss kann aber nach überzeugender Ansicht in der Hauptverhandlung nachgeholt werden.

IV. Zusammenfassung

- Im Zwischenverfahren überprüft das zuständige Gericht, ob ein hinreichender Tatverdacht gegen den Angeklagten vorliegt. Dabei ist es an die Anträge der Staatsanwaltschaft nicht gebunden.
- Gegen den Eröffnungsbeschluss kann die Staatsanwaltschaft ggf. mit der sofortigen Beschwerde vorgehen.
- Bei fehlendem oder mit gravierenden Fehlern behaftetem Eröffnungsbeschluss kann grundsätzlich kein fehlerfreies Urteil ergehen. Nach h.M. kann der Eröffnungsbeschluss aber in der Hauptverhandlung nachgeholt werden (Heilung des Verfahrensfehlers).

V. Vertiefung

- **Zum Zwischenverfahren und zur Zuständigkeit des Gerichts**: Hemmer/Wüst, StPO, Rn. 142 ff.
- **Überblick zur Beschwerde**: Hemmer/Wüst, StPO, Rn. 521 ff.

[73] Beulke, Rn. 284; Ranft, Rn. 1374; kritisch auch Meyer-Goßner, JR 1981, 214 ff.

3. Abschnitt: Das Hauptverfahren

Fall 16: Ein neuer Prozess

Sachverhalt:

Die in Bayreuth wohnende Ulrike (U) hat zahlreiche gutgläubige Opfer in Bayern um ihr Geld gebracht: Sie schickte innerhalb einer Woche fingierte Rechnungen an hunderte Haushalte in Augsburg und Nürnberg. Tatsächlich ließen sich einige Opfer täuschen und überwiesen U insgesamt 50.000 € auf ihr angegebenes Konto auf den Bahamas.

Die Staatsanwältin Sarah (S) von der Staatsanwaltschaft in Bayreuth leitete die Ermittlungen gegen U. Sie rechnet mit einer Freiheitsstrafe von etwa 3 Jahren. S erhob öffentliche Klage gegen U wegen Betrugs (§ 263 I StGB) vor dem Amtsgericht Bayreuth. Das Hauptverfahren wird eröffnet.

Von den Fällen in Augsburg erfuhr S aber erst später. Um den etwas schusseligen zuständigen Richter Robert (R) nicht noch mehr zu verwirren, will S diese Fälle in einem getrennten Verfahren vor dem AG Bayreuth aburteilen lassen und reicht diesbezüglich eine weitere Anklageschrift ein.

***Frage 1:** Wird das AG Bayreuth für die Fälle in Augsburg ein eigenes Hauptverfahren eröffnen?*

***Frage 2:** Kann R auch die Fälle in Augsburg in sein Verfahren mit einbeziehen? Was gilt, wenn R der Ansicht ist, dass U sogar wegen Betrugs in einem besonders schweren Fall (§ 263 I, III S. 2 Nr. 2 StGB) strafbar sein könnte? Könnte R auch dies in der Hauptverhandlung berücksichtigen?*

I. Einordnung

Dieser Fall beschäftigt sich vor allem mit dem prozessualen Tatbegriff. Dieser ist vom materiellrechtlichen Tatbegriff (Tateinheit oder Tatmehrheit i.S.d. §§ 52 f. StGB) unabhängig zu beurteilen.

Der Tatbegriff kann an verschiedenen Stellen Bedeutung erlangen: Zum einen ist er im Rahmen der Prozessvoraussetzungen relevant, wenn es auf die anderweitige Rechtshängigkeit, die entgegenstehende Rechtskraft oder den Strafklageverbrauch ankommt.

Aber auch bei der Frage, was ein Richter in sein Urteil mit einbeziehen darf, kommt es auf den Tatbegriff an. Einige dieser Fallgruppen werden Sie in der Lösung wiederfinden.

II. Gliederung

Frage 1: Eröffnung eines zweiten Hauptverfahrens vor dem AG Bayreuth?

Eröffnung nach § 203 StPO nur bei hinreichendem Tatverdacht und keinen Verfahrenshindernissen

(P): Prozessvoraussetzungen?

⇨ Zuständigkeit?

⇨ Anderweitige Rechtshängigkeit?

Frage 2: Änderung der tatsächlichen und rechtlichen Bewertung?

Nach § 264 I StPO (+), wenn dieselbe Tat

1. Andere tatsächliche und rechtliche Beurteilung nach § 264 II StPO möglich
2. Hinweispflicht nach § 265 StPO

III. Lösung

Frage 1: Eröffnung eines zweiten Hauptverfahrens vor dem AG Bayreuth?

Das AG Bayreuth wird ein getrenntes Hauptverfahren gegen U nur eröffnen, wenn gegen sie ein hinreichender Tatverdacht besteht. Die Eröffnung des Hauptverfahrens ist aber auch dann abzulehnen, wenn eine Prozessvoraussetzung fehlt.[74]

hemmer-Methode: Wie sich das Fehlen einer Prozessvoraussetzung auswirkt, hängt vom Stand des Verfahrens und davon ab, ob das Verfahrenshindernis endgültig oder vorübergehend ist.
Bei einem endgültigen Verfahrenshindernis stellt im Vorverfahren die Staatsanwaltschaft das Verfahren nach § 170 II StPO ein (dazu Fall 14). Im Zwischenverfahren lehnt das Gericht die Eröffnung des Hauptverfahrens nach § 204 StPO ab. Im Hauptverfahren schließlich erfolgt die Einstellung durch Beschluss nach § 206a StPO vor oder außerhalb der Hauptverhandlung. Während der Hauptverhandlung hat ein Prozessurteil gem. § 260 III StPO zu ergehen.
Bei einem vorübergehenden Verfahrenshindernis erfolgt im Vor- und Zwischenverfahren die vorübergehende Einstellung gemäß § 154f StPO bzw. § 205 StPO. Auch im Hauptverfahren wird das Verfahren regelmäßig gem. § 228 StPO ausgesetzt oder unterbrochen werden. Diese Varianten unterscheiden sich durch die tatsächliche Dauer der Unterbrechung.[75]

Es müssten alle Prozessvoraussetzungen vorliegen.[76]

1. Zuständigkeit des AG Bayreuth

Fraglich ist zunächst, ob das AG Bayreuth sachlich und örtlich zuständig ist.

a) Nach §§ 1 StPO i.V.m. 24 I GVG ist in Strafsachen in erster Instanz das AG sachlich zuständig, wenn nicht das Landgericht (LG) nach § 24 I Nr. 1-3 GVG zuständig ist. Da es sich beim Betrug nicht um ein Verbrechen i.S.d. § 74 II GVG handelt, keine höhere Strafe als 4 Jahre Freiheitsstrafe zu erwarten ist und die Staatsanwaltschaft auch nicht ausnahmsweise nach § 24 I Nr. 3 GVG vor dem LG Anklage erhoben hat, ist das AG sachlich zuständig.

hemmer-Methode: Beachten Sie beim AG auch die verschiedenen Möglichkeiten der Besetzung:

74 Beulke, Rn. 291.

75 Meyer-Goßner/Schmitt, § 228, Rn. 2.

76 Die Prozessvoraussetzungen spielen im Strafprozess meist keine so bedeutende Rolle, wie beispielsweise die Zulässigkeitsvoraussetzungen im Öffentlichen Recht. Es sind jeweils nur die problematischen Punkte anzusprechen. Verschaffen Sie sich einen Überblick bei Hemmer/Wüst, StPO, Rn. 170 ff.

Nach § 25 GVG entscheidet grundsätzlich der Strafrichter. Ist eine Freiheitsstrafe von über 2 Jahren zu erwarten, entscheidet nach §§ 28, 29 GVG ein Schöffengericht bzw. nach § 29 II GVG auf Antrag der Staatsanwaltschaft ein erweitertes Schöffengericht.

b) Die örtliche Zuständigkeit des AG Bayreuth ergibt sich aus § 8 I StPO.

2. Anderweitige Rechtshängigkeit

Problematisch ist, dass sich das AG Bayreuth bereits in einem anderen Verfahren mit den Fällen aus Nürnberg beschäftigt. Denn das Verfahren darf noch nicht anderweitig rechtshängig sein.[77]

Die Rechtshängigkeit tritt mit Erlass des Eröffnungsbeschlusses i.S.d. § 203 StPO ein,[78] da die Staatsanwaltschaft ab diesem Zeitpunkt die öffentliche Klage nicht mehr zurücknehmen kann, vgl. § 156 StPO.

hemmer-Methode: Diese ist zu unterscheiden von der Anhängigkeit, die bereits mit Erhebung der öffentlichen Klage eintritt. Auf die Anhängigkeit kommt es insoweit nicht an.

R hat in Bayreuth bereits das Hauptverfahren eröffnet.

Es kommt deswegen darauf an, ob es sich bei den Fällen um die gleiche Tat im prozessualen Sinn gemäß § 264 I StPO handelt.

Tat im prozessualen Sinn ist nach ganz h.M. der durch die Anklage dem Gericht unterbreitete *„geschichtliche Vorgang“*, soweit er nach der Lebensauffassung eine Einheit bildet.

Es kommt darauf an, ob zwischen den angeklagten Verhaltensweisen des Angeschuldigten eine derartige Verknüpfung besteht, dass die getrennte Aburteilung einen einheitlichen Lebensvorgang unnatürlich aufspalten würde.[79]

hemmer-Methode: Entscheidende Frage ist vorliegend, ob ein „einheitlicher geschichtlicher Vorgang“ vorliegt! Dieses Schlagwort müssen Sie bringen. Liegt im materiellen Sinne Tateinheit vor (§ 52 StGB), handelt es sich immer auch um eine Tat im prozessualen Sinne. Doch auch bei länger dauernden Handlungen kann es sich noch um einen einheitlichen historischen Vorgang handeln. Der prozessuale Tatbegriff wird insoweit von der Rechtsprechung etwas weiter verstanden als der materielle Tatbegriff.
So wurde beispielsweise im materiellen Strafrecht die Tateinheit bei so genannten Fortsetzungsstraftaten vom BGH verworfen.[80] Im prozessualen Sinne kann dabei freilich weiterhin nur eine Tat vorliegen.

U hat innerhalb einer relativ kurzen Zeitspanne die Schreiben losgeschickt. In allen Fällen ging sie gleichermaßen vor.

Unabhängig davon, dass die Opfer an verschiedenen Orten wohnten, handelt es sich deswegen um einen einheitlichen historischen Vorgang.

Bei den Fällen in Augsburg und Nürnberg handelt es sich also um eine Tat im prozessualen Sinne.

77 Beulke, Rn. 279.
78 BGHSt 29, 343.
79 BGHSt 23, 147; BayObLG, Life&Law 2002, 323.
80 Zu dieser wichtigen Rechtsprechung vgl. Hemmer/Wüst, StrafR AT II, Rn. 320 ff.

Da diese bereits rechtshängig ist, sind die Prozessvoraussetzungen für einen eigenen Prozess vor dem AG Bayreuth nicht erfüllt.

Der zuständige Richter wird deswegen die Eröffnung des Hauptverfahrens nach § 204 I StPO ablehnen.

Frage 2: Änderung der tatsächlichen und rechtlichen Bewertung

Fraglich ist, ob R auch die Vorfälle aus Augsburg in der Hauptverhandlung berücksichtigen darf und dabei auch einen besonders schweren Fall des Betrugs nach § 263 III StGB annehmen könnte.

Nach § 264 I StPO kann das Gericht in der Hauptverhandlung über die in der Anklage bezeichnete Tat urteilen. Wie oben dargestellt, handelt es sich bei den Vorfällen in Augsburg und Nürnberg um eine Tat im prozessualen Sinne.

hemmer-Methode: Sollen in der Hauptverhandlung auch Vorfälle berücksichtigt werden, die eine andere Tat im prozessualen Sinne darstellen, bedarf es einer Nachtragsanklage nach § 266 StPO. Dazu muss auch der Angeklagte zustimmen. Verweigert er eine Zustimmung, bleibt der Staatsanwaltschaft nur die Möglichkeit, wegen der anderen Tat gesondert Anklage zu erheben. Bei der späteren Verurteilung ist zu beachten, dass dann nachträglich eine Gesamtstrafe zu bilden ist, § 55 StGB.

1. Keine Bindung an tatsächliche oder rechtliche Bewertung durch den Eröffnungsbeschluss

§ 264 II StPO bestimmt, dass das Gericht dabei an die Beurteilung der Tat, die dem Beschluss über die Eröffnung des Hauptverfahrens zugrunde liegt, nicht gebunden ist.

a) In tatsächlicher Hinsicht hat das Gericht auch die Teile der Tat mit einzubeziehen, die erst während der Hauptverhandlung bekannt werden.[81]

Somit kann R auch die Vorfälle aus Augsburg in sein Verfahren mit einbeziehen.

b) § 264 II StPO gilt auch für die rechtliche Bewertung der Tat, so dass das Gericht an die Beurteilung aus dem Eröffnungsbeschluss auch insoweit nicht gebunden ist. R kann demnach gegen U im Hauptverfahren auch wegen eines besonders schweren Falls des Betrugs verhandeln.

hemmer-Methode: Auch im Zwischenverfahren ist der Richter nicht an die Beurteilung der Tat durch die Anklageschrift der Staatsanwaltschaft gebunden, § 207 II StPO (vgl. Fall 15). Es muss sich nur um die gleiche Tat im prozessualen Sinne gem. § 264 StPO handeln.

2. Hinweispflicht nach § 265 StPO

Das Gericht hat dem Angeklagten aber die Möglichkeit zu geben, sich umfassend zu verteidigen.

[81] Meyer-Goßner/Schmitt, § 264, Rn. 9.

Deswegen bestimmt § 265 StPO, dass bei einer Änderung der rechtlichen Bewertung der Angeklagte besonders darauf hinzuweisen ist und ihm Gelegenheit zur Verteidigung zu geben ist.

a) Über den Wortlaut hinaus ist § 265 StPO aber auch dann anwendbar, wenn sich die Tatsachengrundlage der zu beurteilenden Tat ändert (Hemmer/Wüst, StPO, Rn. 216).

b) Zudem muss der Angeklagte nach § 265 II StPO besonders darauf hingewiesen werden, wenn sich Umstände ergeben, welche die Strafbarkeit erhöhen könnten.

Das ist auch dann der Fall, wenn sich in der Hauptverhandlung ergibt, dass das Merkmal eines Regelbeispiels eines besonders schweren Falls verwirklicht sein könnte (Meyer-Goßner/Schmitt, § 265 Rn. 19).

Somit kann R zwar sowohl in tatsächlicher als auch in rechtlicher Hinsicht von der Bewertung im Eröffnungsbeschluss abweichen. Er muss die U nach § 265 I, II StPO jedoch besonders darauf hinweisen und ihr die Möglichkeit zur Verteidigung geben.

IV. Zusammenfassung

- Bei Fehlen einer Prozessvoraussetzung lehnt das Gericht im Zwischenverfahren die Eröffnung des Hauptverfahrens nach § 204 I StPO ab.
- Eine Tat im prozessualen Sinne des § 264 I StPO ist der durch die Anklage dem Gericht unterbreitete geschichtliche Vorgang, soweit er nach der Lebensauffassung eine Einheit bildet.
- Das Gericht ist an die Beurteilung der Tat durch den Eröffnungsbeschluss gem. § 264 II StPO nicht gebunden. Bei der Änderung eines rechtlichen Gesichtspunktes bedarf es jedoch nach § 265 StPO eines besonderen Hinweises an den Angeklagten.

V. Vertiefung

- **Zu den Prozessvoraussetzungen**: Hemmer/Wüst, StPO, Rn. 170 ff.
- **Prozessualer Tatbegriff – „Nämlichkeit“ als Identitätsmerkmal der Tat**: Gegenstand der Urteilsfindung ist nur die in der Anklage bezeichnete Tat im Sinne des § 264 I StPO. Verändert sich im Verlauf des Verfahrens das Bild des Geschehens, wie es in der Anklageschrift und dem Eröffnungsbeschluss umschrieben ist, so ist die Prüfung der Frage, ob die Identität der prozessualen Tat trotz Veränderung des Tatbildes noch gewahrt ist, nach dem Kriterium der „Nämlichkeit“ der Tat zu beurteilen. Dies ist dann der Fall, wenn bestimmte Merkmale die Tat weiterhin als ein einmaliges und unverwechselbares Geschehen kennzeichnen. Vgl. BGH, Beschluss vom 13.02.2019 – 4 StR 555/18 = Life&Law 2019, 555 ff. = **juris**byhemmer.

Fall 17: Vom Helden zum Sündenbock

Sachverhalt:

Feuerwehrmann Markus (M) steckt in ernsthaften Schwierigkeiten: An einem langweiligen Abend zündete er eine Lagerhalle der Allkauf-AG an, um sich bei den anschließenden Löscharbeiten als besonders mutiger Held hervorzutun. Allerdings kam ihm die Staatsanwaltschaft schon kurze Zeit später auf die Schliche. Gegen M wurde das Hauptverfahren wegen Brandstiftung nach § 306 I Nr. 1 StGB eröffnet.

Damit begannen die Schwierigkeiten des M aber erst richtig. Denn im Hauptverfahren wirkt Richter Rudi (R) mit. Der recht wohlhabende R ist an der A-AG mit 10 % beteiligt. Im Bekanntenkreis machte R seinem Unmut über die Brandstiftung bereits Luft.

Die Staatsanwaltschaft wird im Verfahren durch Staatsanwältin Sabine (S) vertreten. Auch an der Unparteilichkeit der S hegt M Zweifel. Denn die Feministin S äußerte gegenüber dem Verteidiger des M, dass die „Trunkenbolde der freiwilligen Feuerwehr doch alle elende Chauvinisten" seien.

M fragt sich, ob er gegen die Mitwirkung von R und S im Prozess etwas unternehmen kann.

I. Einordnung

Um sicherzustellen, dass ein gerechtes Urteil getroffen wird, muss die Neutralität des Richters gewährleistet sein. Durch die §§ 22 ff. StPO soll die Mitwirkung eines voreingenommenen Richters am Verfahren verhindert werden. Zu unterscheiden ist zwischen Ausschließungsgründen, die kraft Gesetzes eintreten, und Ablehnungsgründen, die durch einen Antrag geltend zu machen sind.

Schwieriger ist die Frage, was ein Angeklagter gegen einen befangenen Staatsanwalt unternehmen kann. Das Gesetz trifft insoweit keine direkte Regelung.

II. Gliederung

1. Mitwirkung des R

a) Ausschließung nach § 22 Nr. 1 StPO? (P): Kriterium der „Unmittelbarkeit" der Verletzung

b) Ablehnung nach § 24 I 2. Var., II StPO? „Besorgnis der Befangenheit"

2. Mitwirkung der S

a) Keine gesetzliche Regelung

b) Analoge Anwendbarkeit der §§ 22 ff. StPO?

c) Ablehnungsrecht aus dem Grundsatz des fairen Verfahrens und des Rechtsstaatsprinzips?

d) Beantragung der Ablösung beim Dienstvorgesetzten, §§ 145, 146 GVG

e) Lösung der h.M.: Kein Ablehnungsrecht, aber Revisionsgrund bei Mitwirkung eines befangenen Staatsanwalts

III. Lösung

M fragt sich, ob er etwas gegen die Mitwirkung von R und S im Hauptverfahren unternehmen kann.

1. Die Mitwirkung des R

Der Mitwirkung des R am Verfahren gegen M könnten die §§ 22 ff. StPO entgegenstehen.

a) Ausschließung nach § 22 Nr. 1 StPO

R könnte nach § 22 Nr. 1 StPO vom Verfahren ausgeschlossen sein, wenn er selbst durch die Straftat verletzt ist. Denn R ist Anteilseigner der A-AG, deren Lagerhalle M in Brand setzte. R dürfte dann kraft Gesetzes nicht am Verfahren mitwirken.

hemmer-Methode: Ausschließungsgründe sind vom Gericht von Amts wegen zu berücksichtigen. Die Verfahrensbeteiligten haben aber unter den Voraussetzungen des § 26 StPO die Möglichkeit, das Gericht zu zwingen, eine Entscheidung über den Ausschließungsgrund zu treffen, vgl. § 24 I 1. Var. StPO. Wirkt ein Richter oder Schöffe bei dem Urteil mit, der kraft Gesetzes ausgeschlossen war, so liegt – unabhängig von einem Ablehnungsantrag nach § 24 I 1. Var. StPO – ein absoluter Revisionsgrund nach § 338 Nr. 2 StPO vor.

Bei Vermögensdelikten gilt § 22 Nr. 1 StPO nach dem BGH nur, wenn für den Richter ein unmittelbarer Nachteil eingetreten ist.[82] Hier ist jedoch nur die A-AG als juristische Person unmittelbar betroffen, denn nur diese ist Eigentümerin der Lagerhalle. Der Gesellschafter einer juristischen Person ist nach dieser Rechtsprechung hingegen nur mittelbar betroffen.

hemmer-Methode: Bei Personengesellschaften bejaht der BGH hingegen die unmittelbare Betroffenheit des Gesellschafters, da das Gesamthandsvermögen zum persönlichen Vermögen des Gesellschafters gehört.

Gegen dieses Unmittelbarkeitserfordernis und die unterschiedlichen Ergebnisse bei juristischen Personen und Personengesellschaften werden in der Literatur Bedenken geäußert.[83] Denn auch in Fällen der mittelbaren Verletzung ist oft eine Befangenheit des Richters zu befürchten. Der BGH rechtfertigt seine Rechtsprechung dagegen damit, dass das Strafverfahren ansonsten mit erheblichen Unsicherheiten belastet würde.

Angesichts der Möglichkeit, den Richter nach § 24 II StPO abzulehnen, erscheint das auch sachgerecht.

b) Ablehnung nach § 24 I 2. Var., II StPO

M bleibt die Möglichkeit, R nach § 24 I 2. Var., II StPO wegen der Besorgnis der Befangenheit abzulehnen.

aa) Nach § 24 II StPO besteht Besorgnis der Befangenheit, wenn ein Grund vorliegt, der geeignet ist, Misstrauen gegen die Unparteilichkeit eines Richters zu rechtfertigen. Das ist grundsätzlich vom Standpunkt des Ablehnenden aus zu entscheiden.[84] Es kommt darauf an, ob der Ablehnende bei verständiger Würdigung der Umstände den Verdacht der Voreingenommenheit hegen kann.[85]

---

82 BGHSt 1, 298.

83 Beulke, Rn. 65.

84 Meyer-Goßner/Schmitt, § 24, Rn. 6.

85 Beulke, Rn. 69 m.w.N.

hemmer-Methode: Beachten Sie, dass der Ablehnende aus seinem eigenen Verhalten keinen Ablehnungsgrund herleiten kann, da er dann nach Belieben jeden Richter loswerden könnte. Beleidigt beispielsweise ein Angeklagter den Richter, kann er sich anschließend nicht auf dessen Voreingenommenheit berufen, wenn der Richter auf die Beleidigung entsprechend reagiert.

R ist mit einem nicht unerheblichen Anteil an der A-AG beteiligt. Zudem hat er bereits geäußert, dass er über die Brandstiftung des M sehr verärgert sei. Aufgrund dieser Tatsachen ist es nachvollziehbar, dass M an der Unvoreingenommenheit des R zweifelt. Ob R tatsächlich voreingenommen ist, ist irrelevant.

bb) Nach § 24 III StPO hat der Angeklagte das Recht, einen Richter abzulehnen. Dazu muss M bei Gericht ein Ablehnungsgesuch einreichen und in diesem den Ablehnungsgrund glaubhaft machen, vgl. § 26 StPO. Die Ablehnung ist bis zu dem in § 25 StPO bestimmten Zeitpunkt möglich.

cc) Über die Ablehnung entscheidet nach § 27 I StPO das Gericht ohne die Mitwirkung des Abgelehnten. Gegen die ablehnende Entscheidung ist nach § 28 II S. 1 StPO die sofortige Beschwerde zulässig, es sei denn, die Entscheidung betrifft einen erkennenden Richter.

M kann somit den R ablehnen.

hemmer-Methode: Wirkt ein abgelehnter Richter an der Urteilsfindung mit, liegt nach § 338 Nr. 3 StPO ein absoluter Revisionsgrund vor, wenn das Ablehnungsgesuch für begründet erklärt oder zu Unrecht verworfen worden ist.

2. Die Mitwirkung der S

Fraglich ist, was M gegen die Mitwirkung der S am Verfahren unternehmen kann.

hemmer-Methode: Ein Angeklagter hat durchaus ein Interesse an der Unvoreingenommenheit des Staatsanwaltes. Denn nach § 160 II StPO hat dieser nicht nur die zur Belastung, sondern auch die zur Entlastung dienenden Umstände zu ermitteln. Auch § 296 II StPO zeigt, dass der Staatsanwalt nicht einseitig zu Lasten des Beschuldigten handelt: Er kann auch zugunsten des Beschuldigten Rechtsmittel einlegen.

a) Keine gesetzliche Regelung

Eine gesetzliche Regelung über die Ablehnung von Staatsanwälten wegen Befangenheit existiert nicht. Die §§ 31 I, 74 I StPO erklären die §§ 22 ff. StPO nur für Schöffen, Urkundsbeamte und Sachverständige für entsprechend anwendbar.

Allerdings bestehen in einigen Bundesländern spezielle Regelungen (vgl. z.B. § 11 BWAGGVG).

b) Analoge Anwendung der §§ 22 ff. StPO

Soweit spezielle landesgesetzliche Regelungen nicht greifen, könnten die §§ 22 ff. StPO bei Staatsanwälten analog anwendbar sein. Dann müssten eine vergleichbare Interessenlage und eine planwidrige Regelungslücke vorliegen.

Zwar hat der Angeklagte durchaus ein Interesse an einem unvoreingenommenen Staatsanwalt. Andererseits ist ein Staatsanwalt aber gerade nicht wie der Richter an der Entscheidungsfindung beteiligt.

Zudem zeigt § 145 I GVG, dass der Gesetzgeber dieses Problem durchaus gesehen hat. Anstatt eine den §§ 31, 74 StPO entsprechende Regelung zu schaffen, hat der Gesetzgeber vielmehr die Möglichkeit vorgesehen, einen Staatsanwalt auf Weisung des Dienstvorgesetzten abzulösen.

Grund für diese Regelung ist, dass die Staatsanwaltschaft unabhängig von den Gerichten ist, vgl. § 150 GVG. Deswegen besteht keine planwidrige Regelungslücke, die §§ 22 ff. StPO sind nicht analog anwendbar.[86]

c) Ablehnungsrecht aus dem Grundsatz des fairen Verfahrens oder aus dem Rechtsstaatsprinzip

Einen Anspruch auf Auswechslung der S könnte M aber eventuell aus dem Grundsatz des fairen Verfahrens oder aus dem Rechtsstaatsprinzip herleiten. Allerdings ist bei der Ableitung von individuellen Rechten aus allgemeinen Grundsätzen Vorsicht geboten. Wie gezeigt, hat sich der Gesetzgeber mit § 145 I GVG für einen anderen Weg entschieden. Insoweit ist dessen Einschätzungsspielraum anzuerkennen, ein Ablehnungsrecht besteht also nicht.[87]

d) Beantragung der Ablösung nach §§ 145, 146 GVG

M hat allerdings die Möglichkeit, die Ablösung der S bei deren Dienstvorgesetzten zu beantragen. Denn mit einem formlosen Rechtsbehelf kann sich jedermann mit seinen Anliegen an die Behörden wenden.

Angesichts der Äußerungen der S kann M auch davon ausgehen, dass diese ihm gegenüber voreingenommen und nicht unparteiisch ist.

Weist der Dienstvorgesetzte die Auswechslung der befangenen S ab, kann M diese aber dennoch nicht erzwingen. Ein Antrag nach § 23 I EGGVG gegen diese Entscheidung wäre gerade nicht zulässig, da M, wie dargestellt, kein subjektives Recht auf Ablösung der S hat.

e) Revisionsgrund bei Mitwirken eines befangenen Staatsanwalts

Die h.M. schützt den Angeklagten auf andere Weise vor der Mitwirkung eines befangenen Staatsanwalts. Denn nach der h.M. kann das Urteil mit der Revision nach § 337 I StPO angefochten werden, wenn nicht ausgeschlossen werden kann, dass es auf dem Mitwirken eines befangenen Staatsanwalts beruht (BGH, NStZ 1983, 135; Beulke, Rn. 97.).

hemmer-Methode: Dogmatisch ist diese Lösung wenig überzeugend. In Extremfällen muss das Gericht sogar „sehenden Auges“ ein revisibles Urteil erlassen, weil der Staatsanwalt nicht zurückgewiesen werden kann.

---

[86] OLG Frankfurt, Life&Law 1999, 380 f.

[87] OLG Frankfurt, Life&Law 1999, 381.

In der Praxis wird der Dienstvorgesetzte den befangenen Staatsanwalt regelmäßig auswechseln, da er kein Interesse an der erneuten Aufrollung des Prozesses hat.

3. Ergebnis

M kann demnach den R nach § 24 I 2. Var., II StPO ablehnen. Um zu verhindern, dass S am Verfahren mitwirkt, bleibt M lediglich die Möglichkeit, bei deren Dienstvorgesetzten nach §§ 145, 146 GVG die Auswechslung zu beantragen.

IV. Zusammenfassung

- Um zu verhindern, dass ein parteiischer Richter an der Urteilsfindung mitwirkt, sehen die §§ 22 ff. StPO dessen Ausschließung oder Ablehnung vor.
- Bei der Mitwirkung eines ausgeschlossenen oder abgelehnten Richters sind die absoluten Revisionsgründe des § 338 Nr. 2, Nr. 3 StPO einschlägig.
- Gegen einen befangenen Staatsanwalt steht dem Beschuldigten hingegen kein Ablehnungsrecht zu.
- Der Beschuldigte kann dann lediglich die Auswechslung beim Dienstvorgesetzten nach §§ 145 f. GVG beantragen.
- Ist nicht auszuschließen, dass das Urteil auf der Mitwirkung eines befangenen Staatsanwalts beruht, kommt der Revisionsgrund des § 337 I StPO in Betracht.

V. Vertiefung

- **Besorgnis der Befangenheit eines Richters wegen seines Facebookprofils**: Der Inhalt einer öffentlich zugänglichen Facebook-Seite, die bei verständiger Betrachtung besorgen lässt, der Richter beurteile die von ihm zu bearbeitenden Strafverfahren nicht objektiv, kann die Besorgnis der Befangenheit begründen, wenn sie Zweifel bezüglich der Neutralität weckt und nicht lediglich dessen persönliche Verhältnisse betrifft. Unter diesen Umständen ist auch ein noch engerer Zusammenhang mit dem konkreten, die Angeklagten betreffenden Strafverfahren nicht erforderlich = BGH, Beschluss vom 12.01.2016 – 3 StR 482/15 = Life&Law 2016, 545 ff. = **juris**byhemmer.
- Die Annahme eines Verfahrenshindernisses kann insbesondere dann in Betracht kommen, wenn es sich um einen gänzlich Unverdächtigen handelt und dieser lediglich als Objekt der staatlichen Ermittlungsbehörden einen von diesem vorgefertigten Tatplan ohne eigenen Antrieb ausführt. Dies ist etwa dann der Fall, wenn der Lockspitzel den Beschuldigten bedroht oder eine besondere Notlage des Beschuldigten ausnutzt, vgl. BVerfG, Beschluss vom 18.12.2014 – 2 BvR 209/14 = Life&Law 2015, 502 ff. = **juris**byhemmer.
- **Zu Ausschließung und Ablehnung eines Richters**: Hemmer/Wüst, StPO, Rn. 201 ff.
- **Zum befangenen Staatsanwalt**: BGH, Life&Law 1999, 378 ff.

Fall 18: Der schusselige Richter Martin

Sachverhalt:

Wolfgang (W) wird beschuldigt, seinen Vorgesetzten verprügelt zu haben. Das Hauptverfahren gegen ihn wurde vom vorsitzenden Richter Martin (M) geleitet. Da M aber direkt nach der Verhandlung für eine Woche nach Mallorca fliegen wollte, war er nicht mehr ganz bei der Sache.

Nach dem Aufruf der Sache stellte M die Anwesenheit von W und dessen Verteidiger sowie der geladenen Zeugen fest. Nachdem die Zeugen den Sitzungssaal verlassen hatten, vernahm M den W zu seiner Person. Dabei berichtete W ausführlich von seiner schweren Kindheit in der Schreinerei seines Vaters.

Bei der späteren Vernehmung des W und der Beweisaufnahme kam es zu keinen besonderen Vorkommnissen. Nach den Schlussplädoyers wurde W das letzte Wort erteilt. M fasste anschließend noch einmal kurz die Aussagen der Zeugen und des W zusammen, was Uschi (U) ordnungsgemäß mitprotokollierte, bevor er sich mit den Geschworenen zur Beratung zurückzog.

Der Urkundsbeamtin U, die während des Prozesses M schöne Augen machte, unterlief bei der Protokollierung folgender Fehler: Die Äußerungen des W zu seiner Kindheit nahm U nicht ins Protokoll auf.

W wird zu einer Freiheitsstrafe von 2 Jahren verurteilt. Nach dem Prozess will er Revision wegen Verfahrensfehlern einlegen.

Frage: *Ist die Revision begründet?*

I. Einordnung

Der Fall beschäftigt sich mit dem Ablauf des Hauptverfahrens, den die §§ 243 f., 258, 260 StPO genau regeln. Eine sorgfältige Kommentierung – soweit zulässig – führt hier weiter, als die einzelnen Schritte auswendig zu lernen.

Als „Aufhänger" wurde hier die Frage nach der Begründetheit der Revision gewählt. Diese wird später ausführlich in Fall 34 behandelt. Machen Sie sich aber bereits jetzt die folgende Systematik klar:

Die Revision ist begründet, wenn einer der Revisionsgründe der §§ 337, 338 StPO vorliegt oder eine Prozessvoraussetzung fehlt.

Bei § 338 StPO spricht man von absoluten Revisionsgründen, das Gesetz vermutet bei einem dort genannten Fehler unwiderleglich, dass das Urteil auf diesem Fehler beruht. Bei den relativen Revisionsgründen des § 337 I StPO muss dagegen festgestellt werden, dass das Urteil auf dem gerügten Fehler beruht.

Insofern reicht es aus, wenn nicht auszuschließen ist, dass ohne den Fehler anders entschieden worden wäre.[88]

[88] Meyer-Goßner/Schmitt, § 337, Rn. 37.

II. Gliederung

1. Verfahrensfehler bei der Vernehmung zur Person?
a) Umfang der Vernehmung zur Person
b) Belehrungspflicht nach § 243 V S. 1 StPO bei allen weitergehenden Aussagen
c) Beweisbarkeit wegen Beweiskraft des Protokolls nach § 274 S. 1 StPO
2. Verfahrensfehler bei der Erteilung des letzten Wortes?
▪ Letztes Wort nach § 258 II StPO
▪ Beweis nach § 274 StPO
3. Beruhen des Urteils auf dem Verfahrensfehler?

III. Lösung

Die Revision des W ist begründet, wenn ein absoluter oder relativer Revisionsgrund vorliegt oder eine Prozessvoraussetzung fehlt. Fraglich ist vorliegend, ob das Urteil verfahrensfehlerfrei ergangen ist und ob sich daraus ein Revisionsgrund ergibt.

1. Verfahrensfehler bei der Vernehmung zur Person

Bereits bei der Vernehmung des W zu dessen persönlichen Verhältnissen nach § 243 II S. 2 StPO könnte dem M ein Verfahrensfehler unterlaufen sein. Denn W hat währenddessen von seinen Kindheitserlebnissen berichtet.

a) Umfang der Vernehmung zur Person

Die Vernehmung zur Person dient in erster Linie der Feststellung der Identität des Angeklagten.

Insofern ist der Angeklagte zur Aussage verpflichtet.

Dementsprechend gehören aber auch nur die in § 111 I OWiG bezeichneten Angaben zu den persönlichen Verhältnissen i.S.d. § 243 II S. 2 StPO. Alle darüber hinausgehenden Angaben, insbesondere auch Ausführungen zum Vorleben oder zu familiären Verhältnissen, gehören dagegen zur Vernehmung über die Sache.[89] W wurde von M demnach nicht nur zur Person, sondern auch schon zur Sache vernommen.

hemmer-Methode: Kommentieren Sie sich – soweit zulässig – § 111 I OWiG an § 243 II StPO, um diese Besonderheit im Gedächtnis zu behalten.

Die Vernehmung zur Sache erfolgt aber erst nach Verlesung des Anklagesatzes durch die Staatsanwaltschaft, vgl. § 243 III StPO.

b) Belehrungspflicht nach § 243 V S. 1 StPO

Darüber hinaus bestimmt § 243 V S. 1 StPO, dass der Angeklagte vor einer Vernehmung zur Sache über sein Aussageverweigerungsrecht zu belehren ist. Denn nur bezüglich der Angaben zur Person besteht eine Aussagepflicht. Eine solche Belehrung ist hier aber unterblieben beziehungsweise wurde jedenfalls erst später vorgenommen.

hemmer-Methode: Behalten Sie im Gedächtnis, dass bei fehlender Belehrung nach § 243 V S. 1 StPO die Aussage unstrittig nicht verwertbar ist.

[89] Meyer-Goßner/Schmitt, § 243, Rn. 11 f.

Im Fall des § 136 I S. 2 StPO ist diese Frage hingegen umstritten, vgl. Fall 26.

c) Beweisbarkeit der Verfahrensfehler

Allerdings ist zweifelhaft, ob W im Revisionsverfahren die Verfahrensfehler beweisen können wird. Denn U hat bezüglich der zu frühen Vernehmung zur Sache des W nichts protokolliert.

aa) Nach § 274 S. 1 StPO kann die Einhaltung der für das Hauptverfahren vorgeschriebenen Förmlichkeiten nur durch das Protokoll bewiesen werden. Dadurch soll das Revisionsverfahren vereinfacht werden, die Prüfung von Verfahrensrügen soll für das Revisionsgericht erleichtert werden.[90] Andere Beweise sind nicht zugelassen.

Bei der Vernehmung zur Person und der Belehrung vor der Vernehmung zur Sache handelt es sich um Verfahrensvorschriften im Sinne dieser Norm. Das Protokoll hat eine positive wie auch negative Beweiskraft: Beurkundete Förmlichkeiten gelten also als geschehen, nicht beurkundete als nicht geschehen.

Geht man mangels entgegenstehender Angaben im Sachverhalt davon aus, dass W vor der später erfolgten Vernehmung zur Sache ordnungsgemäß belehrt wurde, kann er die Verfahrensfehler nicht beweisen.

hemmer-Methode: W könnte allenfalls darauf hoffen, dass das Gericht und die Urkundsbeamtin sich noch an seine Äußerungen vor der eigentlichen Vernehmung erinnern können und auf seine Anregung hin einverständlich das Protokoll diesbezüglich berichtigen. Durchsetzen kann dies W jedoch nicht.

bb) Gegen diese Beweiskraft des Protokolls ist nach § 274 S. 2 StPO nur der Nachweis der Fälschung zulässig. Das ist der Fall, wenn das Protokoll eine unechte oder verfälschte Urkunde ist, weil es ganz oder teilweise von einem Unbefugten hergestellt ist, oder wenn das Protokoll von der Urkundsperson bewusst falsch angefertigt wurde.[91] Darüber hinaus verliert das Protokoll seine Beweiskraft, wenn es offensichtliche inhaltliche Lücken oder Widersprüche aufweist. Das ist hier aber nicht der Fall.

hemmer-Methode: Von solchen offensichtlichen Lücken oder Widersprüchen wird man nur ausgehen können, wenn sich diese aus dem Protokoll selbst ergeben. Das ist beispielsweise der Fall, wenn die Wiederherstellung der Öffentlichkeit, nicht aber ihr Ausschluss protokolliert ist. Beachten Sie in diesem Kontext unbedingt die Rechtsprechung zur sog. „Rügeverkümmerung". Diese wird am Ende des Falles kurz dargestellt.

W wird demnach die Verfahrensfehler hinsichtlich der Vernehmung zur Sache und der Belehrung im Revisionsverfahren nicht beweisen können.

2. Verfahrensfehler bei der Erteilung des letzten Wortes

Auch bezüglich der Erteilung des letzten Wortes an W könnte dem M ein Verfahrensfehler unterlaufen sein.

Denn nach § 258 II StPO gebührt dem Angeklagten das letzte Wort, bevor sich die Geschworenen zur Beratung und Abstimmung zurückziehen.

---

[90] BGH, NJW 1976, 978.

[91] Meyer-Goßner/Schmitt, § 274, Rn. 19.

Darauf ist er gem. § 258 III StPO hinzuweisen. M hat dagegen nach dem letzten Wort die verschiedenen Aussagen noch einmal zusammengefasst.

Dieses Recht des letzten Wortes hat der Angeklagte auch, wenn er schon zuvor einen Schlussvortrag gehalten hat. Er muss als letzter Verfahrensbeteiligter sprechen, bevor das Gericht mit der Beratung beginnt.[92]

hemmer-Methode: Unterschätzen Sie nicht das Recht des letzten Wortes in der Praxis. Vor allem Schöffen (sog. „Laienrichter“ oder auch „Geschworene“ genannt) kann ein wortgewandter Angeklagter so noch milde stimmen.

W hat hier nicht das letzte Wort gehabt. Da entsprechend den Sachverhaltsangaben U die Zusammenfassung des M protokolliert hat, kann W dies im Revisionsverfahren auch durch das Protokoll nach § 274 S. 1 StPO beweisen.

3. Beruhen des Urteils auf dem Verfahrensfehler

Da es sich bei dem Verfahrensfehler nicht um einen absoluten Revisionsgrund i.S.d. § 338 StPO handelt, müsste das Urteil gemäß § 337 I StPO auf diesem Verfahrensfehler beruhen. Das ist dann der Fall, wenn nicht auszuschließen ist, dass ohne den Verfahrensfehler anders entschieden worden wäre.

Es ist nicht auszuschließen, dass ein weiteres letztes Wort des W auf M und die Geschworenen einen Einfluss zu dessen Gunsten gehabt hätte.

Deswegen wird regelmäßig ein Verstoß gegen das Recht des letzten Wortes zu einem relativen Revisionsgrund i.S.d. § 337 I StPO führen (Beulke, Rn. 392).

Ergebnis

Wegen eines Verstoßes gegen das Recht des W auf das letzte Wort ist eine Revision begründet.

hemmer-Methode: Vorliegend war letztlich entscheidend, dass W eine Protokollberichtigung *zu seinen Gunsten* nicht erzwingen kann. Eine andere Auffassung wäre möglicherweise deshalb vertretbar, weil der Große Senat des BGH in Ausnahmefällen eine Protokollberichtigung *zu Lasten* des Angeklagten mittlerweile zulässt! Dies soll selbst dann möglich sein, wenn dadurch einer bereits eingelegten Revision des Angeklagten durch die Protokollberichtigung der Boden entzogen wird, sog. „Rügeverkümmerung“.
Hintergrund ist, dass der BGH der materiellen Wahrheit gegenüber der rein formellen Wahrheit des Protokolls zu mehr Geltung verhelfen will. Jedenfalls wenn offensichtlich ist, dass das Protokoll unrichtig ist, weil z.B. die Verlesung der Anklageschrift gemäß § 243 III StPO nicht protokolliert wurde, obwohl diese erfolgte, soll eine nachträgliche Berichtigung des Protokolls möglich sein. Zum Schutz vor Willkür ist der Beschwerdeführer vorher zu hören, bei Widerspruch sind weitere Verfahrensbeteiligte zu befragen und die Berichtigung ist zu begründen.
Das Revisionsgericht kann letztlich entscheiden, ob die Berichtigung zu Recht erfolgte (siehe BGH, NJW 2007, 2419 ff. = Life&Law 2008, 27 ff.).

---

92 Meyer-Goßner/Schmitt, § 258, Rn. 21.

IV. Zusammenfassung

- Der Ablauf des Hauptverfahrens wird in den §§ 243 f., 258, 260 StPO genau geregelt.
- Zur Vernehmung über die persönlichen Verhältnisse i.S.d. § 243 II S. 2 StPO gehören nur die in § 111 I OWiG genannten Angaben.

  Alle anderen Angaben sind bereits Teil der Vernehmung zur Sache, vor der der Angeklagte über sein Aussageverweigerungsrecht zu belehren ist.
- Die Einhaltung der für das Hauptverfahren vorgeschriebenen Förmlichkeiten kann nach § 274 S. 1 StPO ausschließlich mit dem Protokoll bewiesen werden.
- Das Recht des letzten Wortes des § 258 II StPO besagt, dass der Angeklagte als letzter Verfahrensbeteiligter vor der Beratung des Gerichts sprechen darf.
- Die Revision wegen eines Verfahrensfehlers ist begründet, wenn es sich dabei um einen absoluten Revisionsgrund i.S.d. § 338 StPO handelt oder wenn das Urteil auf dem Fehler beruht, § 337 I StPO.

V. Vertiefung

- **Zum Ablauf der Hauptverhandlung**: Hemmer/Wüst, StPO, Rn. 189 ff.
- **Zum Protokoll und dessen Beweiskraft**: Hemmer/Wüst, StPO, Rn. 409 ff.
- **Zur sog. „Rügeverkümmerung“**: BGH, NJW 2007, 2419 ff. = Life&Law 2008, 27 ff. = **juris**byhemmer.

Fall 19: Zweifelhaftes Geständnis

Sachverhalt:

Christian (C) wird beschuldigt, Steve Toll (S) erschlagen zu haben. Da S jedoch recht unbeliebt war, will niemand den Vorfall beobachtet haben. C hat gleichwohl bereits während des Ermittlungsverfahrens ein Geständnis abgelegt.

Während der Hauptverhandlung tauchen aber Probleme auf: C behauptet, der Polizeibeamte Markus (M), der ihn im Ermittlungsverfahren verhört hatte, habe ihn zunächst noch freundlich über sein Aussageverweigerungsrecht belehrt, dann aber mehrmals ins Gesicht geschlagen. Um weiteren Qualen zu entgehen, habe C bereits nach einer halben Stunde gestanden. M streitet diese Vorfälle ab.

Richterin Regina (R) ruft deswegen während der Hauptverhandlung zunächst Doktor David (D) an, der den C untersuchte. Dieser meint, es sei zwar gut möglich, aber nicht sicher, dass C geschlagen worden sei.

Frage 1: *Darf R die Aussage des D überhaupt heranziehen?*

Frage 2: *Ist das Geständnis des C in der Hauptverhandlung verwertbar?*

I. Einordnung

Dieser Fall behandelt zwei kleinere Problemkreise: Zum einen geht es um den Unterschied zwischen dem in der StPO geregelten Strengbeweisverfahren und dem Freibeweisverfahren. Darüber hinaus stellt sich die umstrittene Frage, ob der Grundsatz „in dubio pro reo" auch bei Zweifeln über das Vorliegen von Verfahrensfehlern gilt.

II. Gliederung

Frage 1: Verwertbarkeit der telefonischen Auskunft des D?

a) Numerus clausus der Beweismittel

b) Aber: Freibeweisverfahren bei Fragen, die nicht die Sachentscheidung betreffen

c) M.M.: Bei § 136a StPO Strengbeweisverfahren

Frage 2: Verwertbarkeit des Geständnisses des C?

a) Absolutes Verwertungsverbot bei Misshandlungen nach § 136a III S. 2 StPO

b) (P): Nachweisbarkeit der Misshandlung des C?

Str., ob „in dubio pro reo" bei Verfahrensfragen gilt

III. Lösung

Frage 1: Verwertbarkeit der telefonischen Auskunft des D?

R fragt sich, ob sie zur Klärung der Frage einer möglichen Misshandlung des C durch M die telefonische Auskunft des D heranziehen darf. Dem könnte entgegenstehen, dass die telefonische Auskunft nicht zu den in der StPO geregelten Beweismitteln zählt.

a) Die StPO regelt die Beweisaufnahme in den §§ 244 ff. ausführlich. Bei diesem so genannten Strengbeweisverfahren sind nur die im Gesetz genannten Beweismittel zulässig („numerus clausus der Beweismittel"). Die Grundsätze der Mündlichkeit (§ 261 StPO) und der Öffentlichkeit der Verhandlung (§ 169 I S. 1 GVG) sind dabei einzuhalten. Die zu beweisenden Tatsachen müssen zur vollen Überzeugung des Gerichts feststehen, vgl. § 261 StPO.

Eine telefonische Auskunft gehört nicht zu den in der StPO aufgezählten Beweismitteln.

Übersicht über die Beweismittel der StPO[93]

1. Zeugenbeweis, §§ 48 ff. StPO

Zeuge ist, wer vor Gericht seine Wahrnehmung über Tatsachen in Bezug auf eine Straftat kundgeben soll.

2. Sachverständigenbeweis, §§ 72 ff. StPO

Der Sachverständige soll dem Gericht aufgrund seiner besonderen Kenntnisse Auskunft geben oder einen Sachverhalt beurteilen. Dafür fertigt der Sachverständige ein Gutachten an.

(P): Sachverständiger Zeuge

3. Urkundenbeweis, §§ 249 ff. StPO

Urkunde im Sinne der StPO ist jedes Schriftstück, das einen verlesbaren Inhalt aufweist.

4. Augenscheinsbeweis, §§ 86 ff. StPO

Augenschein ist jede sinnliche Wahrnehmung durch Sehen, Hören, Riechen, Schmecken oder Fühlen.

[93] Eine ausführliche Übersicht über die Beweismittel im Strengbeweisverfahren finden Sie bei Hemmer/Wüst, StPO, Rn. 279 ff.

b) Das förmliche Strengbeweisverfahren findet allerdings nur bezüglich Schuld- und Rechtsfolgenfragen in der Hauptverhandlung Anwendung.[94] Hier geht es dagegen um die Klärung der Frage, ob das Geständnis des C durch Misshandlung durch M herbeigeführt wurde, ob also ein Beweisverwertungsverbot vorliegt. Diese Frage steht mit der Schuld- und Rechtsfolgenfrage, also der Frage, ob C die Tat tatsächlich begangen hat, nicht in direktem Zusammenhang.

Zur Klärung von prozessualen Fragen kann auf das Freibeweisverfahren zurückgegriffen werden.

hemmer-Methode: Auch zur Sachverhaltsaufklärung vor der Hauptverhandlung, also im Vor- und Zwischenverfahren, findet das Freibeweisverfahren Anwendung.

Das Freibeweisverfahren kennt keine Bindung an die im Gesetz genannten Beweismittel. Vielmehr steht es im Ermessen der R, auf welche Weise sie sich von der zu klärenden Frage überzeugen will. Auch das Einholen von telefonischen Auskünften ist insoweit zulässig.

c) Dennoch will eine Mindermeinung zumindest bei Fragen, die § 136a StPO betreffen, ausnahmsweise das Strengbeweisverfahren anwenden.[95] Das sei wegen der besonderen Bedeutung dieser Norm in Hinblick auf das Rechtsstaatsprinzip notwendig.

d) Diese Ansicht ist mit der herrschenden Meinung aber abzulehnen.[96]

[94] Beulke, Rn. 180.

[95] Eisenberg, Beweisrecht der StPO, Rn. 707; AK-Schöch, § 244, Rn. 13.

[96] BGHSt 16, 166; Meyer-Goßner/Schmitt, § 136a, Rn. 32.

Das lässt sich formal damit begründen, dass es eben um die Frage eines Verfahrensfehlers und nicht um den Inhalt der Schuldfrage geht. Zudem ist auch im Freibeweisverfahren ein hinreichender Schutz des Angeklagten gewährleistet. Denn obwohl das Freibeweisverfahren weniger streng formalisiert ist, ist es dennoch gewissen Regeln unterworfen. So sind insbesondere die Aufklärungspflicht des Gerichts, der Grundsatz des rechtlichen Gehörs sowie Zeugnis- und Aussageverweigerungsrechte zu beachten.[97]

hemmer-Methode: Lässt R beispielsweise nicht zu, dass der Anwalt des C weitere Fragen an D richtet, könnte dadurch das rechtliche Gehör des C verletzt sein. Dann läge ein Verfahrensfehler vor.

Demnach war es also zulässig, die telefonische Auskunft des D einzuholen. R darf sie in der Hauptverhandlung verwenden.

Frage 2: Verwertbarkeit des Geständnisses des C

Zudem fragt sich R, ob sie das Geständnis des C in der Hauptverhandlung verwerten darf.

a) Dem könnte § 136a III S. 2 StPO entgegenstehen, wenn der C misshandelt worden wäre. Misshandlung ist dabei jede erhebliche Beeinträchtigung der körperlichen Unversehrtheit oder des körperlichen Wohlbefindens.[98] Schläge ins Gesicht stellen eine solche Misshandlung dar.

[97] Meyer-Goßner/Schmitt, § 244, Rn. 9 m.w.N.

[98] Meyer-Goßner/Schmitt, § 136a, Rn. 7.

hemmer-Methode: Der Begriff ist derselbe wie bei § 223 StGB!

b) Fraglich ist allerdings, ob diese Misshandlung nachweisbar ist. Denn nach den Aussagen der beteiligten Personen lässt sich nicht abschließend aufklären, ob M den C tatsächlich geschlagen hat.

Nach dem Grundsatz „in dubio pro reo“ gehen Zweifel zugunsten des Angeklagten (sog. Unschuldsvermutung, vgl. auch Art. 6 II MRK). Problematisch ist allerdings, ob dieser Grundsatz hier überhaupt anwendbar ist. Während „in dubio pro reo“ jedenfalls für die Schuld- und Straffragen gilt, ist das für sonstige prozessual erhebliche Tatsachen umstritten.

aa) Manche wollen die Unschuldsvermutung zumindest im Rahmen des § 136a StPO eingeschränkt anwenden.[99] Das folge aus dem Rechtsstaatsprinzip.

Da sich der Sachverhalt hier nicht zweifelsfrei aufklären lässt, wäre demnach von der Anwendung von verbotenen Vernehmungsmethoden auszugehen, so dass das Geständnis des C nicht verwertbar wäre.

bb) Demgegenüber wollen BGH und einige Stimmen in der Literatur[100] „in dubio pro reo“ nur hinsichtlich der Schuld- und Straffrage anwenden. Diese Ansicht ist grundsätzlich überzeugend, da anderenfalls mit erheblichem Missbrauch zu rechnen wäre.

[99] Fezer 3/39; Löwe/Rosenberg - Hanack, § 136a Rn. 69, wenn die Gründe „in der Sphäre der Justiz liegen“.

[100] BGHSt 16, 167; Meyer-Goßner/Schmitt, § 136a, Rn. 32.

hemmer-Methode: Wie so häufig im Strafprozess stehen sich hier der wirksame Schutz des Beschuldigten und das öffentliche Interesse auf effektive Strafverfolgung gegenüber. Der BGH hat sich hier zugunsten der Strafverfolgung entschieden.

Demzufolge ist in Zweifelsfällen nicht von der Anwendung verbotener Vernehmungsmethoden auszugehen. § 136a III S. 2 StPO steht einer Verwertung des Geständnisses des C demnach nicht im Wege.

IV. Zusammenfassung

- Unterscheiden Sie zwischen dem formalisierten Strengbeweisverfahren, das in der StPO ausführlich geregelt ist, und dem Freibeweisverfahren.
- Das Strengbeweisverfahren findet nur bezüglich der Schuld- und Straffrage in der Hauptverhandlung Anwendung.
- Ebenso gilt nach h.M. der Grundsatz „in dubio pro reo" nur bezüglich der Schuld- und Straffrage.

V. Vertiefung

- **Zur Beweisaufnahme:** Hemmer/Wüst, StPO, Rn. 234 ff.

Fall 20: Unschuldsbeweis I

Sachverhalt:

Oliver (O) wird beschuldigt, Peter (P) getötet zu haben. In der Hauptverhandlung will O seine Unschuld beweisen.

Zunächst beruft sich O darauf, dass er zur Tatzeit – Samstagnachmittag – in der Fußgängerzone beim Bummeln gewesen sei. Dort müsse ihn doch jemand beobachtet haben, der ihm ein Alibi geben könne. Der Vorsitzende Richter weist dieses Vorbringen aber sofort zurück, da es unmöglich sei, eine Person aufzufinden, die O gesehen haben könnte.

Die weitere Beweisaufnahme ergibt für O nichts Gutes. Unter anderem sagen zwei Zeugen aus, dass sich P mit O zuvor heftig gestritten habe. Nach der Erhebung einiger weiterer Beweise stellt der Vorsitzende Richter den Schluss der Beweisaufnahme fest.

Im Rahmen seines Schlussvortrags (§ 258 I StPO) erklärt O, ihm falle plötzlich ein, dass bei dem angeblichen Streitgespräch eine weitere Person, der Norbert (N), zugegen gewesen sei. Er beantragt, dass dieser gehört werden müsse, um zu beweisen, dass er sich nicht mit P gestritten habe.

Allerdings lässt sich das Gericht auch darauf nicht ein. Durch Beschluss entscheidet es, dass N nicht vernommen wird, da der Antrag des O zum einen viel zu spät komme und zum anderen das Gericht nach den ersten beiden Aussagen sowieso bereits von dem Streit zwischen O und P überzeugt sei.

Frage: *Hätte das Gericht wegen des möglichen Alibis und der Aussage des N Beweis erheben müssen?*

I. Einordnung

Grundsätzlich gilt im Strafprozess der Amtsermittlungsgrundsatz: Das Gericht hat von Amts wegen Beweis zu erheben, § 244 II StPO.

Als Ausprägung des grundgesetzlich garantierten Anspruchs auf rechtliches Gehör (Art. 103 I GG) können auch die Verfahrensbeteiligten Einfluss auf die Beweisaufnahme nehmen. Dafür stehen ihnen vor allem Beweisantrag und Beweisermittlungsantrag zur Verfügung.

Dieser Fall beschäftigt sich mit der Abgrenzung dieser Mittel und deren Rechtsfolgen.

II. Gliederung

1. Das Alibi

a) Abgrenzung Beweisantrag (§ 244 III S. 1 StPO) / Beweisermittlungsantrag

b) Bei Beweisermittlungsantrag kein Beschluss notwendig, §§ 244 III – VI, 245 StPO nicht anwendbar

c) Verletzung der gerichtlichen Aufklärungspflicht?

2. Die Aussage des N

a) Abgrenzung Beweisantrag (§ 244 III S. 1 StPO) / Beweisermittlungsantrag

b) Ablehnung durch Beschluss

c) Ablehnung wegen Verspätung nicht möglich, § 246 I StPO

d) Vorliegen eines Ablehnungsgrundes (-): Keine Zurückweisung nach § 244 III S. 3 Nr. 3 StPO, weil nicht „schon erwiesen" oder Prozessverschleppung (§ 244 VI S. 2 StPO)

III. Lösung

1. Das Alibi

Möglicherweise hätte das Gericht Beweis darüber erheben müssen, ob O zum Tatzeitpunkt in der Fußgängerzone Bummeln war.

a) Abgrenzung Beweisantrag / Beweisermittlungsantrag

Entscheidend dafür, unter welchen Voraussetzungen die Ablehnung eines derartigen Vorbringens möglich ist, ist zunächst die Frage, ob es sich dabei um einen Beweisantrag oder einen Beweisermittlungsantrag handelt.

aa) Ein Beweisantrag liegt vor, wenn der Antragsteller ernsthaft verlangt, Beweis über eine bestimmt behauptete konkrete Tatsache, die die Schuld- oder Rechtsfolgenfrage betrifft, durch ein bestimmt bezeichnetes Beweismittel zu erheben, und dem Antrag zu entnehmen ist, weshalb das bezeichnete Beweismittel die behauptete Tatsache belegen können soll (§ 244 III S. 1 StPO).

Verlangt der Antragsteller vom Gericht, ermittelnd tätig zu werden, fehlt dem Antrag aber eine oder mehrere Voraussetzungen des Beweisantrags, dann spricht man von einem sog. Beweisermittlungsantrag.[101]

hemmer-Methode: Daneben gibt es noch die Beweisanregung, die sich vom Beweisermittlungsantrag aber nur dadurch unterscheidet, dass sie weniger stark ausgeprägt ist. In der Sache ist sie wie ein Beweisermittlungsantrag zu behandeln.

bb) Um von einem Beweisantrag ausgehen zu können, muss also eine bestimmte Beweistatsache und ein bestimmtes Beweismittel bezeichnet werden. Beweistatsache ist hier, ob sich O zum Tatzeitpunkt an einem anderen Ort aufgehalten hat.

Als Beweismittel kommen nur die in der StPO im Strengbeweisverfahren zulässigen Beweismittel in Betracht.

O möchte vorliegend, dass ein Zeugenbeweis erhoben wird.

Allerdings muss der Antragsteller ein bestimmtes Beweismittel angeben, er darf die Auswahl nicht dem Gericht überlassen. Es genügt, wenn er Tatsachen vorträgt, die es dem Gericht ermöglichen, das Beweismittel zu identifizieren und zu ermitteln.[102]

Hier hat O allerdings nur irgendeinen Zeugen aus einem bestimmten, relativ großen und unbekannten Personenkreis, nämlich den Personen, die an besagtem Samstagnachmittag ebenfalls in der Fußgängerzone waren, benannt, ohne eine Person näher zu bezeichnen.

---

[101] Beulke, Rn. 435.

[102] OLG Köln, StV 1996, 368; BGH, NStZ 1981, 310; 1999, 152.

Ein Zeuge, der erst aus einem Personenkreis herausgefunden werden soll, ist aber noch nicht individualisiert.[103]

Es fehlt also an der Angabe eines bestimmten Beweismittels. Demzufolge handelt es sich hier lediglich um einen Beweisermittlungsantrag.

b) Anwendbarkeit der §§ 244 III – VI, 245 StPO

Der Beweisermittlungsantrag des O wurde vorliegend nicht durch einen förmlichen Gerichtsbeschluss abgelehnt. Die §§ 244 III – VI, 245 StPO gelten aber nur für Beweisanträge. Für die Ablehnung eines Beweisermittlungsantrags ist ein förmlicher Beschluss nach § 244 VI StPO nicht notwendig.

Ebenso sind bei der Ablehnung eines Beweisermittlungsantrags die in diesen Vorschriften besonders normierten Ablehnungsgründe nicht einschlägig.

c) Verletzung der gerichtlichen Aufklärungspflicht

Allerdings könnte das Gericht durch die Ablehnung des Beweisermittlungsantrags seine gerichtliche Aufklärungspflicht nach § 244 II StPO verletzt haben. Denn an diese ist es auch bei Beweisermittlungsanträgen und Beweisanregungen gebunden.[104]

aa) Denn die gerichtliche Aufklärungspflicht begründet einen Anspruch der Verfahrensbeteiligten darauf, dass das Gericht die Beweisaufnahme auf alle Tatsachen und alle tauglichen und erlaubten Beweismittel erstreckt, die für die Beweisaufnahme von Bedeutung sind.[105]

bb) Fraglich ist, wo die gerichtliche Aufklärungspflicht ihre Grenzen erreicht. Jedenfalls sind Beweismittel in die Beweisaufnahme mit einzubeziehen, wenn Umstände, die dem Gericht positiv bekannt sind oder vernünftigerweise hätten bekannt sein müssen, den Gebrauch bestimmter weiterer Beweismittel notwendig erscheinen lassen oder ihn zumindest nahelegen. Beweismittel dürfen nicht ungenutzt bleiben, wenn auch nur die entfernteste Möglichkeit einer Änderung der durch die erfolgte Beweisaufnahme ermittelten Ergebnisse besteht.[106]

cc) Im vorliegenden Fall ist es allerdings sehr fraglich, ob überhaupt ein Zeuge gefunden werden kann, der bezeugen kann, dass O zum Tatzeitpunkt in der Fußgängerzone war. Denn an einem Samstagnachmittag halten sich dort für gewöhnlich sehr viele Menschen auf. Dass sich einzelne Personen an einen bestimmten unbekannten Mann erinnern können und diese Personen auch aufgefunden werden, erscheint aber praktisch ausgeschlossen.

hemmer-Methode: Gerade wegen der sehr weit gefassten Formel der Rechtsprechung können Sie hier mit entsprechender Argumentation sehr gut ein anderes Ergebnis vertreten. So könnte das Gericht zumindest versuchen, einen Zeugen aufzufinden. Letztendlich sind hier das Beschleunigungsgebot und das Gebot der umfassenden Sachverhaltsaufklärung in Einklang zu bringen.

---

[103] BGHSt 40, 6 f. = **juris**byhemmer.

[104] Beulke, Rn. 435.

[105] BGHSt 1, 96; 32, 124.

[106] BGHSt 23, 187 f.; 30, 142 f.; StV 1981, 164 f. einschränkend Meyer-Goßner/Schmitt, § 244, Rn. 12, der von dem Gericht nur fordert, allen erkennbaren und sinnvollen Möglichkeiten zur Aufklärung des Sachverhalts nachzugehen.

Ergebnis

Die Ablehnung der Beweiserhebung über ein mögliches Alibi des O war rechtmäßig.

2. Die Aussage des N

Möglicherweise hätte das Gericht den N zu dem Streit zwischen O und P vernehmen müssen.

a) Abgrenzung Beweisantrag / Beweisermittlungsantrag

Auch insoweit kommt es zunächst darauf an, ob es sich bei dem Antrag des O um einen Beweisantrag i.S.d. § 244 III S. 1 StPO oder einen Beweisermittlungsantrag handelt. O hat Beweis beantragt über eine bestimmte Beweistatsache, nämlich die Frage, ob er sich zuvor mit P gestritten hat. Er hat auch ein bestimmtes Beweismittel, nämlich den Zeugenbeweis durch einen bestimmten Zeugen, den N, angeboten. Es handelt sich also um einen Beweisantrag i.S.d. § 244 III S. 1 StPO, der nach den §§ 244 III – VI, 245 StPO zu behandeln ist.

hemmer-Methode: Erforderlich ist zudem, dass das bezeichnete Beweismittel „neu" ist. Ein Antrag, der lediglich auf Wiederholung einer bereits durchgeführten Beweisaufnahme gerichtet ist, ist ein Beweisermittlungsantrag.[107] Das ist hier aber unproblematisch der Fall.

b) Ablehnung durch Beschluss

Nach § 244 VI S. 1 StPO muss die Ablehnung eines Beweisantrags durch Gerichtsbeschluss erfolgen.

Dieser ist nach § 34 StPO zu begründen. Das ist hier geschehen.

c) Ablehnung wegen Verspätung

Zur Ablehnung eines Beweisantrags bedarf es zudem eines Ablehnungsgrundes.

Hierfür führt das Gericht zum einen die Verspätung des Beweisantrags an.

Nach § 246 I StPO darf ein Beweisantrag aber nicht allein deswegen abgelehnt werden, weil er zu spät vorgebracht worden sei. Vielmehr kann ein Beweisantrag bis zum Beginn der Urteilsverkündung gestellt werden.[108]

Der Beweisantrag des O kann somit nicht wegen Verspätung zurückgewiesen werden.

hemmer-Methode: In Betracht kommt insofern lediglich die Zurückweisung wegen Prozessverschleppung, dazu sogleich.
Frühestmöglicher Zeitpunkt für Beweisanträge ist die Hauptverhandlung, zuvor gestellte Anträge müssen in der Hauptverhandlung wiederholt werden.
Zu früh oder zu spät (also nach Beginn der Urteilsverkündung!) gestellte Anträge sind wie Beweisermittlungsanträge zu behandeln. Deren Ablehnung richtet sich demzufolge nach der gerichtlichen Aufklärungspflicht, s.o.

d) Vorliegen eines Ablehnungsgrundes

Ein Beweisantrag kann nur abgelehnt werden, wenn einer der gesetzlich normierten Ablehnungsgründe vorliegt.

[107] BGH, StV 1991, 2; 2001, 98 = **juris**byhemmer.

[108] BGHSt 21, 123 f.; Meyer-Goßner/Schmitt, § 244, Rn. 33.

Da der Zeuge N noch nicht anwesend ist, es sich also um ein so genanntes nicht präsentes Beweismittel handelt, ist § 244 III – V StPO einschlägig.

hemmer-Methode: Bei präsenten Beweismitteln gilt hingegen § 245 StPO. Wäre N also von der Verteidigung geladen worden und auch erschienen, wäre eine Ablehnung nur wegen der in § 245 II S. 2, 3 StPO genannten Gründe möglich.

aa) Tatsache schon erwiesen, § 244 III S. 3 Nr. 3 StPO

Eine Ablehnung des Beweismittels könnte nach § 244 III S. 3 Nr. 3 StPO zulässig sein, weil das Gericht die Frage über den Streit zwischen O und P bereits für erwiesen hält. Das ist dann der Fall, wenn das Gericht aufgrund der bisherigen Beweisaufnahme glaubt, für die zu beweisende Tatsache keinen weiteren Beweis zu benötigen.

Es genügt insofern aber nicht, wenn das Gericht das Gegenteil der Beweistatsache bereits für erwiesen hält. Das käme ansonsten einer Beweisantizipation gleich. Eine solche ist aber verboten, weil das Gericht die Beweiswürdigung niemals vorwegnehmen darf.[109]

So ist der Fall aber hier: Das Gericht darf nicht schon jetzt davon ausgehen, dass P und O sich tatsächlich gestritten haben. Denn eventuell kann N dies glaubhaft widerlegen und die Aussagen der anderen Zeugen erschüttern. Wem das Gericht letztendlich glaubt, ist eine Frage der Beweiswürdigung.

Aus dem gleichen Grund kommt auch eine Ablehnung wegen Bedeutungslosigkeit oder völliger Ungeeignetheit nach § 244 II S. 3 Nr. 2, Nr. 4 StPO nicht in Betracht.

bb) Prozessverschleppung, § 244 VI S. 2 StPO

Letztendlich kommt eine Zurückweisung des Beweisantrags wegen Verschleppungsabsicht (§ 244 VI S. 2 StPO) in Betracht. Voraussetzung dafür ist, dass die Beweisaufnahme nach Überzeugung des Gerichts nichts Sachdienliches ergeben wird, das Verfahren dadurch erheblich verzögert werden würde und der Antragsteller dies weiß und ausschließlich die Verzögerung des Verfahrens bezweckt.[110]

Daran fehlt es hier aber schon deswegen, weil nicht auszuschließen ist, dass die Befragung des N neue Ergebnisse bringen wird.

Ergebnis

Nach alledem fehlt es an einem Grund für die Zurückweisung des Beweisantrags des O. Das Gericht hätte den N als Zeugen befragen müssen.

IV. Zusammenfassung

- Ein Beweisantrag liegt vor, wenn ein Prozessbeteiligter die Beweiserhebung über eine bestimmte Tatsachenbehauptung durch ein bestimmt bezeichnetes und nach der StPO zulässiges Beweismittel begehrt (vgl. § 244 III S. 1 StPO).

---

[109] Beulke, Rn. 443.

[110] Beulke, Rn. 446.

- Beweisanträge können nur durch Gerichtsbeschluss und nur wegen der im Gesetz bezeichneten Gründe zurückgewiesen werden.
- Beweisermittlungsanträge können zurückgewiesen werden, wenn dem die gerichtliche Aufklärungspflicht nicht entgegensteht.

V. Vertiefung

- **Zur Beweisaufnahme:** Hemmer/Wüst, StPO, Rn. 234 ff.

Fall 21: Unschuldsbeweis II

Sachverhalt:

William (W) ist wegen räuberischer Erpressung, §§ 253, 255 StGB, angeklagt. In der Hauptverhandlung zeigt sich schnell, dass die Beweislage eher gegen ihn spricht. W leugnet die Taten jedoch.

Der Verteidiger (V) des W stellt in der Hauptverhandlung mit ausdrücklichem Einverständnis des W folgenden Beweisantrag:

„Zum Beweis der Tatsache, dass der Angeklagte W die ihm zur Last gelegten Vorwürfe zu Recht bestreitet, beantrage ich die Einholung eines psychophysiologischen Gutachtens mittels der Durchführung einer Untersuchung des Angeklagten mit dem Polygraphen (= Lügendetektor)."

Richterin Renate (R) fragt sich, ob sie den Beweisantrag ablehnen kann.

I. Einordnung

Die Frage, ob ein Lügendetektortest als Beweismittel verwendet werden kann, wurde 1999 vom BGH grundlegend neu bewertet. Bei dieser sehr sensiblen Frage muss auch auf die Grundrechte des Angeklagten, insbesondere die Menschenwürde, Rücksicht genommen werden.

Hier ist der Fall in eine Beweisantragskonstellation eingekleidet.

II. Gliederung

1. Unzulässige Beweiserhebung, § 244 III S. 2 StPO?

a) Verstoß gegen die Menschenwürde, Art. 1 I GG

b) Lügendetektortest als verbotene Vernehmungsmethode i.S.d. § 136a I StPO?

2. Ablehnung wegen völliger Ungeeignetheit nach § 244 III S. 3 Nr. 4 StPO

a) Abgrenzung Beweisantrag (§ 244 III S. 1 StPO) / Beweisermittlungsantrag

b) Ablehnung durch Beschluss

c) Ablehnung wegen Verspätung nicht möglich, § 246 I StPO

d) Vorliegen eines Ablehnungsgrundes (-): Keine Zurückweisung nach § 244 III S. 3 Nr. 3, VI S. 2 StPO, weil nicht „schon erwiesen" oder Prozessverschleppung

III. Lösung

Nach dem Antrag des V soll das Gericht über eine bestimmte Tatsache, nämlich ob W die ihm zur Last gelegte Tat begangen hat, mittels eines bestimmten Beweismittels, nämlich eines Gutachtens, Beweis erheben. Es handelt sich demnach um einen Beweisantrag i.S.d. § 244 III S. 1 StPO, der nur unter den Voraussetzungen des § 244 StPO durch Gerichtsbeschluss abgelehnt werden kann. Vorliegend kommt lediglich eine Ablehnung nach § 244 III StPO in Betracht.

1. Unzulässige Beweiserhebung, § 244 III S. 2 StPO?

Die Einholung eines Gutachtens, das sich auf einen Lügendetektortest stützt, könnte nach § 244 III S. 2 StPO abzulehnen sein, wenn die Erhebung des Beweises unzulässig wäre.

a) Verstoß gegen die Menschenwürde

Das wäre jedenfalls dann der Fall, wenn ein Lügendetektortest gegen die Menschenwürde des Angeklagten verstoßen würde. Ein Eingriff in die Menschenwürde kann keinesfalls gerechtfertigt werden und muss deswegen zu einem Beweiserhebungsverbot führen.

aa) Früher wurde vertreten, dass ein Lügendetektortest gegen die von Art. 1 I GG geschützte Menschenwürde verstoße.[111] Denn durch derartige Tests würden unbewusste Körpervorgänge, die mit dem Seelenzustand des Untersuchten sehr eng zusammenhängen, festgehalten. Der Untersuchte gebe Antworten auf Fragen, ohne dass er dies verhindern könne.

Auch das BVerfG hat in einer derartigen „Durchleuchtung einer Person" einen Eingriff in das durch Art. 2 I i.V.m. Art. 1 I GG geschützte Persönlichkeitsrecht des Betroffenen gesehen.[112]

bb) Dem ist der BGH in einer späteren Entscheidung entgegengetreten.[113] Nach seiner Auffassung soll eine Lügendetektoruntersuchung nicht gegen Art. 1 I GG verstoßen.

(1.) Der BGH geht zu Recht davon aus, dass nach aktuellen wissenschaftlichen Erkenntnissen nicht unmittelbar beeinflusste körperliche Vorgänge gemessen werden können, dadurch aber kein Einblick in die Seele des Betroffenen gewährt wird. Es ist nicht möglich, eindeutige Zusammenhänge zwischen gewissen emotionalen Zuständen und körperlichen Reaktionen darauf zu erkennen. Entsprechende gemessene körperliche Veränderungen können vielmehr vielfältige, nicht eingrenzbare Ursachen haben.

hemmer-Methode: Der BGH macht in seinem Urteil größere wissenschaftliche Ausführungen zur Verlässlichkeit von Lügendetektortests. Insoweit können natürlich keine Kenntnisse von Ihnen erwartet werden.
Zum besseren Verständnis gleichwohl einige Anmerkungen:
Bei dem so genannten Kontrollfragenverfahren werden der Testperson Fragen gestellt, von denen einige mit der vorgeworfenen Tat zusammenhängen, die übrigen einen anderen Inhalt haben. Der BGH führt unter anderem aus, dass auch bei Unschuldigen wegen der Furcht vor Bestrafung Reaktionen erkennbar sein können.
Bei dem Tatwissenverfahren wird die Testperson hingegen mit Fakten konfrontiert, die nur ein am Tatort Anwesender kennen kann. Unabhängig von der oben genannten Verlässlichkeit eventueller körperlicher Reaktionen weist der BGH diese Testmethode jedenfalls zum Zeitpunkt der Hauptverhandlung zurück, da der Betroffene dann von entsprechenden Details regelmäßig bereits erfahren hat.

---

111 BGHSt 5, 332 ff.; Meyer-Goßner (43. Aufl.), § 136a, Rn. 24.

112 BVerfG, NStZ 1981, 446 f. = **juris**byhemmer.

113 BGH, NJW 1999, 657 ff. = **juris**byhemmer.

Ist aber kein Einblick in das innere Seelenleben möglich, so kann ein Lügendetektortest auch nicht zu einem Eingriff in die Menschenwürde führen.

(2.) Das muss nach dem BGH umso mehr dann gelten, wenn der Beschuldigte durch einen derartigen Test seine Unschuld beweisen will. Denn ein diesbezügliches Verbot würde dann sogar dem Willen und den Interessen des Beschuldigten widersprechen. So liegt der Fall auch hier, da W dem Test ausdrücklich zugestimmt hat.

b) Verbotene Vernehmungsmethode i.S.d. § 136a I StPO

Allerdings könnte ein Lügendetektortest eine verbotene Vernehmungsmethode i.S.d. § 136a I StPO darstellen[114] und deswegen nach § 244 III S. 1 StPO abzulehnen sein. § 136a StPO will die Freiheit der Willensentschließung und Willensbetätigung des Beschuldigten schützen.

aa) Täuschung

Zunächst könnte es sich um eine Täuschung i.S.d. § 136a I S. 1 StPO handeln.

Dieser Begriff ist aber zu weit gefasst und muss einschränkend ausgelegt werden.[115] Nicht darunter fällt beispielsweise bloße kriminalistische List wie Fangfragen. Kleinere Irreführungen in den Testverfahren stellen jedenfalls keine relevante Täuschung dar.[116]

bb) Zwang

Doch führt ein Lügendetektortest auch nicht zu einem Zwang i.S.d. § 136a I S. 2 StPO. Denn ähnlich wie bei der Aussagefreiheit des Beschuldigten darf es vom Gericht nicht zu Lasten des Beschuldigten bewertet werden, wenn ein derartiger Test verweigert wird.

cc) Entsprechende Anwendung

Schließlich ist an eine analoge Anwendung des § 136a I StPO zu denken, wenn ein Lügendetektortest mit den dort genannten Vernehmungsmethoden vergleichbar wäre.

Das ist aber nicht der Fall. Zwar sind die körperlichen Reaktionen des Betroffenen für diesen nicht steuerbar. Allerdings darf das Gericht auch andere körperliche Reaktionen wie plötzliches Erröten oder Stottern und Unsicherheit während einer Aussage zu deren Beurteilung heranziehen. Von einer Bewusstseinseinengung wie bei der Verabreichung von Mitteln wie Wahrheitsdrogen oder bei Hypnose kann bei einem Lügendetektortest hingegen nicht gesprochen werden.

hemmer-Methode: Beachten Sie: Hier ist nach § 136a III S. 1 StPO eine Einwilligung des Beschuldigten jedenfalls unbeachtlich.

Demnach ist die Erhebung des Beweises mittels Lügendetektor nicht unzulässig. Der Beweisantrag ist nicht nach § 244 III S. 2 StPO zurückzuweisen.

---

[114] So Frister, ZStW 1994, 313 ff.

[115] Meyer-Goßner/Schmitt, § 136a, Rn. 12.

[116] BGH, NJW 1999, 659 = **juris**byhemmer.

2. Ablehnung wegen völliger Ungeeignetheit nach § 244 III S. 3 Nr. 4 StPO

Allerdings kann ein Beweisantrag abgelehnt werden, wenn das Beweismittel völlig ungeeignet ist, § 244 III S. 3 Nr. 4 StPO. Das ist der Fall, wenn sich das gewünschte Beweisergebnis mit dem Beweisantrag nach sicherer Lebenserfahrung nicht erzielen lässt (Meyer-Goßner/Schmitt, § 244 Rn. 58).

Allein Bedenken gegen ein Testverfahren genügen zwar noch nicht, um es wegen völliger Ungeeignetheit zurückzuweisen. In derartigen Fällen ist lediglich der Beweiswert gemindert.

Nach den oben gemachten Ausführungen stehen einem Lügendetektortest aber so tiefgreifende Bedenken entgegen, dass ihm auch nur ein geringfügiger Beweiswert oder eine lediglich indizielle Bedeutung nicht zukommt.

Ergebnis

Der Beweisantrag kann demnach nach § 244 III S. 3 Nr. 4 StPO wegen völliger Ungeeignetheit zurückgewiesen werden.

IV. Zusammenfassung

- Ein Lügendetektortest verstößt weder gegen die Menschenwürde des Betroffenen nach Art. 1 I GG, noch stellt er eine verbotene Vernehmungsmethode i.S.d. § 136a I StPO dar.
- Demzufolge kann ein Beweisantrag, nach dem ein Lügendetektortest notwendig wird, nicht nach § 244 III S. 2 StPO zurückgewiesen werden.
- Ein derartiger Beweisantrag kann aber nach § 244 III S. 3 Nr. 4 StPO zurückgewiesen werden.

V. Vertiefung

- **Die Originalentscheidung** finden Sie in Life&Law 1999, 237 ff. besprochen.

Fall 22: Schlafender Richter, ängstlicher Zeuge

Sachverhalt:

Gegen Achim (A) wird wegen räuberischer Erpressung verhandelt. Nach der Verlesung der Anklageschrift und der Belehrung über sein Schweigerecht fordert ihn der Richter Robert (R) auf, über seine persönlichen Verhältnisse zu berichten. Der R hatte aber eine sehr anstrengende Sitzungswoche hinter sich und war deshalb überarbeitet. Während der A weit ausholend über seine Kindheit auf dem Bauernhof erzählt, nickt R ab und zu für ein paar Sekunden ein.

Nachdem dieser langwierige Teil beendet war, trat das Gericht in die Beweisaufnahme ein. Zum Beweis der Schuld des A sollte der Zeuge Berti (B), welcher Opfer der Erpressung war, über das Erlebte aussagen. B hatte jedoch große Angst davor, in Gegenwart des A auszusagen. Er verwies auf die, auch aus der Anklageschrift hervorgehenden, Drohungen des A, er werde B „um die Ecke bringen", wenn er gegen ihn aussage. Daraufhin beschloss das Gericht gegen den Widerspruch des Verteidigers, den A für die Dauer der Zeugenvernehmung auszuschließen. Als Begründung wurde angegeben, dass zu befürchten sei, der Zeuge werde in Anwesenheit des Angeklagten nicht die Wahrheit sagen. Daraufhin wurde A aus dem Sitzungssaal geführt und nach der, durch den Verteidiger beantragten, Vereidigung des B wieder hereingeholt.

Frage: *Kann noch ein fehlerfreies Urteil ergehen?*

I. Einordnung

Gemäß § 226 StPO müssen die zur Urteilsfindung berufenen Personen während der gesamten Hauptverhandlung ununterbrochen anwesend sein. Ein Richter kann während der Verhandlung nicht ersetzt werden. Dies ist eine besondere Ausprägung des Mündlichkeits- und Unmittelbarkeitsgrundsatzes, da in § 261 StPO geregelt ist, dass Gegenstand der Urteilsfindung nur die aus dem Inbegriff der Hauptverhandlung geschöpfte Überzeugung sein kann.

hemmer-Methode: Dies gilt nicht für den Sitzungsvertreter der Staatsanwaltschaft. Es kann zu jedem Termin ein anderer Staatsanwalt erscheinen, es muss nur gewährleistet sein, dass ständig ein Vertreter präsent ist.

Ebenso ist die Anwesenheit des Angeklagten grundsätzlich während der gesamten Dauer der Hauptverhandlung erforderlich.

Dadurch soll gewährleistet werden, dass sich das Gericht einen umfassenden Eindruck von der Person des Angeklagten machen kann. Außerdem werden so das rechtliche Gehör und das Recht des Angeklagten auf allseitige, uneingeschränkte Verteidigung garantiert.

II. Gliederung

1. Problem: Das Einnicken des R

- § 226 StPO: ständige Anwesenheit der zur Urteilsfindung berufenen Personen

- Darunter ist grundsätzlich die körperliche Anwesenheit gemeint, jedoch gilt ein schlafender Richter als abwesend
- Dies gilt jedoch nicht bei jedem Schlafen, kurzes Einnicken ist unschädlich

2. Problem: Das Entfernen des Angeklagten während der Zeugenvernehmung

- § 231 StPO: grundsätzliche Anwesenheitspflicht des Angeklagten
- Aber es sind Ausnahmen möglich: Hier möglicherweise § 247 StPO einschlägig
- Dazu jedoch ausführliche Begründung erforderlich, hier (-)
- Aber möglicherweise Ausnahme wegen besonderer Beziehung zwischen Angeklagten und Zeugen, hier wohl auch (-)
- Außerdem Ausschluss nur für Dauer der Zeugenvernehmung, Vereidigung gehört nicht dazu

III. Lösung

1. Das kurze Einnicken des Richters

Das wiederholte Einnicken des Richters könnte dazu geführt haben, dass das Gericht nicht vorschriftsmäßig besetzt war und deshalb gegen § 226 StPO verstoßen worden ist.

Grundsätzlich müssen gemäß § 226 StPO alle zur Urteilsfindung berufenen Person während der gesamten Hauptverhandlung anwesend sein.

hemmer-Methode: Es kann also auch kein Richter ersetzt werden, der wegen Krankheit oder aus Altersgründen dem Verfahren nicht mehr beiwohnen kann. Dann müsste das komplette Verfahren vor dem neuen Richter nochmals durchgeführt werden. Um dies zu verhindern, kann der Vorsitzende gemäß § 192 II und III GVG das Hinzuziehen von Ergänzungsrichtern anordnen. Diese wohnen dem Verfahren von Anfang an bei und können dann für den verhinderten Richter einspringen.

Im vorliegenden Fall war der R die gesamte Dauer der Verhandlung über körperlich anwesend. Es ist deshalb fraglich, ob das Schlafen der körperlichen Abwesenheit gleichzustellen ist. Die Anwesenheit soll dem in § 261 StPO verankerten Unmittelbarkeitsgrundsatz Rechnung tragen, nach welchem nur Gegenstand der Urteilsfindung sein kann, was in der mündlichen Hauptverhandlung vorgetragen wurde.

Es soll also kein Urteil aufgrund Aktenlage möglich sein. Ein schlafender Richter muss aber, genauso wie ein abwesender, das Protokoll oder die Akten studieren, um sich einen Überblick über das Verpasste zu verschaffen. Deshalb ist der schlafende Richter einem körperlich abwesenden Richter gleichzustellen.

Im vorliegenden Fall war R jedoch nur ab und zu für einige Sekunden eingenickt. Nach dem BGH liegt nur dann ein „beachtliches Schlafen" vor, wenn der Richter so vom Schlaf übermannt wird, dass er während einer ins Gewicht fallenden Zeitspanne wesentliche Verfahrensvorgänge nicht mehr verfolgen kann.[117] R ist nur für einige Sekunden eingenickt und konnte wohl den Ausführungen des A trotzdem noch folgen.

[117] BGH, NStZ 1982, 41 = **juris**byhemmer.

Deshalb ist dieses kurze Einnicken nicht einer körperlichen Abwesenheit gleichzustellen und es liegt kein Verstoß gegen die ordnungsmäßige Besetzung des Gerichts vor.

hemmer-Methode: Zunächst würde man als einschlägigen Revisionsgrund an § 338 Nr. 5 StPO denken. Dieser wird aber von § 338 Nr. 1 StPO verdrängt, da die Abwesenheit eines Richters einen Besetzungsmangel darstellt. § 338 Nr. 5 StPO gilt dagegen für alle übrigen Beteiligten, welche grundsätzlich bei der Hauptverhandlung anwesend sein müssen, etwa der Angeklagte oder der Protokollbeamte.
Es sei noch auf eine – zum Teil amüsant anmutende – Entscheidung des BVerwG verwiesen, nach welcher immer genau zu prüfen ist, ob der Richter wirklich aus dem Schlaf hochschreckt oder nicht möglicherweise aufgrund neuer, überraschender Erkenntnisse.[118] Auch das Verschließen der Augen spreche nicht zwingend für einen Schlaf und könne auch nur der Konzentration förderlich gewesen sein.

2. Der Ausschluss des Angeklagten von der Zeugenvernehmung

Außerdem könnte das Verfahren fehlerhaft sein, weil A zeitweise von der Sitzung ausgeschlossen worden ist.

Aus § 231 StPO resultiert eine Anwesenheitspflicht des Angeklagten, welche aber auch mit einem Anwesenheitsrecht korrespondiert (vgl. auch § 230 I StPO). Der Angeklagte hat also ein Recht darauf, an der Hauptverhandlung teilzunehmen.

Im vorliegenden Fall wurde ihm dieses Recht für die Dauer der Vernehmung des B inklusive der Vereidigung vorenthalten. Fraglich ist, ob dies rechtmäßig war. Das ist dann der Fall, wenn eine Ausnahme von der Anwesenheitspflicht bzw. dem Anwesenheitsrecht des Angeklagten vorlag. Hier kommt eine solche Ausnahme nach § 247 StPO in Betracht.

a) Ausschließungsgrund

Zunächst müsste ein von § 247 StPO erfasster Ausschließungsgrund vorliegen.

aa) Das ist gemäß § 247 S. 1 StPO dann der Fall, wenn die Gefahr besteht, dass ein Zeuge in Anwesenheit des Angeklagten die Wahrheit nicht sagen werde. A hat dem B mit dem Tod gedroht. Nachdem B schon Opfer einer Attacke des A geworden ist, muss er diese Drohung auch ernst nehmen. Wenn er dies aber tut, besteht die nahe Gefahr, dass er lieber die Unwahrheit sagt, als sich der drohenden Gefahr auszusetzen.

bb) Außerdem liegt auch dann ein Ausschließungsgrund vor, wenn eine dringende Gefahr für den Gesundheitszustand des Zeugen besteht, § 247 S. 2, 2. Var. StPO. Im Sachverhalt gibt es keine Angaben dazu, wie gewalttätig der A ist oder wie schnell er auf den B zugreifen könnte. Deshalb lässt sich die dringende Gefahr nicht zweifelsfrei feststellen. Dies ist auch nicht notwendig, da der Ausschließungsgrund des § 247 S. 1 StPO bereits vorliegt.

b) Verfahren

Außerdem müsste ein ordnungsgemäßer Beschluss des Gerichts über den Ausschluss vorliegen.

[118] Life&Law 12/2001, XV.

Das ist dann der Fall, wenn in dem Beschluss angegeben ist, für welchen Teil der Hauptverhandlung der Angeklagte ausgeschlossen wird, welcher Fall des § 247 StPO vorliegt und welche konkreten Anhaltspunkte für den befürchteten Fall vorliegen.[119]

aa) Der Ausschluss des A wurde damit begründet, dass zu befürchten sei, der Zeuge werde in Anwesenheit des Angeklagten nicht die Wahrheit sagen. Dies entspricht dem Gesetzeswortlaut des § 247 S. 1 StPO. Ein solcher Ausschluss greift aber tief in die Rechte des Angeklagten ein. Deshalb darf die Begründung nicht allein in der Wiederholung des Gesetzeswortlauts bestehen, sondern es ist eine substantiierte Begründung erforderlich. Diese liegt nicht vor, weshalb der Ausschluss grundsätzlich fehlerhaft war.

bb) Das ist aber dann unschädlich, wenn eine solche Begründung im vorliegenden Fall entbehrlich war. Von einer solchen Entbehrlichkeit kann jedoch nur ausgegangen werden, wenn die Voraussetzungen des § 247 S. 1 StPO evident vorliegen. Dies ist dann der Fall, wenn sich aus den Personen des Zeugen und des Angeklagten und ihrer Beziehung zueinander ohne weiteres eine massive Furcht des Zeugen vor dem Angeklagten aufdrängt, die den Zeugen davon abhalten könnte, vollständige Angaben zu machen.[120] Dies wird man insbesondere bei schweren Sexualdelikten annehmen können. Im vorliegenden Fall gibt es aber keine Anhaltspunkte für eine solche besondere Beziehung zwischen A und B. Die Voraussetzungen des § 247 S. 1 StPO liegen bei einer „einfachen" räuberischen Erpressung nicht evident vor, so dass keine Ausnahme vom Begründungserfordernis anzunehmen ist. Der Beschluss war in insoweit fehlerhaft.

c) Das Verfahren nach dem Verlassen des Sitzungssaals

Ein Verfahrensverstoß könnte darüber hinaus darin zu sehen sein, dass das Gericht auch die Vereidigung des B in Abwesenheit des A durchgeführt hat.

Wenn nämlich die Abwesenheit des A während der Vereidigung nicht mehr von § 247 S. 1 StPO gedeckt war, läge ein Verstoß gegen § 230 I StPO vor.

In der Tat deckt § 247 S. 1 StPO nur den Ausschluss des Angeklagten für die Dauer der „Vernehmung".

Die Vernehmung ist aber denknotwendig beendet, bevor über weitere Verfahrensakte wie Vereidigung oder die Entlassung des Zeugen aus dem Zeugenstand verhandelt wird.[121] Dafür spricht insbesondere der Wortlaut des § 59 II S. 1 StPO, denn dieser setzt gerade voraus, dass die Vereidigung der Zeugen „nach ihrer Vernehmung" erfolgt.

Eine Ausnahme davon lässt die Rechtsprechung nur dann zu, wenn dem Zeugen die Enttarnung oder eine Gesundheitsgefährdung droht.[122]

hemmer-Methode: Zu beachten ist, dass dem Angeklagten auch dann ein Fragerecht gemäß § 240 II StPO zusteht, wenn dieser zu Recht von der Vernehmung des Zeugen aus dem Sitzungssaal ausgeschlossen wurde. Dann ist wie folgt in der Praxis zu verfahren: Nach der Zeugenaussage hat der Zeuge zunächst den Sitzungssaal zu verlassen, der Angeklagte ist mit der Aussage zu konfrontieren.

---

119 Meyer-Goßner/Schmitt, § 247 Rn. 14.

120 BGH, NStZ 1999, 419 = **juris**byhemmer = Life&Law 1999, 792.

121 Meyer-Goßner/Schmitt, § 247 Rn. 8.

122 BGHSt 37, 48 = **juris**byhemmer.

Hat der Angeklagte Fragen, kann er sie stellen, er muss dann wiederum den Sitzungssaal verlassen, während der Zeuge die Fragen beantwortet. Bei einem längeren Frage-Antwort-Prozess sind der Angeklagte und der Zeuge quasi abwechselnd im Sitzungssaal.

Eine solche Ausnahme liegt aber nicht vor, weshalb der A direkt nach der Vernehmung wieder in den Saal hätte geführt werden müssen. Der Ausschluss war also auch wegen der Abwesenheit des A bei der Vereidigung fehlerhaft.

hemmer-Methode: Beachten Sie bei der Formulierung in der Klausur, dass dann, wenn die Voraussetzungen des § 247 StPO nicht vorliegen, der Angeklagte nicht aus dem Sitzungszimmer hätte entfernt werden dürfen und damit ein Verstoß gegen dessen Anwesenheitsrecht gemäß § 230 StPO (und nicht gegen § 247 StPO!) vorliegt.

Die fortdauernde Abwesenheit eines nach § 247 StPO während einer Zeugenvernehmung entfernten Angeklagten bei der Verhandlung über die Entlassung des Zeugen begründet regelmäßig den absoluten Revisionsgrund des § 338 Nr. 5 StPO. Eine Heilung dieses Verstoßes gegen das Anwesenheitsrecht des Angeklagten ist insbesondere möglich, wenn der Angeklagte bei seiner Unterrichtung (auch auf Nachfrage) mitteilt, keine Fragen mehr an den Zeugen stellen zu wollen. Wünscht der Angeklagte dagegen in dieser Situation eine weitere Befragung des Zeugen, dann ist eine Heilung nur durch eine erneute Ladung des Zeugen und ergänzende Befragung möglich.[123]

[123] BGH, Beschluss vom 21.04.2010, GSSt 1/09 = Life&Law 2011, 41 ff.

IV. Zusammenfassung

- Die zur Urteilsfindung berufenen Personen müssen ununterbrochen an der Hauptverhandlung teilnehmen.
- Schlafende Richter werden den körperlich Abwesenden gleichgestellt.
- Ein revisionsrechtlich beachtlicher Schlaf liegt aber nur dann vor, wenn der Richter während einer nicht unerheblichen Zeitspanne wesentliche Verfahrensteile verschläft.
- Grundsätzlich hat der Angeklagte während des gesamten Verfahrens das Recht und die Pflicht, anwesend zu sein.
- Er kann aber nach § 247 S. 1 StPO ausgeschlossen werden, dann muss aber ein Ausschlussgrund vorliegen und das vorgeschriebene Verfahren muss eingehalten werden.
- Grundsätzlich bedarf es hierfür einer ausführlichen Begründung. Diese ist entbehrlich, wenn die Voraussetzungen evident vorliegen.
- Der Angeklagte ist unverzüglich nach dem Ende der Vernehmung und noch vor weiteren Verfahrensakten wie der Vereidigung des Zeugen wieder in den Sitzungssaal zurückzuführen.

V. Vertiefung

- **Zur Anwesenheit der Verfahrensbeteiligten**: Hemmer/Wüst, StPO, Rn. 220 ff.
- **Zur Frage, ob die Vereidigung des Zeugen ein „wesentlicher Teil“ der Hauptverhandlung ist**: BGH, NJW 2006, 2934 ff. = Life&Law 2006, 837 ff.

Fall 23: Schnaps statt Strafe?

Sachverhalt:

Der mehrfach einschlägig vorbestrafte Klaus (K) ist wegen Diebstahls angeklagt. Am Morgen des Tages der Hauptverhandlung betrinkt K sich bis zur Besinnungslosigkeit. Sturzbetrunken kommt er in den Gerichtssaal und legt sich auf die vorderste Zuschauerbank. K hofft, seine Bestrafung auf diese Weise hinauszögern zu können.

Richter Ronny (R) ist außer sich. Er befürchtet, dass K sich auch vor einem neu angesetzten Termin wieder derart betrinken könnte.

Frage: *Was kann R unternehmen?*

I. Einordnung

Mit dem Anwesenheitsrecht des Angeklagten korrespondiert eine Anwesenheitspflicht. Das ergibt sich aus den §§ 230, 231 StPO.

Allerdings sieht das Gesetz einige Ausnahmen von dieser Anwesenheitspflicht vor, vgl. §§ 231 II – 233, 247, 329 I, 350 II, 387 I, 411 II, 415 StPO.

II. Gliederung

Mögliche Maßnahmen gegen K

1. **Verhandlung in Anwesenheit des betrunkenen K?**

Aber: Körperliche Anwesenheit genügt nicht, der Verhandlungsunfähige gilt als abwesend

2. **Verhandlung in Abwesenheit des K?**

a) § 231 II StPO (-), weil noch keine Vernehmung über die Anklage

b) § 231a StPO (-), weil noch keine Gelegenheit zur Äußerung

c) § 232 StPO (-), weil eine höhere Strafe zu erwarten ist

3. **Weitere Maßnahmen nach § 230 II StPO**

a) Vorführung des K

b) Haftbefehl gegen K

c) Beachtung des Grundsatzes der Verhältnismäßigkeit

III. Lösung

R fragt sich, welche Maßnahmen er gegen den betrunkenen K ergreifen kann.

1. Verhandlung in Anwesenheit des betrunkenen K?

R könnte die Hauptverhandlung in Anwesenheit des betrunkenen K durchführen. Immerhin ist K ja im Sitzungssaal erschienen.

Allein die körperliche Anwesenheit des Angeklagten genügt insoweit aber nicht. Das ergibt sich aus dem Sinn und Zweck der Anwesenheitspflicht:

Sie soll das rechtliche Gehör des Angeklagten gewährleisten und dem Tatrichter die Möglichkeit geben, sich einen unmittelbaren Eindruck von der Person des Angeklagten, seinem Auftreten und seinen Erklärungen zu machen.[124]

Das ist aber bei dem Zustand des K nicht möglich.

§ 230 I StPO erfordert demnach, dass der anwesende Angeklagte auch verhandlungsfähig ist. Bereits bei Zweifeln an seiner Verhandlungsfähigkeit darf die Hauptverhandlung nicht gegen ihn durchgeführt werden.[125]

hemmer-Methode: Ein Verstoß würde zu einem absoluten Revisionsgrund des § 338 Nr. 5 StPO führen!

2. Verhandlung in Abwesenheit des K?

Möglicherweise kann R aber die Hauptverhandlung in Abwesenheit des K durchführen. Denn vom Grundsatz des § 230 I StPO bestehen gesetzlich geregelte Ausnahmen. Wegen der Bedeutung des Anwesenheitsrechts sind diese Ausnahmevorschriften jedoch eng auszulegen.[126]

a) § 231 II StPO

Eine solche Ausnahme ergibt sich aus § 231 II StPO. Trotz des Wortlauts ist diese Norm auch bei Herbeiführung der Verhandlungsunfähigkeit anwendbar.[127]

Allerdings müsste K dafür schon über die Anklage abschließend vernommen worden sein, was bisher nicht geschehen ist. Er muss nach § 243 IV S. 2 StPO umfassende Gelegenheit zur Äußerung gehabt haben. Das ist nicht der Fall, da bisher noch gar keine Hauptverhandlung stattgefunden hat. Ein Ausnahmefall des § 231 II StPO liegt demnach nicht vor.

b) § 231a StPO

Vor Abschluss der Sachvernehmung könnte eine Ausnahme nach § 231a I S. 1 StPO eingreifen. Die Hauptverhandlung kann ausnahmsweise ohne den Angeklagten durchgeführt werden, wenn dieser sich vorsätzlich oder schuldhaft in einen seine Verhandlungsfähigkeit ausschließenden Zustand versetzt hat und dadurch wissentlich die Durchführung der Hauptverhandlung verhindert. K hat sich gezielt betrunken, um eine Hauptverhandlung gegen ihn zu verhindern und eine Bestrafung hinauszuzögern.

Allerdings verlangt auch diese Ausnahmevorschrift, dass dem Angeklagten nach Eröffnung des Hauptverfahrens Gelegenheit gegeben wurde, sich zur Anklage zu äußern, vgl. § 231a I S. 2 StPO.

Eine solche Gelegenheit kann ihm zwar schon dann gegeben werden, wenn abzusehen ist, dass eine Verhandlung in seiner Abwesenheit in Betracht kommt. Auch das ist aber bisher nicht geschehen.

hemmer-Methode: Beachten Sie zur Abgrenzung von § 231 II StPO und § 231a StPO genau den Wortlaut der Vorschriften. § 231 II StPO spricht von der Vernehmung in der Haupt*verhandlung*. Kommt es schon vorher zur Verhandlungsunfähigkeit, gilt § 231a StPO.

---

[124] BGHSt 3, 190; 26, 90.
[125] Meyer-Goßner/Schmitt, § 230 Rn. 8.
[126] Beulke, Rn. 122.
[127] Meyer-Goßner/Schmitt, § 231 Rn. 17.

Auch dann ist aber eine Vernehmung zumindest im Haupt*verfahren* erforderlich. Nur so kann dem Anspruch auf rechtliches Gehör (Art. 103 I GG) genügt werden.

Wenn R davon ausgeht, dass K sich auch vor einem neu anzusetzenden Termin betrinkt, könnte er ihm eine solche Gelegenheit zur Stellungnahme im Hauptverfahren geben. Anschließend könnte er durch einen Beschluss nach § 231a III S. 1 StPO die Durchführung der Hauptverhandlung ohne K anordnen. Dazu müsste zuvor ein Sachverständiger gehört werden.

Allerdings könnte K sich auch vor der Gelegenheit zur Äußerung betrinken und verhandlungsunfähig machen. Denn auch dafür ist die Verhandlungsfähigkeit erforderlich.[128] Dann wäre eine Hauptverhandlung ohne seine Anwesenheit wieder nicht möglich.

b) § 232 StPO

Auch ein Ausnahmefall des § 232 StPO liegt nicht vor, da jedenfalls bei dem bereits einschlägig vorbestraften K eine höhere Strafe als die in dieser Norm genannten Strafen zu erwarten ist.

Die Durchführung der Hauptverhandlung ohne K kommt demnach derzeit nicht in Betracht.

3. Weitere Maßnahmen nach § 230 II StPO

§ 230 II StPO gibt dem R jedoch weitere Maßnahmen an die Hand, die er gegen K ergreifen könnte.

Erforderlich dafür ist, dass der Angeklagte sein Ausbleiben oder das dem entsprechende Verhalten (hier: Verhandlungsunfähigkeit) nicht genügend entschuldigt. Maßgeblich ist, ob dem Angeklagten unter Abwägung aller Umstände des Falls billigerweise ein Vorwurf gemacht werden kann.[129] Bei vorsätzlichem Sich-Betrinken ist das jedenfalls der Fall.

a) Vorführung des K

Zunächst kommt eine Vorführung des K nach §§ 230 II 1. Var., 134 f. StPO in Betracht. Die Vorführungsanordnung müsste dann von der Staatsanwaltschaft nach § 36 II S. 1 StPO vollstreckt werden.

Allerdings ist zu beachten, dass eine zwangsweise Vorführung zum Gerichtstermin ebenfalls von K verhindert werden kann, wenn er sich am Morgen vor der nächsten Verhandlung betrinkt. Damit muss auch gerechnet werden, da er sich ja gerade absichtlich betrunken hat.

b) Haftbefehl gegen K

Schließlich kommt ein Haftbefehl gegen K in Betracht. K könnte dann in Haft genommen werden. Ein derartiger Haftbefehl setzt weder einen dringenden Tatverdacht noch einen Haftgrund i.S.d. §§ 112, 112a StPO voraus.[130]

Auf diese Weise könnte auch verhindert werden, dass K sich vor einer neuen Verhandlung wiederum betrinkt. Nimmt man ihn nämlich rechtzeitig in Haft, hat er keinen Zugang zu Alkohol, so dass er zum Zeitpunkt der Hauptverhandlung verhandlungsfähig sein wird.

---

128 Meyer-Goßner/Schmitt, § 231a Rn. 12.

129 Meyer-Goßner/Schmitt, § 230 Rn. 16.

130 Meyer-Goßner/Schmitt, § 230 Rn. 21.

c) Verhältnismäßigkeit

Allerdings ist bei diesen Zwangsmitteln der Grundsatz der Verhältnismäßigkeit zu wahren.

hemmer-Methode: Das gilt nicht nur im Strafprozess, sondern auch in anderen Rechtsgebieten: Zwangsmaßnahmen sind immer am Grundsatz der Verhältnismäßigkeit zu messen!

Zwar ist der weniger einschneidende Vorführungsbefehl dem Haftbefehl grundsätzlich vorzuziehen, dieser verspricht hier aber nicht ausreichend Erfolg, s.o. Allerdings muss die Vollstreckbarkeit des Haftbefehls zeitlich begrenzt werden, um dem Verhältnismäßigkeitsgrundsatz Genüge zu tun. Vorliegend dürfte es ausreichend sein, den K am Tag vor der nächsten mündlichen Verhandlung in Haft zu nehmen.

hemmer-Methode: Eine andere Ansicht wäre mit dem Argument, dass keine konkreten Anhaltspunkte dafür vorliegen, dass sich K auch vor dem nächsten Verhandlungstermin betrinken wird, ebenfalls vertretbar gewesen. Andererseits droht K ja wegen der zeitlichen Begrenzung der Vollstreckbarkeit nur eine Nacht im Gefängnis.

IV. Zusammenfassung

- Grundsätzlich muss der Angeklagte während der Hauptverhandlung anwesend sein; mit seiner Anwesenheitspflicht korrespondiert ein Anwesenheitsrecht.
- Dabei genügt die körperliche Anwesenheit des Angeklagten nicht, vielmehr muss dieser auch verhandlungsfähig sein.
- Die StPO regelt einige Ausnahmen, unter denen eine Hauptverhandlung auch ohne Anwesenheit des Angeklagten möglich ist.
- Zudem können nach § 230 II StPO ggf. Zwangsmittel angewandt werden, wenn der Angeklagte sein Ausbleiben nicht genügend entschuldigt.

Fall 24: Danke, Anke!

Sachverhalt:

Gegen Nikolaus (N) wird wegen schwerer Körperverletzung verhandelt. Die einzige Belastungszeugin ist Anke (A). Bei der Vernehmung durch die Staatsanwaltschaft im Ermittlungsverfahren hat sie erklärt, dass sie und N planen, sich zu verloben.

Dies wird in der Hauptverhandlung nicht weiter beachtet und A wird zur Sache vernommen. Während der Vernehmung wird deutlich, dass sich A als Teilnehmerin der Straftat strafbar gemacht hat. Trotzdem wird sie nicht über ein Auskunftsverweigerungsrecht belehrt. Aufgrund der Aussage der A ist das Gericht von der Schuld des N überzeugt.

Frage: *Kann das Gericht sein Urteil auf diese Aussage stützen?*

I. Einordnung

In diesem und den nachfolgenden Fällen geht es um die Frage, ob Beweismittel als Grundlage des Urteils verwendet werden können. Wegen der in Art. 6 II EMRK festgelegten Unschuldsvermutung muss das Gericht von der Schuld des Angeklagten überzeugt sein, wenn es ihn verurteilen will. Bei Zweifeln ist der Angeklagte (in dubio pro reo) freizusprechen. Deshalb ist es von besonderer Wichtigkeit, ob ein Beweismittel, welches den Angeklagten stark belastet, überhaupt im Prozess verwendet werden darf.

Grundsätzlich gelten im Strafverfahren der Untersuchungsgrundsatz aus § 244 II StPO und der Grundsatz der freien Beweiswürdigung aus § 261 StPO. Das Gericht ist verpflichtet, alle denkbaren Maßnahmen zur Erforschung der Wahrheit zu ergreifen. Dies kann natürlich nicht schrankenlos sein. Die Rechte des Angeklagten bilden die logischen Schranken dieser Grundsätze.

Damit diese Rechte nicht verletzt oder unterlaufen werden, hat das Gesetz verschiedene Beweisverbote normiert.

Man unterscheidet dabei zwischen Beweiserhebungs- und Beweisverwertungsverboten.

Beweiserhebungsverbote regeln, wann bestimmte Beweise nicht erhoben werden dürfen, insbesondere werden bestimmte Beweisthemen, Beweismethoden oder Beweismittel untersagt.

hemmer-Methode: Zu solchen Beweiserhebungsverboten gehören die Zeugnisverweigerungsrechte der §§ 52 ff. StPO und das Verbot bestimmter Vernehmungsmethoden in § 136a StPO. Sie sind meistens als Voraussetzung eines Beweisverwertungsverbotes zu prüfen.

Beweisverwertungsverbote verbieten dagegen die Berücksichtigung von Tatsachen im Urteil, die durch ein bestimmtes Beweismittel bereits festgestellt worden sind. Man unterscheidet zwischen selbständigen und unselbständigen Beweisverwertungsverboten. Selbständige Beweisverwertungsverbote verbieten dem Richter die Berücksichtigung der Tatsachen auch bei ordnungsgemäßer Erhebung, unselbständige sind Folge eines Beweiserhebungsverbotes.

Vorab sei noch angemerkt, dass nicht jeder Verstoß gegen ein Beweiserhebungsverbot auch ein Beweisverwertungsverbot nach sich zieht. Dies ist immer eine Frage des Einzelfalls.

II. Gliederung

1. Beweisverwertungsverbot wegen des Quasi-Verlöbnisses

- Verlobten steht ein Zeugnisverweigerungsrecht aus § 52 I Nr. 1 StPO zu
- Angehörige sind über dieses Recht zu belehren, § 52 III S. 1 StPO; wenn dies unterbleibt, liegt ein Beweisverwertungsverbot vor, außer wenn der Angehörige sein Recht kennt
- § 52 I Nr. 1 StPO ist nicht anwendbar bei einem Quasi-Verlöbnis

2. Beweisverwertungsverbot wegen des Verstoßes gegen § 55 II StPO

- Gemäß § 55 II StPO ist ein Zeuge über sein Auskunftsverweigerungsrecht zu belehren
- Ob aus einem Verstoß gegen § 55 II StPO ein Beweisverwertungsverbot resultiert, ist umstritten, nach der h.M. (-)

III. Lösung

1. Beweisverwertungsverbot wegen eines Verstoßes gegen § 52 III S. 1 StPO

Zunächst könnte sich aus einer Verletzung des § 52 III S. 1 StPO ein Beweisverwertungsverbot ergeben.

Dazu müsste A ein Zeugnisverweigerungsrecht aus § 52 StPO gehabt haben und ein Verstoß gegen § 52 III S. 1 StPO müsste überhaupt ein unselbständiges Beweisverwertungsverbot nach sich ziehen.

a) Beweisverwertungsverbot bei Verstoß gegen § 52 III S. 1 StPO?

Eine genauere Untersuchung, ob ihr tatsächlich ein Zeugnisverweigerungsrecht zustand, kann dann dahinstehen, wenn ein möglicher Verstoß überhaupt kein Beweisverwertungsverbot zur Folge hätte.

hemmer-Methode: Die Frage nach einem möglichen Beweisverwertungsverbot wird hier aus didaktischen und klausurtaktischen Gründen vorgezogen. So kann die Problematik umfassend abgehandelt werden.

Ob sich aus einem Verstoß gegen ein Beweiserhebungsverbot auch ein unselbständiges Beweisverwertungsverbot ergibt, kann nicht pauschal geklärt werden. Es kommt auf eine umfassende Interessenabwägung an, bei der insbesondere das Interesse an einer funktionstüchtigen Strafrechtspflege, das Gewicht der verfolgten Tat und die Intensität des Eingriffs beim Betroffenen berücksichtigt werden müssen.[131] Bei den unselbständigen Beweisverwertungsverboten kommt es besonders darauf an, welchen Schutzzweck das verletzte Beweiserhebungsverbot verfolgt,[132] insbesondere, ob es den Rechtskreis des Angeklagten schützen soll (Rechtskreistheorie).[133]

---

[131] BGHSt 19, 325 = **juris**byhemmer.
[132] BGHSt 38, 214 = **juris**byhemmer.
[133] BGHSt 11, 213.

hemmer-Methode: Bei der Beantwortung der Frage, ob ein Beweisverwertungsverbot vorliegt oder nicht, kommt es auf eine saubere Argumentation und nicht so sehr auf Wissen an. Trotzdem hilft es, die Rechtsprechung zu den hier behandelten Fällen zu kennen.

Fraglich ist, ob ein Verstoß gegen § 52 III S. 1 StPO nach diesen Kriterien zu einem Beweisverwertungsverbot führen würde. Schutzzweck des § 52 StPO ist es, den inneren Familienfrieden zu wahren und einen inneren Zwiespalt des Zeugen zu verhindern.[134] Daraus folgt, dass kein Beweisverwertungsverbot besteht, wenn die Belehrung unterblieben ist, der Zeuge sein Zeugnisverweigerungsrecht jedoch kannte und auch trotz Belehrung ausgesagt hätte.[135]

hemmer-Methode: Daran können Sie erkennen, dass die Vorschriften nicht bloßer Selbstzweck sind. Eine Zeugenaussage soll nur dann unverwertbar sein, wenn wirklich eine Konfliktsituation bestand.

Im vorliegenden Fall deutet nichts darauf hin, dass A ihr mögliches Recht kannte.

Deshalb liegt ein Beweisverwertungsverbot vor, wenn sie ein Zeugnisverweigerungsrecht hatte.

b) Zeugnisverweigerungsrecht bei Quasi-Verlobung?

Fraglich ist, ob auch bei einer Quasi-Verlobung ein Zeugnisverweigerungsrecht nach § 52 I Nr. 1 StPO besteht. Das Verlöbnis ist ein, nicht unbedingt öffentliches, gegenseitiges und von beiden Seiten ernst gemeintes Eheversprechen.[136] Es muss keiner Form entsprechen und es ist auch keine Bestätigung notwendig. Es muss noch nicht einmal ein Ring getauscht werden. Es ist also sehr schnell und einfach möglich, sich zu verloben. Die tatsächlichen Voraussetzungen sind vom Gericht schwer nachzuprüfen, insbesondere der ernsthafte Wille. Deshalb ist es nicht angebracht, den § 52 I Nr. 1 StPO noch weiter auszudehnen und so dem Missbrauch Vorschub zu leisten. Zumindest ein zivilrechtlich wirksames Verlöbnis ist demnach Voraussetzung für ein Zeugnisverweigerungsrecht.

hemmer-Methode: Insbesondere bei Verhandlungen gegen Zuhälter kommt es häufig vor, dass der Angeklagte über Nacht eine enge Beziehung zu einem seiner Mädchen aufbaut und beide kurze Zeit später, natürlich noch vor der Verhandlung, verlobt sind.

A hatte kein Zeugnisverweigerungsrecht und musste deshalb nicht gemäß § 52 III S. 1 StPO belehrt werden.

2. Beweisverwertungsverbot wegen der unterbliebenen Belehrung der A nach § 55 II StPO

Ein Beweisverwertungsverbot könnte sich aber auch noch deshalb ergeben, weil A nicht über ihr Auskunftsverweigerungsrecht aus § 55 II StPO belehrt worden ist.

---

[134] BGHSt 11, 213.

[135] BGHSt 40, 339 = **juris**byhemmer.

[136] Vgl. zu den Voraussetzungen der einzelnen Fälle des § 52 StPO Meyer-Goßner/Schmitt, § 52 Rn. 3 ff.

§ 55 I StPO ist ein Ausdruck des allgemeinen Nemo-tenetur-Grundsatzes, nach welchem sich niemand selbst belasten muss. Außerdem soll er den Zeugen vor seelischen Zwangslagen schützen.

Im vorliegenden Fall wurde A weder vor noch während ihrer Vernehmung über dieses Auskunftsverweigerungsrecht belehrt. Es ist nun fraglich, ob sich aus diesem Verstoß ein Beweisverwertungsverbot ergibt.

a) Literatur

Nach einer in der Literatur weit verbreiteten Meinung soll ein Verstoß gegen § 55 II StPO zu einem umfassenden Beweisverwertungsverbot führen.[137] Begründet wird dies damit, dass jeder Verstoß gegen eine Vorschrift der StPO den Rechtskreis des Angeklagten berührt. Außerdem soll § 55 StPO auch vor Falschaussagen schützen, da der Zeuge nicht zu seinen Lasten aussagen wird.

b) Rechtsprechung

Diesem Ansatz ist die Rechtsprechung entgegengetreten. Gerade für diesen Fall hat sie die Rechtskreistheorie entwickelt.[138] Nach dem oben dargestellten Schutzzweck des § 55 StPO soll er gerade nicht den Angeklagten schützen, sondern nur den Zeugen. Deshalb betrifft ein Verstoß nicht die Rechtssphäre des Angeklagten. Außerdem muss das Interesse des Angeklagten an der Einhaltung des § 55 StPO hinter dem Interesse der Allgemeinheit an einer funktionstüchtigen Strafrechtspflege zurückstehen.

Dem ist zu folgen, es liegt kein Beweisverwertungsverbot vor.

hemmer-Methode: In einem Folgeverfahren gegen den Zeugen selbst kann ein Verstoß in Hinblick auf den Grundsatz des fairen Verfahrens allerdings ein Verwertungsverbot begründen.[139] Insoweit dient § 55 StPO gerade dem Schutz des Zeugen, welcher nunmehr selbst Beschuldigter ist.

Die Aussage der A kann bei der Urteilsfindung verwendet werden.

IV. Zusammenfassung

- Bei der Beurteilung der Verwendungsfähigkeit von Beweisen muss man zwischen Beweiserhebungsverboten und Beweisverwertungsverboten unterscheiden.
- Selbständige Beweisverwertungsverbote ergeben sich aus der StPO oder aus dem Grundgesetz, unselbständige aus einem Verstoß gegen ein Beweiserhebungsverbot und einer umfassenden Interessenabwägung.
- Bei einem Verstoß gegen § 52 III S. 1 StPO liegt immer dann ein Beweisverwertungsverbot vor, wenn der Zeuge sein Recht nicht kannte.
- Ein Verstoß gegen § 55 II StPO führt zu keinem Beweisverwertungsverbot im Verfahren gegen den Angeklagten, da er nicht den Angeklagten, sondern den Zeugen schützen soll.

137 Roxin/Schünemann, § 24, Rn. 48.
138 BGHSt 11, 218.
139 BayObLG, NJW 1984, 1246 f. = **juris**byhemmer.

V. Vertiefung

- **Allgemein zur Systematik bei Beweisverwertungsverboten**: Hemmer/Wüst, StPO, Rn. 359 ff., sowie Berberich/Löper, Life&Law 2014, 922 ff.
- **Zur Reichweite des Auskunftsverweigerungsrechts, § 55 StPO**: Straftaten, die erst durch die Aussage selbst begangen werden, begründen kein Auskunftsverweigerungsrecht des Zeugen gem. § 55 StPO. Die Vorbereitung eines Schriftstücks durch einen Zeugen, um es in der Hauptverhandlung vorzulesen, ist nicht der Beginn des Versuchs einer Strafvereitelung; es liegt nur eine straflose Vorbereitungshandlung vor. Vgl. BGH, 1 StR 359/11 - Beschluss vom 22. 03.2012 = Life&Law 2012, 495 ff. = **juris**byhemmer.
- **Zur Reichweite des Zeugnisverweigerungsrechts, § 52 StPO**: In einem Verfahren gegen mehrere Beschuldigte kann der Angehörige eines Beschuldigten im Hinblick auf die Zwangslage, in der er sich befindet, das Zeugnis in vollem Umfang verweigern, wenn die Aussage auch seinen Angehörigen betrifft. Erforderlich ist, dass in irgendeinem Verfahrensabschnitt, also auch im Ermittlungsverfahren, ein gegen mehrere Beschuldigte gerichtetes, zusammenhängendes einheitliches Verfahren in Bezug auf dieselbe Tat im Sinne des historischen Geschehens anhängig war. Unterbleibt die Belehrung entgegen § 52 III StPO und ist dieser Verfahrensverstoß auch nicht anderweitig geheilt worden, besteht für die Angaben des Zeugen grundsätzlich ein Beweisverwertungsverbot. Vgl. BGH, Beschluss vom 08.12.2011, 4 StR 500/11 = Life&Law 2012, 342 ff. = **juris**byhemmer.
- **Zur Reichweite des Zeugnisverweigerungsrechts, § 52 StPO:** Das Zeugnisverweigerungsrecht, das der Angehörige eines Beschuldigten im Verfahren gegen einen Mitbeschuldigten hat, erlischt, wenn das gegen den angehörigen Beschuldigten geführte Verfahren rechtskräftig abgeschlossen wird. Dies gilt auch bezüglich solcher Tatvorwürfe, hinsichtlich derer das Verfahren gem. § 154 I oder II StPO eingestellt worden ist. Vgl. BGH, Beschluss vom 30.04.2009, 1 StR 745/08 = Life&Law 2010, 390 ff. = **juris**byhemmer.

Fall 25: Doktor Alban spricht

Sachverhalt:

Tobias (T) steht wegen des Verdachts auf gefährliche Körperverletzung vor Gericht. Laut Anklageschrift soll er seine Ehefrau Evelyn (E) mit einem Baseballschläger geschlagen haben. Nach der Tat konnte T allerdings seine Frau davon überzeugen, dass er dies nie wieder tun werde. Daraufhin verweigert die E die Aussage. Nun soll zum Beweis der Verletzungen der E der behandelnde Arzt Alban (A) vernommen werden. Die E hat ihn aber ausdrücklich nicht von seiner Schweigepflicht befreit und er wurde auch nicht über ein Zeugnisverweigerungsrecht belehrt. A sagt trotzdem zur Sache aus.

Frage: *Kann die Aussage des A verwertet werden?*

Abwandlung:

Wie wäre es, wenn der A ein Amtsarzt wäre und keine Aussagegenehmigung eingeholt hätte?

I. Einordnung

§ 53 StPO gibt bestimmten Berufsgruppen, welche ein besonderes Vertrauensverhältnis mit dem Angeklagten verbindet, ein Zeugnisverweigerungsrecht. Der Schutz dieses Vertrauensverhältnisses wird materiellrechtlich durch § 203 StGB geschützt.

hemmer-Methode: Zu beachten ist, dass die in § 53 StPO und § 203 StGB erfassten Berufsgruppen nur teilweise identisch sind, die materiell-rechtliche Schweigepflicht also nur teilweise auf prozessualer Ebene abgesichert ist. Ein Vertreter einer Berufsgruppe, die zwar in § 203 StGB, nicht aber in § 53 StPO genannt ist, bleibt bei einer Aussage nur dann straffrei, wenn ein Rechtfertigungsgrund im Sinne des § 34 StGB vorliegt. Das ist insbesondere dann der Fall, wenn das Interesse der Öffentlichkeit an der Strafverfolgung das Interesse des Angeklagten an der Geheimhaltung überwiegt.[140]

Damit darf der Berufsgeheimnisträger materiellrechtlich nicht aussagen, prozessrechtlich muss er nicht. Tut er es dennoch, macht er sich nach § 203 StGB strafbar.

Dann ergibt sich die hier problematische Frage, ob eine solche Aussage verwertbar ist oder ob ein Beweisverwertungsverbot dem entgegensteht.

II. Gliederung

1. Ausgangsfall: Kann die Aussage des A verwertet werden?

- A wurde nicht über sein Zeugnisverweigerungsrecht aus § 53 StPO belehrt, dies ist aber unschädlich, da ein Berufsgeheimnisträger seine Rechte kennt
- A hat durch seine Aussage gegen § 203 StGB verstoßen. Fraglich, ob dies zu einem Beweisverwertungsverbot führt

[140] Meyer-Goßner/Schmitt, § 53 Rn. 5.

⇨ Literatur: es besteht ein Beweisverwertungsverbot wegen des Gebots der Einheitlichkeit von prozessualem und materiellem Recht

⇨ Rechtsprechung: kein Beweisverwertungsverbot, da die Strafbarkeit nach § 203 StGB allein den Risikobereich des Zeugen betrifft

2. Abwandlung: Ändert der Beamtenstatus des A etwas am Ergebnis?

A verstößt auch noch gegen § 54 I StPO; dieser dient jedoch lediglich dem öffentlichen Interesse an Geheimhaltung; deshalb besteht kein Beweisverwertungsverbot

II. Lösung

1. Lösung Ausgangsfall

Es ist fraglich, ob die Aussage des A verwertet werden kann, oder ob ein Beweisverwertungsverbot entgegensteht. Ein solches könnte sich aus der unterbliebenen Belehrung über ein Zeugnisverweigerungsrecht oder aus dem Verstoß des A gegen § 203 StGB ergeben.

a) Die unterbliebene Belehrung

Zunächst ist zu klären, ob sich ein Beweisverwertungsverbot aus der unterbliebenen Belehrung des A über sein Zeugnisverweigerungsrecht ergibt.

Dazu müsste ihm aber überhaupt ein solches Recht zugestanden haben. A ist Arzt und hat während der Behandlung seiner Patientin Kenntnis von ihrem körperlichen Zustand erlangt. Damit stand ihm ein Zeugnisverweigerungsrecht nach § 53 I S. 1 Nr. 3 StPO zu.

Eine fehlende Belehrung ist aber nur dann schädlich, wenn sie überhaupt vorgesehen ist. Das ist hier aber nicht der Fall. Das Gesetz sieht keine Belehrung über ein Zeugnisverweigerungsrecht aus § 53 StPO vor. Der Grund dafür ist, dass die Berufsgeheimnisträger dieses Recht kennen müssen und deshalb nicht schutzbedürftig sind. Damit war A gar nicht zu belehren.

b) Beweisverwertungsverbot wegen des Verstoßes gegen § 203 StGB

Es könnte sich ein Beweisverwertungsverbot ergeben, weil A sich möglicherweise gemäß § 203 StGB strafbar gemacht hat.

A hat ohne die nach § 53 II S. 1 StPO erforderliche Befreiung von der Schweigepflicht ausgesagt und sich deshalb möglicherweise nach § 203 StGB strafbar gemacht. Ob er im vorliegenden Fall tatsächlich strafbar ist oder nicht, kann dahinstehen, wenn sich auch im Falle einer Strafbarkeit kein Beweisverwertungsverbot ergeben würde.

hemmer-Methode: Grundsätzlich macht sich ein Arzt strafbar, wenn er ohne Befreiung von der Schweigepflicht aussagt. Dies gilt jedoch nicht, wenn er nach § 34 StGB gerechtfertigt handelt. Das ist vor allem dann der Fall, wenn die erforderliche Güter- und Interessenabwägung zu dem Ergebnis kommt, dass das Geheimhaltungsinteresse hinter anderen zu schützenden Rechtsgütern zurückstehen muss, wie zum Beispiel bei einer schweren Misshandlung eines Kindes.[141]

141 OLG Köln, NJW 2000, 3656 = jurisbyhemmer.

aa) Rechtsprechung

Nach der Rechtsprechung kann eine solche Aussage verwertet werden.[142] § 53 StPO befreit den Berufsgeheimnisträger nur von der allgemeinen Zeugenpflicht, vor Gericht auszusagen. Er wird dadurch vor einer möglichen Strafbarkeit nach § 203 StGB geschützt. Wenn er sich bewusst dafür entscheidet, seine Schweigepflicht zu verletzen, dann fällt dies ausschließlich in den Risikobereich des Zeugen. Dadurch kann die gerichtliche Aufklärungspflicht aus § 244 II StPO nicht eingeschränkt werden. Außerdem kann der Richter auch gar nicht immer entscheiden, ob eine Strafbarkeit nach § 203 StGB überhaupt vorliegt, da die erforderliche Interessenabwägung nur durch umfassende Beweiserhebung zu bewerkstelligen ist.

bb) Literatur

Gegen eine solche Auffassung kann man sich aber mit dem Gebot der Einheitlichkeit von materiellem und prozessualem Recht wenden. Außerdem verfolgen sowohl § 53 StPO als auch § 203 StGB denselben Normzweck, nämlich den Schutz der Privat- und Intimsphäre des Betroffenen. Darüber hinaus trifft das Gericht eine allgemeine Fürsorgepflicht gegenüber allen Verfahrensbeteiligten, und in § 383 III ZPO ist für diesen Fall ein entsprechendes Verbot normiert.

Deshalb ist nach einer in der Literatur weit verbreiteten Auffassung dem Vertrauensschutz der Vorrang einzuräumen.[143]

Eine Aussage, welche unter Verstoß gegen die von § 203 StGB erfasste Schweigepflicht zustande kam, unterliegt dieser Ansicht nach einem Beweisverwertungsverbot.

cc) Streitentscheid

Wegen der unterschiedlichen Ergebnisse muss ein Streitentscheid erfolgen. Die Regelung des § 383 III ZPO kann nicht als Argument herangezogen werden, da ein Strafverfahren einen anderen Stellenwert hat als ein Zivilverfahren. Im Strafverfahren gilt die umfassende gerichtliche Aufklärungspflicht, und es besteht ein besonderes öffentliches Interesse an einer funktionstüchtigen Strafverfolgung. § 53 StPO berechtigt den Berufsgeheimnisträger, die Aussage zu verweigern, er verpflichtet ihn nicht dazu, es ist – wie es der Wortlaut des § 53 StPO nahe legt – seine Entscheidung. Durch die Aussage wird das Vertrauen des Betroffenen zu dem Berufsgeheimnisträger zerstört und in seine Privatsphäre eingegriffen. Dies geschieht aber in jedem Fall, egal ob die Aussage verwertet wird oder nicht. Es ist kein Grund ersichtlich, warum auch noch der Angeklagte davon profitieren soll. Das Interesse an der Strafverfolgung überwiegt in einem solchen Fall. Der Rechtsprechung ist demnach zu folgen.

Die Aussage ist also trotz eines möglichen Verstoßes gegen die Schweigepflicht verwertbar.

2. Lösung Abwandlung

In der Abwandlung ist A auch noch Beamter. Daraus könnte sich zudem ein Verstoß gegen § 54 StPO ergeben.

---

142 BGHSt 9, 59.

143 Roxin/Schünemann, § 26, Rn. 22.

Gemäß § 54 I StPO benötigt jeder Richter, Beamter oder anderer Angestellter im öffentlichen Dienst für Zeugenaussagen, welche ihre Pflicht zur Amtsverschwiegenheit betreffen, eine Genehmigung.

Eine solche liegt hier nicht vor.

Fraglich ist, ob sich aus diesem Verstoß ein Beweisverwertungsverbot ergibt.

Dem Wortlaut nach handelt es sich um ein Beweiserhebungsverbot, deshalb muss durch eine umfassende Interessenabwägung, insbesondere unter Berücksichtigung des Schutzzwecks der Norm, ermittelt werden, ob sich daraus ein unselbständiges Beweisverwertungsverbot ergibt.

§ 54 StPO trägt dem Interesse des Staates an der Geheimhaltung gewisser Daten und Informationen Rechnung. Es soll also das staatliche Dienstgeheimnis geschützt werden und nicht der Angeklagte (vgl. dazu Meyer-Goßner/Schmitt, § 54 Rn. 1 m.w.N.). Es ist also kein Grund ersichtlich, warum das Interesse des Angeklagten überwiegen sollte. Aus dem Verstoß ergibt sich kein Beweisverwertungsverbot.

hemmer-Methode: Auch im Rahmen des § 54 StPO ist keine Belehrung über das Zeugnisverweigerungsrecht vorgesehen, denn auch diese Personen kennen ihr Zeugnisverweigerungsrecht. Sollte dies jedoch ausnahmsweise nicht der Fall sein und erkennt das Gericht dies, hat es den Zeugnisverweigerungsberechtigten über sein Schweigerecht zu belehren.

IV. Zusammenfassung

- Personen, welche nach §§ 53, 53a und § 54 StPO zur Zeugnisverweigerung berechtigt sind, müssen nicht über dieses Recht belehrt werden.
- Eine Aussage, welche unter einem Verstoß gegen § 203 StGB gemacht wurde, kann trotzdem verwertet werden. Die gerichtliche Aufklärungspflicht aus § 244 II StPO wird nicht berührt. Die Strafbarkeit aus § 203 StGB ist das Risiko des Aussagenden.
- Auch eine Aussage, die ohne die nach § 54 StPO erforderliche Genehmigung gemacht wurde, kann verwertet werden, da § 54 StPO nur das Dienstgeheimnis des Staates schützen will.

V. Vertiefung

- **Zu den Problemkreisen der §§ 53 ff. StPO**: Hemmer/Wüst, StPO, Rn. 375 ff.
- **Zum Verwertungsverbot bei „Datendiebstahl“**: Der gegebenenfalls strafbare Ankauf von Beweismitteln (hier: Dokumente, welche Steuerhinterziehung belegen) führt grundsätzlich nicht dazu, dass im Strafverfahren hinsichtlich der Beweismittel ein Beweisverwertungsverbot angenommen werden müsste. Siehe dazu LG Bochum, Beschluss vom 07.08.2009, 2 Qs 2/09 = Life&Law 2010, 168 ff.

Fall 26: Geständnis aus Reue

Sachverhalt:

Gegen Bianca (B) wird ein Ermittlungsverfahren wegen schweren Raubes durchgeführt. Die erste Vernehmung führt Polizeimeister Paul (P) durch. Er fängt sofort an, der B ins Gewissen zu reden und stellt ihr die Situation des Opfers sehr plastisch dar. Daraufhin wird B weich und legt ein umfassendes Geständnis ab.

In der Hauptverhandlung wird B anwaltlich vertreten. Das Geständnis wird verwertet und B antragsgemäß verurteilt. Der Verteidiger der B hatte der Verwertung des Geständnisses in der Hauptverhandlung nicht widersprochen.

Frage: *Durfte das Geständnis in der Hauptverhandlung verwertet werden?*

I. Einordnung

In diesem Fall geht es um die Frage, wie sich eine fehlende Belehrung über das Schweigerecht des Beschuldigten auswirkt. Auch hier ist wieder eine Maxime des Strafverfahrens von Bedeutung, nämlich der Nemo-tenetur-Grundsatz.

Es muss auch beachtet werden, dass die vernehmenden Polizeibeamten über § 163a III S. 2 und IV S. 2 StPO bei der Vernehmung die gleichen Regeln zu beachten haben wie das Ermittlungsgericht.

hemmer-Methode: In einer solchen Fallkonstellation kann es auch um die Frage gehen, ob der Vernommene überhaupt Beschuldigter war und ob überhaupt eine Vernehmungssituation vorlag. Eine Vernehmung liegt nur vor, wenn der Vernehmende der Auskunftsperson in amtlicher Funktion gegenübertritt und in dieser Eigenschaft von ihr Auskunft verlangt.[144] Dies ist von einer bloß informellen Befragung oder einer Spontanäußerung abzugrenzen (im Einzelnen vgl. dazu Fall 4).

II. Gliederung

Fraglich, ob sich aus der unterbliebenen Belehrung ein Beweisverwertungsverbot ergibt:

- B wurde als Beschuldigte vernommen
- Über § 163a IV S. 2 StPO gilt § 136 I S. 2 StPO auch für die erste Vernehmung durch Beamte der Polizei
- Die notwendige Belehrung unterblieb, fraglich ist, ob sich daraus ein Beweisverwertungsverbot ergibt:

⇨ **1. Ansicht:** Ein Verstoß gegen § 136 I S. 2 StPO führt nicht zu einer Unverwertbarkeit der Aussage

⇨ **2. Ansicht:** Ein Verstoß gegen § 136 I S. 2 StPO führt immer zu einer Unverwertbarkeit

⇨ **3. Ansicht:** Grundsätzlich ist eine solche Aussage unverwertbar; dies gilt dann nicht, wenn der verteidigte Angeklagte der Verwertbarkeit in der Hauptverhandlung nicht widerspricht.

[144] BGHSt 42, 145.

III. Lösung

Im vorliegenden Fall ist fraglich, ob das Geständnis des B im Prozess verwertet werden durfte. Mangels Angaben im Sachverhalt ist davon auszugehen, dass es ordnungsgemäß eingeführt worden ist.

hemmer-Methode: Wegen des § 254 StPO und des Grundsatzes der Unmittelbarkeit kann nicht einfach das Protokoll von der Vernehmung verlesen werden.
Das Gericht ist aber nicht daran gehindert, den Polizeibeamten als Zeugen vom Hörensagen (das ist ein Zeuge, der über ihm von anderen Personen mitgeteilte Tatsachen aussagt) zu vernehmen. Dem steht § 250 S. 2 StPO nicht entgegen, vgl. Fall 30.

Ein Beweisverwertungsverbot könnte sich aber aus der unterbliebenen Belehrung über das Schweigerecht des B ergeben.

Die Vernehmung wurde zwar durch einen Polizeibeamten durchgeführt, weshalb § 136 I S. 2 StPO nicht direkt anwendbar ist, jedoch findet er über den Verweis in § 163a IV S. 2 StPO Anwendung. B hätte also durch P über ihr Recht zu schweigen belehrt werden müssen.

Ob aus diesem Verstoß ein Beweisverwertungsverbot resultiert, ergibt sich nicht aus dem Gesetz, sondern muss wiederum durch Abwägung der beteiligten Interessen unter Berücksichtigung des Schutzzwecks der Norm beurteilt werden. Über das Ergebnis dieser Abwägung besteht Streit.

a) Lehre von der Vollverwertbarkeit

Nach dieser Ansicht handelt es sich bei § 136 I S. 2 StPO um eine bloße Ordnungsvorschrift, die nicht dem Schutz des Beschuldigten dient.[145] Dies könnte man aus einer systematischen Zusammenschau mit § 136a III S. 2 StPO, welche eine Unverwertbarkeit ausdrücklich anordnet, folgern. Hätte der Gesetzgeber die gleiche Folge gewollt, hätte er es angeordnet. Demnach führt ein Verstoß nicht zu einem Beweisverwertungsverbot.

b) Lehre vom absoluten Beweisverwertungsverbot

Die Gegenposition geht davon aus, dass der unterbliebenen Belehrung stets die Unverwertbarkeit der Aussage folgt.[146] Dies wird durch eine Gleichstellung mit § 136a StPO erreicht.

§ 136a StPO erfasst auch unbewusste Täuschungen. Das Unterlassen der Belehrung stellt damit eine unbewusste Täuschung durch Unterlassen über das Schweigerecht dar.

hemmer-Methode: Im Falle eines bewussten Unterlassens der Belehrung geht auch die Rechtsprechung unter gewissen Umständen von einer Täuschung i.S.d. § 136a StPO aus, was zu einem gesetzlichen Verwertungsverbot aus § 136a III S. 2 StPO führt.[147]

[145] BGHSt 22, 170.
[146] OLG Bremen, NJW 1967, 2022 ff.
[147] LG Stuttgart, NStZ 1985, 568 = **juris**byhemmer.

c) Lehre von der grundsätzlichen Unverwertbarkeit

Die Rechtsprechung und die h.M. gehen von einer grundsätzlichen Unverwertbarkeit aus.[148]

Dabei muss man insbesondere auf den Schutzzweck der Norm eingehen. Sie verkörpert den verfassungsrechtlich garantierten Nemo-tenetur-Grundsatz, als Ausfluss aus dem Rechtsstaatsprinzip. Dieser hat aber typischerweise den Schutz des Beschuldigten zum Ziel und kann deshalb keine bloße Ordnungsvorschrift sein. Das sieht man schon daran, dass diese Belehrung in der Hauptverhandlung gemäß § 243 V S. 1 StPO nochmals zu erfolgen hat. Darüber hinaus besteht insbesondere bei der ersten Vernehmung eines Beschuldigten durch die Polizei die Gefahr der Einschüchterung und der vorschnellen Aussagen, wenn nicht auf das Schweigerecht hingewiesen wird. Auch verbietet sich der Umkehrschluss aus § 136a III S. 2 StPO, da der Gesetzgeber eben nicht alle Beweisverwertungsverbote im Gesetz ausdrücklich geregelt hat.

hemmer-Methode: Bei einem Verstoß gegen die Belehrungspflicht aus § 243 V S. 1 StPO stellt sich eigentlich das gleiche Problem wie bei § 136 I S. 2 StPO.
Jedoch ist es hier seit jeher h.M., dass eine unterbliebene Belehrung zu einem Beweisverwertungsverbot führt. Begründet wird dies auch hier mit dem Zweck der Norm, welcher im Schutz des Angeklagten liegt.

[148] BGHSt 38, 220 (die Ansicht aus BGHSt 22, 170 wird ausdrücklich aufgegeben).

Schon aus dem Vergleich der Rechtsfolgen dieser ähnlichen Normen ergeben sich Zweifel gegen die Lehre von der Vollverwertbarkeit.

d) Widerspruchslösung

Von der grundsätzlichen Unverwertbarkeit der Aussage werden von der Rechtsprechung wiederum im Rahmen der sog. Widerspruchslösung Ausnahmen gemacht.

So hätte der Verteidiger der B der Beweisverwertung in der Hauptverhandlung möglicherweise rechtzeitig widersprechen müssen, um eine Heilung des Beweisverwertungsverbots zu verhindern. Nach Ansicht des BGH kann es die Aufgabe des Verteidigers sein, einer Beweisverwertung in bestimmten Fällen zu widersprechen. Anderenfalls kann das Beweismittel durch das Gericht für die Überzeugungsbildung gemäß § 261 StPO verwertet werden.

Eine Pflicht zum Widerspruch könnte sich dabei aus der Stellung des Verteidigers als Organ der Rechtspflege ergeben. Zwar ist dieser einerseits Vertreter des Angeklagten und verpflichtet, diesen bestmöglich zu unterstützen; andererseits ist der Verteidiger aber auch als Mitglied der Anwaltschaft ein Organ der Rechtspflege. Würde er nicht auf ein bestehendes Beweisverwertungsverbot aufmerksam machen, so würde er bewusst einen Verfahrensfehler hinnehmen, indem das Urteil auf einen nicht verwertbaren Beweis gestützt würde. Eine solche „Provokation" von fehlerhaften Urteilen könnte sich als unvereinbar erweisen mit der Stellung eines Strafverteidigers als ein Organ der Rechtspflege.

Das Erfordernis eines Widerspruchs und deren Grenzen sind jedoch selbst innerhalb der Strafsenate des Bundesgerichtshofs umstritten.

aa) Ansicht des 2. Strafsenats

Der 2. Strafsenat geht davon aus, dass bei den unselbstständigen Beweisverwertungsverboten zwischen Fehlern bei der Durchsuchung oder Beschlagnahme (also sogenannten Sachbeweisen) und verfahrensfehlerhaften Vernehmungen oder Gesprächsüberwachungen differenziert werden muss.

Diese Differenzierung beruht auf dem Gedanken, dass die rechtswidrig erlangten Beweise auch für den Angeklagten günstige Erkenntnisse hervorrufen können, so dass es ihm selbst überlassen sein muss, ob er eine Verwertung der Beweise wünscht. Hierfür ist jedoch eine Differenzierung zwischen den verschiedenen unselbstständigen Beweisverwertungsverboten anhand der Dispositionsmacht nötig.

Nach Auffassung des 2. Strafsenats hat der Angeklagte keine Dispositionsmacht über sog. Sachbeweise. Dies beruhe darauf, dass es dem Angeklagten nicht möglich sei, gegenteilige Sachbeweise hervorzubringen. Anders sei dies bei fehlerhaften Vernehmungen oder Gesprächsüberwachungen zu beurteilen. Denn hier könne sich der Angeklagte zu fehlerhaften Vernehmungen oder Gesprächsüberwachungen äußern und diese erklären.

Daher erscheint es nach dieser Ansicht angebracht, dem Angeklagten die Dispositionsmacht über die Verwertbarkeit zu überlassen. Die Verwertbarkeit von Sachbeweisen hingegen sei nach dem 2. Strafsenat jedoch von Amts wegen zu überprüfen. Bei diesen könne es mangels Dispositionsmacht nicht auf einen Widerspruch gegen die Beweisverwertung ankommen. Dies müsse vor allem dann gelten, wenn der Verteidiger Hinweise hinsichtlich konkreter Anhaltspunkte für einen Verfahrensfehler kannte.

bb) Ansicht des 5. Strafsenats

Dieser Ansicht ist der 5. Strafsenat entgegengetreten. Demnach ist die Erhebung eines Widerspruchs bei allen unselbstständigen Beweisverwertungsverboten erforderlich. Zwar stimmt der 5. Strafsenat insofern dem 2. Strafsenat zu, als Beweisverwertungsverbote, die aus einem Verfahrensfehler abgeleitet werden, durch den jeweiligen Gesetzesverstoß begründet und in jeder Lage des Verfahrens von Amts wegen zu beachten sind. Ungeachtet dessen hält der 5. Strafsenat eine Differenzierung nach der Art des Beweismittels hinsichtlich der Widerspruchsobliegenheit für nicht sachgerecht.

Nach dieser Ansicht geht das Recht, sich auf das Beweisverwertungsverbot berufen zu können, verloren, wenn der verteidigte (oder entsprechend belehrte) Angeklagte in der Verhandlung der Verwertung und der ihr vorangehenden Beweiserhebung nicht widersprochen hat. Dies wird damit begründet, dass nur so das Gericht in der Hauptverhandlung die Möglichkeit bekommt, dem gerügten Verfahrensfehler mittels Freibeweis nachzugehen. Aus diesem Grund wird dem verteidigten Angeklagten auch die Pflicht der frühestmöglichen Geltendmachung abverlangt. Dies ist nach dem 5. Strafsenat bereits aufgrund des Interesses an der Schonung von Justizressourcen geboten, um dem Tatgericht die Möglichkeit zu geben, auf den Einwand zu reagieren und ggf. Abhilfe zu schaffen.

Demzufolge folgt die Begründung des Widerspruchserfordernisses gerade nicht aus der Dispositionsbefugnis des Angeklagten, sondern vielmehr aus dem Gedanken des subsidiären Rechtsschutzes.

Aus diesem Grund überzeuge eine Differenzierung des Widerspruchserfordernisses innerhalb der unselbstständigen Beweisverwertungsverbote nicht.

cc) Zeitrahmen der Widerspruchsobliegenheit

Neben der materiellen Reichweite der Widerspruchslösung ist auch die zeitliche Reichweite der Widerspruchsobliegenheit umstritten. Während der 2. Strafsenat die Ansicht vertritt, dass § 257 I StPO keine zeitliche Grenze für den Widerspruch setze, halten andere Senate dies für erforderlich. Etwa nach der Ansicht des 2. Strafsenats genüge es jedenfalls, wenn der Angeklagte so rechtzeitig auf die mögliche Unverwertbarkeit von Erkenntnissen hinweist, dass das Tatgericht dies in der Beweisaufnahme prüfen könne. Den hierfür passenden Maßstab könne man gegebenenfalls auch § 238 II StPO entnehmen.

Weshalb ein Widerspruch zwingend bis zu dem in § 257 I StPO genannten Zeitpunkt erklärt sein muss, erschließt sich in der Tat nicht. Die Vorschrift ist vielmehr eine Schutzbestimmung zugunsten der Verfahrensbeteiligten. Aus diesem Grund ist die Ansicht des 2. Strafsenats vorzugswürdig, nach der es ausreicht, wenn der Angeklagte so rechtzeitig auf die Unverwertbarkeit von Erkenntnissen hinweist, dass das Tatgericht dies in der Beweisaufnahme prüfen kann.

dd) Auswirkungen auf den Fall

Die Lehre von der Vollverwertbarkeit und die Lehre vom absoluten Beweisverwertungsverbot sind als zu unflexibel abzulehnen.

Vorzugswürdig erscheint eine daher die differenzierende Betrachtungsweise des BGH im Rahmen der Widerspruchslösung.

Fraglich ist, welche Auswirkungen sich aus dieser für den vorliegenden Fall ergeben. Hierfür muss zunächst eine Einordnung des Beweismittels erfolgen. Vorliegend geht es um die Verwertung eines umfassenden Geständnisses der B. Bei diesem handelt es sich nicht um einen sog. Sachbeweis. Daher kommen die Ansichten des 2. und 5. Strafsenats zum selben Ergebnis, sodass ein Widerspruch des Verteidigers erforderlich wäre. Aufgrund des fehlenden Widerspruchs des Verteidigers der B wird der Verfahrensfehler geheilt.

e) Ergebnis

B war anwaltlich vertreten. Ein Widerspruch erfolgte nicht. Damit ist der Verfahrensfehler vorliegend geheilt. Das Geständnis durfte demzufolge verwertet werden.

IV. Zusammenfassung

- Die Belehrungspflicht aus § 136 I S. 2 StPO gilt über § 163a III und IV StPO auch für Vernehmungen durch die Staatsanwaltschaft oder die Polizei.
- Nach der herrschenden Meinung kann eine Aussage, die unter einem Verstoß gegen diese Belehrungspflicht erfolgte, grundsätzlich nicht verwertet werden, da Sinn und Zweck dieser Pflicht der Schutz des Beschuldigten ist.

- Von der Unverwertbarkeit wird für einige Fälle eine Ausnahme gemacht. Nämlich dann, wenn der verteidigte – oder ordnungsgemäß belehrte – Angeklagte der Verwertung nicht rechtzeitig widerspricht.

Dem verteidigten Angeklagten wird im Interesse der Schonung von Justizressourcen die frühestmögliche Geltendmachung einer Rechtsverletzung abverlangt, um in der Hauptverhandlung vor dem Tatgericht die Frage des Verwertungsverbots eingehend prüfen und gegebenenfalls Abhilfe schaffen zu können.

V. Vertiefung

- **Zu einem möglichen Beweisverwertungsverbot wegen eines Verstoßes gegen § 136 I S. 2 StPO**: Hemmer/Wüst, StPO, Rn. 380 ff.
- **Zu Vernehmung des Beschuldigten**: Hemmer/Wüst, StPO, Rn. 67 ff.
- **Zur Belehrungspflicht bei Spontanäußerungen:** Eine Verwertbarkeit von Spontanäußerungen trotz fehlender Belehrung über die Beschuldigtenrechte wird i.d.R. für zulässig gehalten, wenn keine Anhaltspunkte dafür bestehen, dass Belehrungspflichten nach §§ 136 I S. 2, 163a IV S. 2 StPO gezielt umgangen wurden, um den Betroffenen zu einer Selbstbelastung zu verleiten. Vgl. BGH, Beschluss vom 09.06.2009, 4 StR 170/09 = Life&Law 2010, 254 ff.
- **Zur „qualifizierten Belehrungspflicht“:** Wird ein Tatverdächtiger zunächst zu Unrecht als Zeuge vernommen, so ist er wegen des Belehrungsverstoßes (vgl. § 136 I S. 2 StPO) bei Beginn der nachfolgenden Vernehmung als Beschuldigter auf die Nichtverwertbarkeit der früheren Angaben hinzuweisen. Unterbleibt diese „qualifizierte Belehrung“, sind trotz rechtzeitigem Widerspruch die nach der Belehrung als Beschuldigter gemachten Angaben nach Maßgabe des Einzelfalls verwertbar. Siehe dazu BGH, NStZ 2009, 281 ff. = Life&Law 2009, 465 ff.
- **Zur „Widerspruchslösung“ des BGH:** BGH, Urteil vom 09.05.2018 – 5 StR 17/18 = **juris**byhemmer = Life&Law 2019, 107 ff.
- **Zum Erfordernis,** einen **sog. „Zwischenrechtsbehelf“ gemäß § 238 II StPO einzulegen:** BGH, NStZ 2007, 230 ff. = Life&Law 2007, 387 ff.: Liegt einer sachleitenden Anordnung des Vorsitzenden eine strafprozessuale Regelung zu Grunde, welche ihm ein Ermessen eröffnet, so kann ein Verfahrensbeteiligter eine Verletzung dieses Ermessens nur dann mittels einer Revisionsrüge geltend machen, wenn er in der Hauptverhandlung von dem Rechtsbehelf nach § 238 II StPO Gebrauch gemacht hat. Dieses Erfordernis ähnelt der „Widerspruchslösung“ des BGH. Auch insoweit werden Pflichten auf den Verteidiger übertragen, Verfahrensfehler im laufenden Prozess unmittelbar geltend zu machen.

Fall 27: Mit dem Rocker in der Zelle

Sachverhalt:

Gegen Anton (A) läuft ein Ermittlungsverfahren wegen des Verdachts des sexuellen Missbrauchs von Minderjährigen. Er wird in Untersuchungshaft genommen und mit dem Rocker Richard (R) in eine Zelle gesperrt. R hat von dem Verfahren gegen A gehört und kennt den Verdacht. Da er solche Menschen abgrundtief verachtet und hofft, sich dadurch mit der Staatsanwaltschaft gut zu stellen, nimmt er den A gehörig in die Mangel. Nach mehreren Stunden Quälerei gesteht A alles. Nun bietet sich R als Zeuge der Anklage an.

Frage: *Kann seine Aussage im Prozess gegen A verwendet werden?*

I. Einordnung

Im vorliegenden Fall sind zwei Probleme eingebaut.

Zunächst ist problematisch, dass eine Privatperson hier die verbotenen Vernehmungsmethoden anwendet. § 136a StPO gilt aber nur für Vernehmungen durch Amtspersonen.

Außerdem muss hier die besondere Situation der Untersuchungshaft berücksichtigt werden, in der sich der A dem Einfluss des R nicht entziehen kann. Deshalb stellt sich die Frage, ob diese Situation nach den normalen Grundsätzen für die Anwendung von verbotenen Vernehmungsmethoden durch Private beurteilt werden kann.

II. Gliederung

1. Bei Anwendung von verbotenen Vernehmungsmethoden durch Privatpersonen = Verwertungsverbot gem. § 136a III S. 2 StPO analog?

- Grundsätzlich (+), wenn Private durch den Staat eingesetzt werden, sonst droht Umgehung
- Strittig, wenn sie nicht durch den Staat eingesetzt worden sind:

⇨ Verbotstheorie: § 136a III S. 2 StPO wird analog angewendet

⇨ Menschenwürdetheorie: grundsätzlich kein Verwertungsverbot, außer die Menschenwürde des Vernommenen wurde verletzt

2. Andere Beurteilung wegen der besonderen Situation in der Untersuchungshaft?

Wegen der besonderen Zwangssituation und dem daraus resultierenden besonderen Gewaltverhältnis besteht eine Fürsorgepflicht des Staates. Wird diese verletzt, besteht ein Beweisverwertungsverbot.

III. Lösung

R könnte von der Staatsanwaltschaft als Zeuge vom Hörensagen in die Verhandlung eingeführt werden. Dies ist aber nur dann zulässig, wenn kein Beweisverwertungsverbot entgegensteht.

1. Findet § 136a III S. 2 StPO auch Anwendung auf verbotene Vernehmungsmethoden von Privatpersonen?

Ein solches Beweisverwertungsverbot könnte sich aus § 136a III S. 2 StPO ergeben, mit der Folge, dass das Geständnis des A in keiner Weise in der Hauptverhandlung verwertet werden kann.

a) Voraussetzungen des § 136a III S. 2 StPO

Eine längere Diskussion wäre überflüssig, wenn die Voraussetzungen des § 136a III S. 2 StPO vorlägen und das Beweisverwertungsverbot eingreifen würde.

Dazu müssten zunächst verbotene Vernehmungsmethoden vorliegen. Diese sind in § 136a I und II StPO aufgeführt. Diese Aufzählung ist nicht abschließend.[149] Im vorliegenden Fall wird A mehrere Stunden gequält. Quälerei ist ausdrücklich in § 136a I S. 1 StPO genannt und stellt damit eine verbotene Vernehmungsmethode dar.

Zudem müsste diese in einer Vernehmung eingesetzt worden sein. Eine Vernehmung liegt nach dem formellen Vernehmungsbegriff vor, wenn der Vernehmende dem Beschuldigten in amtlicher Funktion gegenübertritt und in dieser Eigenschaft Auskunft verlangt.[150] R handelte aber als Privatperson und nicht in amtlicher Funktion. Damit lag keine Vernehmungssituation vor, § 136a III S. 2 StPO kann nicht direkt angewendet werden.

hemmer-Methode: Auch nach dem teilweise in der Literatur vertretenen materiellen Vernehmungsbegriff würde man vorliegend zu keinem anderen Ergebnis kommen, da R in keiner Weise von staatlichen Stellen eingesetzt wird.

b) Entsprechende Anwendung des § 136a III S. 2 StPO

Man könnte jedoch an eine entsprechende Anwendung der Vorschriften über verbotene Vernehmungsmethoden auch auf das Handeln von Privatpersonen denken. Auf den ersten Blick ist es schwierig, einen Unterschied zwischen einer staatlichen Aussageerpressung und einer privaten zu erkennen. Der Beschuldigten wird in beiden Fällen gegen seinen Willen zu einem Geständnis genötigt. Ob diese oberflächliche Einschätzung allerdings einer genaueren Betrachtung standhält, ist strittig.

aa) Verbotstheorie

Eine in der Literatur verbreitete Ansicht kommt zu dem Ergebnis, dass § 136a III S. 2 StPO immer dann auf das Handeln eines Privaten anwendbar ist, wenn er für das entsprechende Handeln eines Strafverfolgungsorgans anwendbar wäre.[151]

Der Staat dürfe eine Aussage, die von einem Privaten unter Verstoß gegen § 136a StPO erlangt wurde, nicht verwenden. Würde man § 136a StPO in einem solchen Fall nicht anwenden, könnte das Rechtsstaatsprinzip bedroht sein, da der Staat möglicherweise systematisch Private zur Umgehung des § 136a StPO einsetzen würde.

[149] Meyer-Goßner/Schmitt, § 136a, Rn. 6.
[150] Vgl. Fall 4.

[151] AK - Gundlach, § 136a, Rn. 13.

Außerdem besteht nach dieser Ansicht eine umfassende staatliche Verpflichtung zum Schutz der elementaren Rechte des Einzelnen, auch gegenüber Angriffen von Privaten, im Zusammenhang mit der Strafverfolgung.

bb) Menschenwürdetheorie

Die Gegenansicht geht von einer grundsätzlichen Verwertbarkeit solcher Aussagen aus.[152] Die Regelungen zu den Vernehmungsmethoden sind nur auf staatliche Strafverfolgungsorgane anwendbar und binden auch nur diese. Eine Ausnahme gilt nur in dem besonders krassen Fall, dass die Menschenwürde des Beschuldigten verletzt wurde.

Für eine solche Auslegung spricht schon der Gesetzeswortlaut. Wenn der Gesetzgeber ein generelles Beweisverwertungsverbot für Aussagen, welche durch verbotene Vernehmungsmethoden erlangt wurde, statuieren wollte, dann hätte er einfach den § 136a StPO in einer allgemeinen Form erlassen und ihn auf alle Situationen ausgedehnt. Auch kann man aus den Vorschriften der StPO keine allgemeine Schutzpflicht des Staates herauslesen. Die Ausnahme von dieser Regel für besonders schwere Menschenrechtsverletzungen erscheint sachgerecht.

Aussagen, die unter solch schweren Verletzungen der grundlegenden Werteordnung erlangt werden, können nicht verwertet werden, ohne dass der Staat seinerseits gegen die Würde des Menschen verstößt und ihn zum Objekt der Strafverfolgung herabsetzt.

Im vorliegenden Fall quält R den A über mehrere Stunden.

[152] BVerfGE 34, 246 ff.

Ob dies aber eine besonders schwere Menschenrechtsverletzung darstellt, ist wegen der Kürze des Sachverhalts schwer festzustellen. Dies kann jedoch dahinstehen, wenn das Geständnis des A aus anderen Gründen nicht verwertet werden kann.

hemmer-Methode: Ein solcher schwerer Menschenrechtsverstoß ist z.B. bei Folter, Marter oder Einkerkerung anzunehmen.[153]

2. Auswirkungen der besonderen Situation der Untersuchungshaft

Möglicherweise könnte § 136a StPO aber unabhängig von einer schweren Menschenrechtsverletzung anwendbar sein. Im vorliegenden Fall konnte sich A der Einwirkung des R nicht entziehen, da er in Untersuchungshaft und mit R in eine Zelle gesperrt worden war. Diese besondere Situation resultiert aus staatlichem Verhalten, nämlich aus dem Erlass eines Haftbefehls. Fraglich ist, ob sich deshalb die Beurteilung der Anwendbarkeit des § 136a StPO ändert.

a) Handeln auf Veranlassung der Strafverfolgungsbehörden

Wenn der Mithäftling gezielt von den Strafverfolgungsbehörden auf den Beschuldigten angesetzt wird, besteht die Gefahr, den Schutz des Beschuldigten zu umgehen.

[153] Vgl. zu den möglichen Situationen: Meyer-Goßner/Schmitt, § 136a, Rn. 3.

Die Untersuchungshaft darf nicht dazu benutzt werden, das Schweigerecht des Beschuldigten aus § 136 I S. 2 StPO zu unterlaufen.[154]

Deshalb ist § 136a StPO immer dann entsprechend anzuwenden, wenn die Privatperson auf Veranlassung der Strafverfolgungsbehörden tätig wurde. Im vorliegenden Fall wurde R aber nicht auf A angesetzt, weshalb diese Grundsätze nicht angewendet werden können.

b) Fürsorgepflicht des Staates während der Untersuchungshaft

Es könnte dennoch ein Beweisverwertungsverbot vorliegen, wenn den Staat eine besondere Fürsorgepflicht während der Untersuchungshaft trifft und diese verletzt wurde. Der Untersuchungshäftling muss im Interesse einer geordneten Strafrechtspflege intensive Eingriffe in seine persönliche Freiheit hinnehmen. Indem der Staat die Untersuchungshaft anordnet, begründet er ein besonderes Gewaltverhältnis zu dem Beschuldigten. Aus diesem besonderen Gewaltverhältnis resultiert die Pflicht des Staates, den Untersuchungshäftling vor Eingriffen in seine körperliche Unversehrtheit und die Freiheit selbstbestimmten Verhaltens zu schützen (BGH, NJW 1998, 3506 ff. = Life&Law 1999, 40 ff.). Wenn die Behörden diese Pflicht schuldhaft verletzen, wird ihnen das Verhalten des Mithäftlings zugerechnet und § 136a StPO ist anwendbar.

Im vorliegenden Fall wurde A über mehrere Stunden hinweg gequält. Außerdem stand er unter dem Verdacht, Minderjährige missbraucht zu haben. Solche Untersuchungshäftlinge müssen wegen des allgemeinen Hasses auf Sexualtäter besonders beobachtet und vor den anderen Mithäftlingen beschützt werden. Diese Pflicht wurde verletzt und das Geständnis des A ist nicht verwertbar.

IV. Zusammenfassung

- § 136a StPO ist nur im Falle einer Vernehmungssituation unmittelbar anwendbar.
- Aussagen, die unter Anwendung von verbotenen Vernehmungsmethoden durch Private erlangt wurden, können nur dann nicht verwertet werden, wenn ein schwerer Menschenrechtsverstoß vorliegt.
- Das Verhalten von Mithäftlingen ist dem Staat zuzurechnen, wenn sie auf den Beschuldigten angesetzt wurden.
- Während der Untersuchungshaft besteht ein besonderes Gewaltverhältnis. Aus diesem resultieren Schutzpflichten des Staates. Werden diese schuldhaft verletzt, besteht ein Beweisverwertungsverbot.

[154] BGHSt 34, 363 = **juris**byhemmer.

V. Vertiefung

- **Zum Problem der Anwendung des § 136a StPO auf Private**: Hemmer/Wüst, StPO, Rn. 369 ff.
- **Reichweite und Grenzen des Nemo-tenetur-Grundsatzes**: Der hohe Rang der Selbstbelastungsfreiheit gebietet es, dass auch Spontanäußerungen – zumal zum Randgeschehen – nicht zum Anlass für sachaufklärende Nachfragen genommen werden, wenn der Beschuldigte nach Belehrung über seine Rechte nach § 136 I S. 2 StPO die Konsultation eines benannten Verteidigers begehrt und erklärt, von seinem Schweigerecht Gebrauch zu machen, vgl. BGH, Urteil vom 27.06.2013 – 3 StR 435/12 = Life&Law 2014, 117 ff. = **juris**byhemmer.
- **Zur Verwertung heimlich aufgenommener Gesprächsaufzeichnungen durch Private:** Veranlasst eine Privatperson unter Verheimlichung des Ermittlungsinteresses einen Tatverdächtigen, mit ihr ein Gespräch über die Tat zu führen, so begründet dies grundsätzlich keinen Verstoß gegen die Regelungen der §§ 136 I S. 1, 136a I S. 1 StPO (analog).

  Der Nemo-tenetur-Grundsatz im Sinne von Art. 6 I EMRK ist nicht verletzt, wenn es einem Beschuldigten, der sich weder in Haft befand noch bis dahin polizeilich vernommen worden war, freistand, sich mit einem Informanten der Polizei zu unterhalten. Vgl. BGH, Beschluss vom 31.03.2011, 3 StR 400/10 = Life&Law 2011, 718 ff. = **juris**byhemmer.
- **Zur besonderen Situation während der Untersuchungshaft**: Life&Law 1999, S. 40 ff.

Fall 28: Mörder Mario

Sachverhalt:

Mario (M) ist wegen Mordes angeklagt. Ihm wird zur Last gelegt, eine Frau getötet zu haben. Um das Mordmerkmal „zur Befriedigung des Geschlechtstriebs" nachzuweisen, will die Staatsanwaltschaft das während des Ermittlungsverfahrens sichergestellte Tagebuch des M verwerten. Darin schildert M seine abnormalen Phantasien sehr ausführlich. Weitere Beweismittel stehen der Staatsanwaltschaft nicht zur Verfügung und M schweigt beharrlich.

Frage 1: *Können die Tagebuchaufzeichnungen im Prozess verwertet werden?*

Außerdem gibt es noch weiteren Ärger. Während der ersten Vernehmung wurde M von Polizeikommissar Paul (P) vernommen. Dieser war so aufgebracht, dass er den M, nachdem dieser die Aussage verweigerte, in den „Schwitzkasten" nahm und ihn so dazu veranlasste, den Aufbewahrungsort der Leiche preiszugeben. Dort wurde neben der Leiche der Frau auch die Tatwaffe gefunden, auf der sich Fingerabdrücke des M befanden.

Frage 1: *Können die Tatwaffe und die Fingerabdrücke im Prozess verwertet werden?*

I. Einordnung

In diesem Fall geht es um das besondere Spannungsverhältnis zwischen den Grundrechten des Beschuldigten und dem staatlichen Interesse an der Strafverfolgung. In diesem Kontext ist insbesondere das allgemeine Persönlichkeitsrecht des Beschuldigten von Bedeutung.

Für manche Eingriffe in Grundrechte des Beschuldigten hält die StPO ausführliche Regelungen bereit. Zu denken ist etwa an die Telekommunikationsüberwachung gemäß § 100a StPO.

Aber insbesondere im Fall von Tagebuchaufzeichnungen schweigt die StPO. Es ist demnach zu untersuchen, ob sich ein Beweisverwertungsverbot allein aufgrund einer Grundrechtsverletzung ergibt. Ausschlaggebend dafür ist wieder eine Interessenabwägung im Einzelfall.

hemmer-Methode: In diesem Bereich ist noch vieles ungeklärt. Bislang hat die Rechtsprechung nur wenige Fälle entschieden. Trotzdem können die nachfolgenden Grundsätze auch auf unbekannte Konstellationen angewendet werden. Eine ordentliche Subsumtion und Argumentation sind erforderlich, aber auch ausreichend.

Außerdem muss im zweiten Teil noch geprüft werden, ob ein bestehendes Beweisverwertungsverbot eine Fernwirkung in dem Sinne hat, dass die durch unzulässige Beweismittel mittelbar erlangten weiteren Beweismittel ebenfalls unverwertbar sind.

hemmer-Methode: Lesen Sie dazu die Entscheidung des LG Frankfurt im „Daschner-Fall" nach. Dort wurde bei der Vernehmung mit Folter gedroht, um das Versteck eines entführten Jungen zu erfahren.

Dieser konnte nur noch tot geborgen werden. Jedoch wurden an der Leiche Fingerabdrücke des Beschuldigten festgestellt. Auch in diesem Fall spielte die Fernwirkung eine nicht unerhebliche Rolle.[155]

II. Gliederung

1. Können die Tagebuchaufzeichnungen im Prozess gegen M verwertet werden?

(P): Verwertung von Tagebuchaufzeichnungen nicht im Gesetz geregelt, deshalb allgemeine Grundsätze der Beweisverwertungsverbote anwendbar

Fraglich ist, ob Grundrechte zu einem Verwertungsverbot führen:

- Drei-Sphärentheorie: es müssen drei Sphären des Persönlichkeitsrechts gebildet werden; der Intimbereich ist absolut geschützt
- Kernbereichstheorie: grundsätzlich wie Sphärentheorie, aber Kernbereich immer unantastbar
- Lehre vom absoluten Schutz der Menschenwürde: das Recht aus Art. 2 I, 1 I GG ist keiner Abwägung mit dem Strafverfolgungsinteresse zugänglich

2. Verwertung der Tatwaffe und der Fingerabdrücke

- Ursprüngliche Aussage wegen § 136a III S. 2 StPO nicht verwertbar
- Fraglich, ob deshalb auch die weiteren Beweismittel unverwertbar sind:

⇨ „Fruit of the poisonous tree-doctrine": eine Fernwirkung wird angenommen

⇨ Lehre von der umfassenden Verwertbarkeit: es besteht keine Fernwirkung

III. Lösung

1. Kann die Tagebuchaufzeichnung verwertet werden?

Zunächst ist fraglich, ob das sichergestellte Tagebuch des M verwertet werden darf. Dies ist insbesondere deshalb zweifelhaft, weil es sich bei einem Tagebuch um ein höchstpersönliches Schriftstück handelt, welches häufig die intimsten Gedanken und Gefühle enthält.

In der StPO ist die Verwertung eines Tagebuches oder ähnlicher persönlicher Gegenstände nicht geregelt, ergo kann auch kein ausdrückliches Beweisverwertungsverbot der StPO greifen. Solche Beweisverwertungsverbote ergeben sich aber nicht nur aus der StPO, sondern können sich auch unmittelbar aus dem Grundgesetz ergeben.[156]

Dies gilt auch, wenn nicht die Beweiserhebung, sondern erst die Beweisverwertung in unzulässiger Weise in ein Grundrecht eingreift. Dabei muss man insbesondere an das allgemeine Persönlichkeitsrecht aus Art. 2 I i.V.m. 1 I GG denken. Solche Tagebuchaufzeichnungen fallen unter den Schutzbereich des allgemeinen Persönlichkeitsrechts.

---

[155] Vgl. dazu: LG Frankfurt, NJW 2005, 692 ff. = **juris**byhemmer = Life&Law 2005, 238 ff.

[156] BVerfGE 34, 238 = **juris**byhemmer.

Jedoch begründet sich allein aus der Anwendbarkeit eines Grundrechts noch nicht automatisch auch eine Verletzung desselben, mit der Konsequenz eines Beweisverwertungsverbots.

Es ist deshalb zu klären, ob durch die Verwertung der Tagebuchaufzeichnungen im Prozess gegen das allgemeine Persönlichkeitsrecht des M verstoßen wird und sich deshalb ein Beweisverwertungsverbot ergeben würde. Für die Beurteilung dieser Frage gibt es verschiedene Ansätze.

hemmer-Methode: In solchen Extremfällen wird die Kollision zwischen dem Anspruch auf Wahrheit sowie dem staatlichen Interesse an der Strafverfolgung und den Rechten des Einzelnen besonders deutlich. Wenn man die StPO unter dieser Prämisse betrachtet, stellt sie sich als „angewandtes Verfassungsrecht“ dar, da viele prozessuale Fragestellungen von diesem Spannungsverhältnis beeinflusst werden.

a) Drei-Sphärentheorie (Abwägungslehre)

Nach der höchstrichterlichen Rechtsprechung müssen zum Schutz des Beschuldigten drei Sphären der Persönlichkeit und ihrer sozialen Bezüge unterschieden werden.[157]

Zunächst gibt es den Sozialbereich. Darunter fallen die Beschreibungen von rein äußeren Ereignissen oder Gesprächen mit Fremden. Diese Sphäre genießt keinen besonderen Schutz, da sie im öffentlichen Kommunikationsraum stattfindet.

Außerdem gibt es die Privatsphäre. Diese enthält Aufzeichnungen über private Gespräche oder private Ereignisse.

In diesen Bereich darf nur eingegriffen werden, wenn eine Gesamtabwägung aller Umstände, insbesondere unter Berücksichtigung der Schwere des Tatvorwurfs und der Unverzichtbarkeit des Beweismittels, einen Vorrang der Interessen der Allgemeinheit an der Strafverfolgung vor den Rechten des Beschuldigten aus Art. 2 I i.V.m. 1 I GG ergibt.

Darüber hinaus existiert noch die Intimsphäre. Zu dieser zählen das Intimleben sowie innere Vorgänge. Ein Eingriff in diesen Bereich ist stets unzulässig.

Im vorliegenden Fall handelt es sich um Aufzeichnungen über Gedanken und Gefühle. Diese sind grundsätzlich der Intimsphäre zuzuordnen. Es ist aber zu beachten, dass nach BGH und BVerfG solche Aufzeichnungen dann nicht zum absolut geschützten Intimbereich gehören, wenn sie Belange der Allgemeinheit nachhaltig berühren, z.B. weil sie die Persönlichkeitsstruktur des Täters erhellen und damit Aufschluss über die Motive der Tat geben.[158] Im vorliegenden Fall kann aus den Aufzeichnungen auf die Beweggründe des Täters geschlossen werden. Damit gehören sie zur Privatsphäre und es muss ein Interesseabwägung erfolgen.

Der Eingriff erfolgt hier im Interesse einer effektiven rechtsstaatlichen Strafverfolgung, der ebenfalls Verfassungsrang zukommt. Zu beachten ist hier, dass M wegen des schwersten Verbrechens, welches das StGB kennt, angeklagt ist. Das Tagebuch steht dabei als einziges Beweismittel zur Verfügung.

---

157 BGHSt 19, 325 ff.; BVerfGE 34, 238 ff. = **juris**byhemmer.

158 BVerfGE 80, 376 ff. = **juris**byhemmer; BGH 19, 331.

Aus den Aufzeichnungen ergeben sich Erkenntnisse über die Motive des M. Deswegen muss das allgemeine Persönlichkeitsrecht des M zu Gunsten einer effektiven Strafverfolgung zurückstehen. Die Tagebuchaufzeichnungen sind nach dieser Ansicht voll verwertbar.

hemmer-Methode: Auch nach dieser Ansicht bleibt die Intimsphäre unantastbar. Allerdings ist die Zuordnung zum Intimbereich relativ:
Weil es um eine solche schwere Straftat geht und ein direkter Bezug der Aufzeichnungen besteht, sind diese lediglich der Privatsphäre zugeordnet, in die – soweit der Grundsatz der Verhältnismäßigkeit im engeren Sinne gewahrt ist – eingegriffen werden kann.

b) Kernbereichstheorie

Einer anderen Auffassung nach ist der h.M. grundsätzlich zu folgen, jedoch ist der Intimbereich stärker zu schützen mit der Konsequenz, dass Tagebuchaufzeichnungen über das Gefühlsleben oder Gedanken nie verwertbar sind.[159] Dieser Ansicht nach wären die Aufzeichnungen nicht verwertbar.

Dieser Ansicht ist natürlich zuzugeben, dass durch die oben dargestellte Einschränkung die Intimsphäre aufgeweicht wird. Jedoch ist nicht einzusehen, warum die Rechte des Täters generell den Vorrang verdienen. Eine Abwägung im Einzelfall wird der Konfliktsituation am ehesten gerecht. In einem solch engen Bereich verbietet sich jede schematische Lösung. Damit ist diese Meinung abzulehnen.

[159] Minderheitenvotum BVerfGE 80, 380 ff.

c) Lehre vom absoluten Schutz der Menschenwürde

Eine dritte Meinung geht davon aus, dass der Art. 2 I i.V.m. 1 I GG keiner Abwägung mit dem Strafverfolgungsinteresse zugänglich ist.[160] Danach dürfen Aufzeichnungen höchstpersönlichen Inhalts in einem Strafverfahren nie verwertet werden.

Aber auch hier kann wieder auf die Starrheit und Einseitigkeit einer solchen Betrachtung verwiesen werden. Es muss ein Ausgleich zwischen den betroffenen Interessen gefunden werden, was nur im Rahmen einer Abwägung im Einzelfall erreicht werden kann.

Somit ist der ersten Meinung zu folgen und die Aufzeichnungen können verwertet werden.

hemmer-Methode: Grundsätzlich ist es nur wichtig, die Sphärentheorie parat zu haben. Andere Ansichten, wie die generelle Unverwertbarkeit, können erarbeitet werden. Ein vernünftiger Mittelweg ist meistens sachgerecht.

2. Verwertbarkeit der Tatwaffe und der Fingerabdrücke

Außerdem ist fraglich, ob der Verwertung der Tatwaffe und der darauf gefundenen Fingerabdrücke ein Beweisverwertungsverbot entgegensteht.

Ein solches Beweisverwertungsverbot könnte sich nur aus der körperlichen Gewaltanwendung durch den Beamten ergeben. Diese stellt einen Verstoß gegen § 136a I S. 1 StPO mit der Folge eines Beweisverwertungsverbotes aus § 136a III S. 2 StPO dar.

[160] Wolter, StV 1990, 175 ff.

Damit kann das Geständnis des M nicht im Prozess verwertet werden, es kann weder das Protokoll verlesen noch der P als Zeuge vernommen werden.

Fraglich ist allerdings, ob dies auch für die aufgrund des erzwungenen Geständnisses gefunden Beweise gilt. Das ist nur dann der Fall, wenn eine Fernwirkung des bestehenden Beweisverwertungsverbots besteht.

a) "Fruit of the poisonous tree-doctrine"

Dieser Meinung nach besteht wie im amerikanischen auch im deutschen Strafverfahren eine umfassende Fernwirkung von Beweisverwertungsverboten.[161] Wenn eine solche Fernwirkung nicht existieren würde, dann würde dies zu einer Aushöhlung des Schutzes des § 136a StPO führen. Die Strafverfolgungsbehörden könnten sich dann zu systematischen Verstößen gegen § 136a StPO animiert fühlen.

b) Lehre von der umfassenden Verwertbarkeit

Die Gegenauffassung geht von einer umfassenden Verwertbarkeit solcher Beweismittel aus.[162]

Für diese Auffassung sprechen die Unterschiede zwischen dem deutschen und dem amerikanischen Strafverfahren. In den USA soll die Polizei durch Beweisverwertungsverbote diszipliniert und von Übergriffen abgehalten werden. In Deutschland dagegen sollen sie die Rechtstaatlichkeit des Verfahrens garantieren.

Disziplinarmaßnahmen erben sich aus dem Strafrecht (z.B. §§ 340, 343 StGB) und dem Beamtenrecht. Dem deutschen Polizisten stehen auch vergleichsweise weniger umfassende Eingriffsbefugnisse in die Rechte des Beschuldigten als US-amerikanischen Polizisten zu.

Darüber hinaus könnte sonst ein einziger Verfahrensfehler das gesamte Strafverfahren lahmlegen. Das ist mit dem öffentlichen Interesse einer umfassenden Strafverfolgung kaum in Einklang zu bringen. Aus diesen Gründen ist eine Fernwirkung abzulehnen und der zweiten Ansicht zu folgen (a.A. vertretbar).

Die Tatwaffe und die Fingerabdrücke können im Prozess verwertet werden.

hemmer-Methode: Im oben erwähnten Originalfall („Daschner“) wurde der Ermittler strafrechtlich belangt wegen Nötigung, § 240 I StGB.

IV. Zusammenfassung

- Beweisverwertungsverbote können sich auch aus Grundrechten ergeben, insbesondere aus dem allgemeinen Persönlichkeitsrecht aus Art. 2 I i.V.m. 1 I GG.
- Bei der Frage, ob ein Verwertungsverbot für Tagebuchaufzeichnungen vorliegt, ist die Drei-Sphärenlehre zu beachten, Eingriffe in die Intimsphäre sind immer unzulässig. Ansonsten ist eine umfassende Interessenabwägung erforderlich.

---

[161] Roxin/Schünemann, § 24, Rn. 59.

[162] BGHSt 27, 358.

- Im deutschen Strafverfahren gibt es keine Fernwirkung eines bestehenden Beweisverwertungsverbots für mittelbar durch das unverwertbare Beweismittel erlangte Beweise.

V. Vertiefung

- **Zur Verwertbarkeit von Tagebuchaufzeichnungen**: Hemmer/Wüst, StPO, Rn. 395 f.
- **Zu einer Fernwirkung von Beweisverwertungsverboten**: Hemmer/Wüst, StPO, Rn. 397.
- **Zum Daschner-Fall:** LG Frankfurt, NJW 2005, 692 ff. = Life&Law 2005, 238 ff. = **juris**byhemmer. Ausführlich hierzu unter Berücksichtigung der Rechtsprechung des EGMR vgl. Berberich/Heer, Life&Law 2011, 202 ff.

Fall 29: Das aufgezeichnete Selbstgespräch

Sachverhalt:

Tyson (T) ist angeklagt, den Owen (O) ermordet zu haben. Dieser hatte angeblich ein Verhältnis mit der Freundin Fiona (F) des T.

In der Hauptverhandlung soll ein aufgezeichnetes Selbstgespräch des T als Beweis verwendet werden. Zu der Aufzeichnung kam es folgendermaßen:

Kurz nach der fraglichen Tat musste T für einige Tage ins Krankenhaus. Da die Staatsanwaltschaft den T bereits zu diesem Zeitpunkt verdächtigte, erwirkte sie eine formell rechtmäßige Anordnung zur akustischen Überwachung des Krankeneinzelzimmers des T. Entsprechende Abhöreinrichtungen wurden installiert.

Bereits nach kurzer Zeit konnte ein Selbstgespräch des T aufgezeichnet werden. Kurz nach einem Besuch der F war T emotional sehr aufgewühlt. Unruhig lief er im Zimmer auf und ab und murmelte „Jawoll, den bin ich los! Ich hab ihm gegeben, was er verdient…“.

Der Anwalt des T meint, dass die Aufzeichnung nicht als Beweis verwertet werden darf.

Frage: *Hat er Recht?*

I. Einordnung

Auch dieser Fall dreht sich um den „Großen Lauschangriff“. Während es in Fall 9 vor allem auf die im Gesetz geregelten formellen und materiellen Voraussetzungen ankommt, geht es hier um die hinter der Regelung stehenden grundrechtlichen Regelungen: Wurde in den Kernbereich privater Lebensgestaltung eingegriffen?

Im Prinzip geht es hier um die gleiche Problematik wie bei den Tagebuchaufzeichnungen in Fall 28 – für die Frage des Beweisverwertungsverbots braucht hier jedoch nicht auf Grundrechte zurückgegriffen werden, da sich ein solches bereits aus dem Gesetz ergibt. Gerade weil diese Entscheidung den „Klassiker“ der Tagebuchaufzeichnungen fortentwickelt, ist sie besonders interessant!

II. Gliederung

Verwertbarkeit der Aufzeichnung des Selbstgesprächs?

Gesetzliches Verwertungsverbot nach § 100d II S. 1 StPO?

1. Krankenzimmer als Wohnung i.S.d. § 100 c StPO, Art. 13 GG

a) Wohnungsbegriff des Art. 13 GG

b) Krankenzimmer als Wohnung i.d.S.

2. Selbstgespräch als Teil des unantastbaren Kernbereichs der privaten Lebensführung

a) Einordnung eines Selbstgesprächs

b) Vergleich mit der „Tagebuchentscheidung“

3. Gesamtwürdigung und Ergebnis

III. Lösung

Verwertbarkeit der Aufzeichnung des Selbstgesprächs

Der Verwertbarkeit der Aufzeichnung des Selbstgesprächs in der Hauptverhandlung könnte ein Beweisverwertungsverbot entgegenstehen. Hier kommt das gesetzliche Beweisverwertungsverbot des § 100d II S. 1 StPO in Betracht, welches es verbietet, Erkenntnisse aus dem Kernbereich privater Lebensgestaltung, die durch eine Maßnahme nach den §§ 100a bis 100c StPO erlangt wurden, zu verwerten.

Vielmehr müssen solche Aufzeichnungen unverzüglich gelöscht werden, § 100d II S. 2 StPO. Vorliegend könnte es sich um eine Maßnahme nach § 100c StPO gehandelt haben.

hemmer-Methode: Der Sachverhalt stellt klar, dass die formellen Anforderungen für die akustische Wohnungsüberwachung gewahrt sind. Wäre dies nicht der Fall, müssten Sie untersuchen, ob sich aus diesem Beweiserhebungsverbot (Überwachung ohne Vorliegen der Voraussetzungen) auch ein (unselbständiges) Beweisverwertungsverbot ergibt.[163]

1. Krankenzimmer als Wohnung i.S.d. § 100c StPO, Art. 13 GG

Fraglich ist insoweit, ob auch ein Krankeneinzelzimmer als Wohnung i.S.d. § 100c I StPO zu qualifizieren ist.

Dabei ist zu beachten, dass § 100c StPO einen Eingriff in das Grundrecht auf Unverletzlichkeit der Wohnung, Art. 13 GG, darstellt. Deswegen ist der Wohnungsbegriff wie dort zu verstehen.

a) Wohnungsbegriff des Art. 13 GG

Verfassungsrechtliches Schutzgut des Art. 13 GG ist die räumliche Sphäre, in der sich das Privatleben entfaltet.[164] Der Begriff der Wohnung ist demgemäß nicht im engen umgangssprachlichen Sinne zu verstehen, sondern weit auszulegen. Er umfasst alle Räume, die der allgemeinen Zugänglichkeit durch eine Abschottung entzogen und zur Stätte privaten Wirkens gemacht sind. Erforderlich ist eine nach außen erkennbare Willensbetätigung desjenigen, der einem Raum kraft „Widmung" den Schutz der Privatsphäre verschafft.

hemmer-Methode: Sie merken, hier sind letztendlich verfassungsrechtliche Kenntnisse gefragt! Strafprozessrecht ist – wie bereits erwähnt – „angewandtes Verfassungsrecht".

b) Krankenzimmer als Wohnung i.d.S.

Fraglich ist, ob auch ein Krankenzimmer unter diesen Wohnungsbegriff fallen kann. Dem könnte entgegenstehen, dass dem T das Krankenzimmer nur zum Zweck der Unterbringung und nur vorübergehend überlassen wurde. Aber auch in derartigen Fällen besteht ein Bedürfnis nach Schutz der Privatsphäre.

---

163 Dazu Meyer-Goßner/Schmitt, § 100 c, Rn. 14.

164 BVerfGE 89, 12 = jurisbyhemmer.

Ähnlich wie bei nur zu bestimmten Zeiten genutzten Geschäftsräumen muss es genügen, dass T jedenfalls vorübergehend das Krankenzimmer nutzt. Allein entscheidend im Sinne eines effektiven Schutzes der Privatsphäre ist, dass eine Räumlichkeit tatsächlich als Rückzugsbereich genutzt wird. Davon ist bei einem Krankenzimmer, in dem der Patient sich etwa umzieht, schläft und seine freie Zeit verbringt, auszugehen.

Gegen eine Einordnung als Wohnung könnte sprechen, dass den Ärzten und dem Krankenhauspersonal auf Grund ihres Heil- und Betreuungsauftrags Betretungs- und Kontrollbefugnisse zustehen. Jedoch ist der dazu befugte Personenkreis eingegrenzt, so dass insoweit kein unkontrollierter öffentlicher Zutritt besteht. Der Privatcharakter des Krankenzimmers wird daher nicht durch die Betretungsbefugnisse bestimmter Personen aufgehoben. Das von T genutzte Krankenzimmer fällt damit in den Schutzbereich des Art. 13 GG.

hemmer-Methode: Kommt man – beispielsweise in einer anders gelagerten Konstellation – zu dem Ergebnis, dass es sich nicht um eine Wohnung i.S.d. Art. 13 GG handelt, ist der Fall damit noch nicht beendet. Zwar ist dann das gesetzlich angeordnete Beweisverwertungsverbot des § 100d II S. 1 StPO nicht einschlägig, wenn es sich auch nicht um Fälle des § 100a StPO oder § 100b StPO handelt. Allerdings ist wie in Fall 28 an ein Beweisverwertungsverbot aus dem allgemeinen Persönlichkeitsrecht, Art. 2 I i.V.m. 1 I GG, zu denken!

2. Selbstgespräch als Teil des unantastbaren Kernbereichs der privaten Lebensführung

Weiterhin müsste das Selbstgespräch des T zum Kernbereich privater Lebensgestaltung gehören.

Dieser Bereich des Höchstpersönlichen ist im Gegensatz zum Sozialbereich unantastbar.

a) Einordnung eines Selbstgesprächs

Zu beachten ist dabei, dass es sich nicht um ein mit einer anderen Person geführtes Gespräch, sondern eben um ein Selbstgespräch handelt. Solche Selbstgespräche sind gekennzeichnet durch unwillkürlich auftretende Bewusstseinsinhalte und haben persönliche Erwartungen, Befürchtungen, Bewertungen sowie Selbstanweisungen zum Inhalt.[165] Anders als bei Gesprächen mit einer anderen Person („Zwiegespräch“) will der Betroffene in einem Selbstgespräch den Lebenssachverhalt für sich behalten. Für den Zuhörer ergibt sich somit die Möglichkeit, an den Gedanken des anderen teilzuhaben und damit dessen Innerstes zu erforschen. Sie wären somit dem unantastbaren Kernbereich privater Lebensführung zuzuordnen.

hemmer-Methode: Grundsätzlich können Sie hier auf Ihre Kenntnisse zu den Tagebuchaufzeichnungen zurückgreifen. Anders als beim allgemeinen Persönlichkeitsrecht wird der Kernbereich hier jedoch nicht mittels der Sphärentheorie bestimmt. Der Kernbereich privater Lebensgestaltung ergibt sich aus dem Menschenwürdegehalt des Art. 13 GG.

[165] Wenninger, Lexikon der Psychologie IV, Stichwort: Selbstkommunikation, S. 133.

Auch in dieser Entscheidung stellt der BGH aber klar, dass er den Kernbereich der privaten Lebensgestaltung relativ bestimmen will.
So seien beispielsweise Selbstgespräche eines Kindesentführers, die Aufschluss über den Aufenthaltsort des Kindes geben, wegen ihrer besonderen Beziehung zu Belangen der Allgemeinheit nicht dem Kernbereich privater Lebensführung zuzuordnen und somit verwertbar.

b) Vergleich mit der „Tagebuchentscheidung"

Diesem Ergebnis könnte entgegenstehen, dass das BVerfG bei tagebuchähnlichen Notizen den höchstpersönlichen Charakter verneinte. Denn indem der Betroffene seine Gedanken schriftlich niederlegt, habe er sie aus dem von ihm beherrschbaren Innenbereich entlassen und der Gefahr des Zugriffs preisgegeben.[166]

Selbst wenn man dem folgt, kann diese Argumentation aber nicht auf Selbstgespräche übertragen werden. Denn anders als bei Tagebuchaufzeichnungen kann bei Selbstgesprächen nicht von einer „Preisgabe" ausgegangen werden, da Selbstgespräche meist unbewusst geschehen. Zudem fehlt es an einer vom Betroffenen in Kauf genommenen festen Verkörperung seiner Gedanken. Die „Tagebuchentscheidung" des BVerfG steht dem gefundenen Ergebnis also nicht entgegen.

3. Gesamtwürdigung und Ergebnis

Auch in einem Krankenzimmer muss der Einzelne demnach über einen Freiraum verfügen, um innere Vorgänge wie Empfindungen und Erlebnisse höchstpersönlicher Art zum Ausdruck zu bringen, und zwar ohne Angst, dass staatliche Stellen überwachen.

Ein Selbstgespräch wie das vorliegende ist damit – trotz des möglichen Bezugs zu einer Straftat – ausschließlich höchstpersönlich zu bewerten und damit dem Kernbereich privater Lebensgestaltung zuzurechnen.

Die Aufzeichnungen dürfen demnach nach § 100d II S. 1 StPO nicht als Beweis verwertet werden.

hemmer-Methode: Obwohl die Fälle mit Tagebuchaufzeichnung und Selbstgespräch recht ähnlich sind, kommen die Gerichte zu unterschiedlichen Ergebnissen.
Zwar versucht die Entscheidung, das Selbstgespräch von der Tagebuchaufzeichnung abzugrenzen. Dennoch wird klar, dass auch im Fall der Tagebuchaufzeichnung eine andere Lösung sehr gut vertretbar gewesen wäre. Auf die Begründung kommt es an!
Diese Entscheidung führt die Entscheidung des BVerfG zum Großen Lauschangriff (BVerfG, NJW 2004, 999 ff., besprochen in Life&Law 2004, 324 ff.) konsequent fort - § 100c StPO ist jetzt Schranke des Rechts auf Unverletzlichkeit der Wohnung.
Diese Entscheidung sollten Sie unbedingt kennen, da sie sowohl im Strafprozessrecht als auch im Verfassungsrecht Bedeutung erlangen kann.

IV. Zusammenfassung

- Ein Krankenzimmer ist „Wohnung" i.S.d. Art. 13 GG, § 100c StPO, weil ein weiter Wohnungsbegriff zugrunde zu legen ist.

166 BVerfGE 80, 376 ff. = **juris**byhemmer.

- Selbstgespräche unterliegen regelmäßig dem absolut geschützten Kernbereich privater Lebensgestaltung.
- Werden Aufzeichnungen gemacht, die den Kernbereich privater Lebensgestaltung betreffen, dürfen diese nicht als Beweis verwendet werden, § 100d II S. 1 StPO. Sie sind unverzüglich zu löschen, § 100d II S. 2 StPO.

V. Vertiefung

- **Urteil des BVerfG zum großen Lauschangriff:** BVerfG, NJW 2004, 999 ff., besprochen in Life&Law 2004, 324 ff. = **juris**byhemmer.
- **Zur Verwertbarkeit von Selbstgesprächen als Beweismittel:** Ein in einem Kraftfahrzeug mittels akustischer Überwachung aufgezeichnetes Selbstgespräch eines sich unbeobachtet fühlenden Beschuldigten ist im Strafverfahren – auch gegen Mitbeschuldigte – unverwertbar, da es dem durch Art. 2 I i.V.m. Art. 1 I GG absolut geschützten Kernbereich der Persönlichkeit zuzurechnen ist. Vgl. BGH, Urteil vom 22.12.2011, 2 StR 509/10 = Life&Law 2012, 429 ff. = **juris**byhemmer.

Fall 30: Die eifersüchtige Verlobte

Sachverhalt:

Gegen Karl (K) wird wegen des gewaltsamen Todes der Claudia (C) ermittelt. Im Laufe der Ermittlungen wird auch seine Verlobte Vanessa (V) vom Ermittlungsrichter Ralf (R) vernommen. Die V hat K und C schon länger im Verdacht, ein Verhältnis zu haben. Durch die Geschehnisse ist sie mehr denn je davon überzeugt und hat sich deshalb innerlich von K abgewandt. Auf die Frage des R hin, ob sie mit K verwandt, verschwägert oder verlobt sei, antwortete sie deshalb wahrheitswidrig mit „nein". Daraufhin belehrt sie R nur über ihr Aussageverweigerungsrecht für den Fall, dass sie sich selbst belasten würde. Daraufhin sagt V umfassend aus und belastet K schwer.

In der Folgezeit stellt sich aber heraus, dass K und C gar kein Verhältnis hatten und V bereut ihre Aussage. Im Prozess gegen K verweigert sie deshalb die Aussage.

Frage: *Kann der R als Zeuge über die frühere Aussage der C vernommen werden?*

I. Einordnung

Im vorliegenden Fall geht es um die Frage, ob die Ausübung eines Zeugnisverweigerungsrechts in der Hauptverhandlung auch eine Wirkung für früher abgelegte Aussagen hat. Dies ist insbesondere dann von Bedeutung, wenn der Hauptzeuge seine Meinung ändert oder erst nachträglich ein Zeugnisverweigerungsrecht erlangt, zum Beispiel durch Verlobung.

§ 252 StPO regelt, dass solche Aussagen nicht verlesen werden dürfen, wenn der Zeuge in der Hauptverhandlung von seinem Zeugnisverweigerungsrecht Gebrauch macht. Fraglich bleibt aber, ob sich dies auch auf eine Vernehmung der Vernehmungsperson als Zeugen erstreckt, ob also § 252 StPO ein umfassendes Verwertungsverbot beinhaltet oder nicht.

hemmer-Methode: Bei diesem Fall handelt es sich um einen absoluten „Klassiker", der immer wieder Prüfungsgegenstand ist.

II. Gliederung

1. Verstoß gegen den Unmittelbarkeitsgrundsatz, § 250 S. 2 StPO?

Kein Verbot des „Zeugen vom Hörensagen"

2. Verstoß gegen § 252 StPO?

- V hat ihr Zeugnisverweigerungsrecht wirksam ausgeübt, das Protokoll kann nicht verlesen werden
- § 252 StPO beinhaltet ein umfassendes Beweisverwertungsverbot, also grundsätzlich auch für Zeugenaussagen über die Vernehmung
- Ausnahme bei Vernehmung durch den Ermittlungsrichter, wenn der Zeuge ordnungsgemäß belehrt wurde
- Hier zwar (-), aber unerheblich, da V in jedem Fall ausgesagt hätte

III. Lösung

R könnte in der Verhandlung als Zeuge vom Hörensagen über die Aussage der V vernommen werden. Fraglich ist, ob dies zulässig wäre.

1. Verstoß gegen den Unmittelbarkeitsgrundsatz, § 250 S. 2 StPO

Möglicherweise verstößt die Vernehmung eines Zeugen vom Hörensagen aber gegen den Unmittelbarkeitsgrundsatz, der in § 250 S. 2 StPO Ausdruck gefunden hat.

Das ist nach h.M. aber nicht der Fall.

Denn diese Norm will lediglich bestimmen, dass der Personalbeweis nicht durch einen weniger aussagekräftigen Urkundsbeweis ersetzt werden darf. Sie enthält aber nicht einen Zwang zum jeweils sachnächsten Beweismittel.[167] Lediglich der Beweiswert einer Aussage sinkt mit steigender Anzahl der Zwischenglieder.

2. Verstoß gegen § 252 StPO

Die Vernehmung des Richters als Zeuge vom Hörensagen könnte aber gegen § 252 StPO verstoßen.

a) Direkter Anwendungsbereich des § 252 StPO

Gemäß § 252 StPO kann das Protokoll über die Aussage der V nicht verlesen werden, weil sie in der Hauptverhandlung von ihrem Zeugnisverweigerungsrecht Gebrauch gemacht hat.

§ 252 StPO erfasst aber vom Wortlaut her nur die Verlesung des Protokolls, nicht aber die Vernehmung der Verhörperson als Zeugen vom Hörensagen. Fraglich ist, ob er auch dies verhindert.

hemmer-Methode: § 252 StPO gilt nicht für ein Auskunftsverweigerungsrecht nach § 55 StPO. § 55 StPO soll nur den Zeugen vor sich selbst schützen, betrifft demnach nicht den Beschuldigten bzw. die Verwertbarkeit der Aussage.[168]

b) Auslegung des Anwendungsbereichs des § 252 StPO

Es ist also zu klären, ob § 252 StPO als umfassendes Beweisverwertungsverbot aufzufassen ist.

aa) Umfassendes Beweisverwertungsverbot

Dafür spricht, dass eine Protokollverlesung bereits von § 250 S. 2 StPO verboten wird.

Denn anderenfalls wäre § 252 StPO lediglich eine überflüssige Wiederholung.

Außerdem soll § 252 StPO den Zeugen umfassend schützen. Ohne einen solchen umfassenden Schutz wäre die Versuchung für die Ermittlungsbehörden zu groß, das Zeugnisverweigerungsrecht zu umgehen.

Es ist also davon auszugehen, dass § 252 StPO ein umfassendes Verwertungsverbot enthält und dass die Aussage der V weder als Urkunde noch als Vernehmung anderer Beteiligten in den Prozess eingeführt werden darf.[169]

---

[167] Meyer-Goßner/Schmitt, § 250, Rn. 3 f.

[168] Meyer-Goßner/Schmitt, § 252, Rn. 5.

[169] Roxin/Schünemann, § 46, Rn. 29 ff.

bb) Einschränkung dieses Grundsatzes

Dieses umfassende Verwertungsverbot bedarf aber wiederum einer Einschränkung. Die Vernehmung vor der Hauptverhandlung kann von verschiedenen Personen durchgeführt werden, nämlich von Polizei, Staatsanwaltschaft oder einem Richter. Im Falle der Vernehmung durch einen Ermittlungsrichter, welcher eine besonders neutrale Stellung einnimmt und der Vernehmung damit eine höhere Qualität beimisst, kann die Aussage durch Vernehmung des Richters als Zeuge vom Hörensagen in den Prozess eingeführt werden.[170] Dies geht sogar so weit, dass ihm zur Stützung seines Gedächtnisses das Protokoll der früheren Vernehmung vorgehalten werden kann.[171]

Eine solche Verwertung ist aber nur unter strengen Voraussetzungen zulässig, weil sonst die Rechte des Beschuldigten zu wenig Berücksichtigung finden würden.

Deshalb kann der Richter nur vernommen werden, wenn der Zeuge zum Zeitpunkt der ersten Vernehmung schon ein Zeugnisverweigerungsrecht hatte, ordnungsgemäß darüber belehrt worden ist und diese Belehrung sich auch auf ein Zeugnisverweigerungsrecht als Zeuge bezog.

hemmer-Methode: Dies ging dem 2. Senat des BGH nicht weit genug. Er hielt diese Ausnahme nur für verfassungskonform, wenn der Richter bei der früheren Vernehmung den Zeugen nicht nur über sein Zeugnisverweigerungsrecht, sondern zusätzlich qualifiziert über die Möglichkeit der Einführung und Verwertung im weiteren Verfahren belehrt hat.[172]
Der Große Strafsenat hat sich gegen eine solche ausgesprochen. Die Verwertung der Erkenntnisse aus der früheren ermittlungsrichterlichen Vernehmung des Zeugen setzt hiernach keine über den Regelungsgehalt des § 52 III S. 1 StPO hinausgehende Belehrung voraus. Die Strafprozessordnung sieht in § 52 III S. 1 StPO, ggf. i.V.m. §§ 163 III S. 2, 161a I S. 2 StPO, lediglich vor, dass der zur Verweigerung des Zeugnisses berechtigte Zeuge über dieses Recht zu belehren ist. Weitere, im vorliegenden Zusammenhang relevante Belehrungspflichten enthält das Gesetz nicht. Nach der auch in § 55 II StPO deutlich werdenden Konzeption gehört es insbesondere nicht zu einer fehlerfreien Unterrichtung des Zeugen, dass dieser auch darüber informiert wird, welche Rechtsfolgen eintreten, wenn er zunächst aussagt, später jedoch von seinem Weigerungsrecht Gebrauch macht.[173]

Im vorliegenden Fall bestand das Zeugnisverweigerungsrecht zum Zeitpunkt der ersten Aussage schon. Jedoch wurde V nicht von R über ihr Zeugnisverweigerungsrecht belehrt. Deshalb greift hier die Ausnahme grundsätzlich nicht ein.

cc) Andere Beurteilung wegen der wahrheitswidrigen Angabe der V?

Fraglich ist aber, ob die Tatsache, dass V wahrheitswidrig eine Verlobung mit K verneint hat, zu einer anderen Beurteilung führen muss.

---

170 So die bisherige Rspr. vgl. z.B. BGHSt 32, 25 ff.; Meyer-Goßner/Schmitt, § 252, Rn. 13; a.A. Beulke, Rn. 420 m.w.N.

171 BGHSt 22, 219.

172 Vgl. BGH, Anfragebeschluss vom 04.06.2014 – 2 StR 656/13 = Life&Law 2015, 104 ff.

173 Vgl. BGH, Beschluss vom 15.07.2016 – GSSt 1/16 = Life&Law 2017, 255 ff.

R hat sich ausdrücklich nach einer Verlobung erkundet und V hat diese abgestritten. R hatte keinen Anlass, an dieser Aussage zu zweifeln und hat sie deshalb nicht umfassend belehrt.

Auf der anderen Seite muss man davon ausgehen, dass V auch dann ausgesagt hätte, wenn sie über ihr Zeugnisverweigerungsrecht belehrt worden wäre.

Sie hatte sich zu diesem Zeitpunkt völlig von K abgewandt und hat deshalb gegen ihn ausgesagt. Wenn man diesen nachträglichen Sinneswandel in der Weise berücksichtigen würde, dass die Aussage doch unverwertbar wäre, dann würde K von der Lüge der V profitieren. Dass diese Lüge voll zu Lasten des allgemeinen Interesses an der Strafverfolgung gehen würde, ist nicht interessengerecht, denn V hätte so oder so ausgesagt und die Aussage hätte gegen K verwertet werden können.

Deshalb steht auch hier § 252 StPO einer Verwertung der Aussage nicht entgegen und R kann als Zeuge vom Hörensagen in der Verhandlung vernommen werden.

hemmer-Methode: Machen Sie sich den Grundfall und die Varianten klar:
Ausgangsfall: Vernehmung des Zeugen durch einen Polizisten. Folge: Verwertungsverbot, § 252 StPO
Variante 1: Vernehmung durch Ermittlungsrichter. Folge: bei ordnungsgemäßer Belehrung nach h.M. kein Verwertungsverbot wegen Einschränkung des § 252 StPO
Variante 2: Vernehmung durch Ermittlungsrichter, aber fehlende Belehrung. Folge: grundsätzlich Verwertungsverbot; aber (-), wenn der Zeuge das Näheverhältnis verschweigt

IV. Zusammenfassung

- Gemäß § 250 S. 2 StPO darf die Vernehmung eines Zeugen nicht durch die Verlesung eines Protokolls von einer früheren Vernehmung ersetzt werden.
- § 252 StPO enthält ein umfassendes Verwertungsverbot, wenn sich der Zeuge erst in der Hauptverhandlung auf sein Zeugnisverweigerungsrecht beruft.
- Eine Ausnahme von diesem Verbot ist dann zu machen, wenn es sich um eine richterliche Vernehmung handelte und der Zeuge über sein schon bestehendes Zeugnisverweigerungsrecht belehrt worden ist. Dann kann der Richter als Zeuge in der Hauptverhandlung vernommen werden.

V. Vertiefung

- **Zu § 252 StPO**: Hemmer/Wüst, StPO, Rn. 327 ff.
- **Zur personellen Reichweite des Verwertungsverbots gem. § 252 StPO**: Wird ein früherer Beschuldigter in der Hauptverhandlung als Zeuge vernommen und steht ihm dort ein Zeugnisverweigerungsrecht zu, so darf seine frühere Aussage in analoger Anwendung des § 252 StPO weder verlesen, noch darf der damals vernehmende Richter als Zeuge vom Hörensagen vernommen werden. Vgl. OLG Koblenz, Beschluss vom 29.01.2014 – 1 Ss 125/13 = Life&Law 2015, 30 ff. = **juris**byhemmer.

- **Zur sachlichen Reichweite des Verwertungsverbots gem. § 252 StPO**: Das Verwertungsverbot des § 252 StPO erstreckt sich auch auf Schriftstücke, die der aussageverweigerungsberechtigte Zeuge bei seiner Vernehmung übergeben und auf die er in seiner Aussage Bezug genommen hat. Solche Schriftstücke werden Bestandteil der Aussage. Gleiches gilt für vom Zeugen bei seiner Vernehmung übergebene Tonbandaufzeichnungen bzw. sonstige Beweisgegenstände. Für die Anwendbarkeit des § 252 StPO ist es hierbei irrelevant, ob der Inhalt des jeweiligen Speichermediums für die Verhörsperson unmittelbar wahrnehmbar ist. Vgl. BGH, Beschluss vom 23.10.2012 – 1 StR 137/12 = Life&Law 2013, 674 ff. = **juris**byhemmer.
- **Zur Möglichkeit eines „Verzichts" auf das Verwertungsverbot gem. § 252 StPO:** BGH, Beschluss vom 13.06.2012 – 2 StR 112/12 = Life&Law 2013, 197 ff. = **juris**byhemmer.
- **Zum „Grundfall" der nichtrichterlichen Vernehmung**: Life&Law 2005, 837 ff.

Fall 31: Knastbrüder

Sachverhalt:

Die Brüder Hans (H) und Peter (P) haben gemeinsam einen Banküberfall begangen. Da das von ihnen bereitgestellte Fluchtauto eine Panne hatte, wurden sie jedoch recht schnell von der Polizei gefasst. Nach ordnungsgemäßer Belehrung nach § 136 I S. 2 StPO gestand H bereits in der ersten Vernehmung durch die Staatsanwaltschaft die Tat, P stritt jedoch alles ab. Ein Protokoll über die Vernehmung wurde angefertigt.

Gegen H und P wurde rechtmäßig Untersuchungshaft angeordnet. Bald darauf wurde das Hauptverfahren gegen H und P zusammen eröffnet. Vor der Hauptverhandlung gelang H aber die Flucht. Da H nicht auffindbar ist, wurden die Verfahren nach § 2 II StPO getrennt.

Frage: *Kann das Protokoll über die Vernehmung des H im Verfahren gegen P als Beweis verwendet werden?*

I. Einordnung

Auch dieser Fall dreht sich um die §§ 250 ff. StPO, insbesondere um die Frage der Zulässigkeit einer Protokollverlesung nach § 251 StPO. Darüber hinaus enthält der Fall aber ein weiteres, erst auf den zweiten Blick erkennbares Problem: Nach der Trennung der Verfahren ist H nämlich nicht mehr als Angeklagter, sondern als Zeuge zu behandeln. Dann stehen ihm aber auch Zeugnisverweigerungsrechte zu, über die er nicht belehrt wurde. Welche Auswirkungen das hat, wird zu untersuchen sein.

II. Gliederung

1. Verstoß gegen das Unmittelbarkeitsgebot des § 250 S. 2 StPO?

- Grundsätzlich darf die Vernehmung eines Zeugen nicht durch eine Protokollverlesung ersetzt werden, § 250 S. 2 StPO
- Aber: gesetzlich geregelte Ausnahmen in § 251 stopp

2. Beweisverwertungsverbot wegen fehlender Belehrung über ein Zeugnisverweigerungsrecht?

- H ist nach der Trennung nicht mehr Angeklagter, sondern Zeuge; über sein Zeugnisverweigerungsrecht nach § 52 I Nr. 3 StPO wurde er nicht belehrt
- Folge: grundsätzlich Beweisverwertungsverbot
- Aber: anders nach BGH, wenn ein Mitangeklagter nur durch Flucht zum Zeugen wird

III. Lösung

Es ist zweifelhaft, ob das Protokoll über die Vernehmung des H in der Hauptverhandlung als Beweis gegen P verwendet werden darf.

1. Verstoß gegen das Unmittelbarkeitsgebot des § 250 S. 2 StPO?

a) Vorrang des Zeugenbeweises vor dem Urkundenbeweis

Ein Beweisverwertungsverbot hinsichtlich der Verlesung des Protokolls könnte sich bereits aus § 250 S. 2 StPO ergeben, wonach die Vernehmung eines Zeugen nicht durch die Verlesung des über eine frühere Vernehmung aufgenommenen Protokolls ersetzt werden darf. So soll sichergestellt werden, dass der Zeugenbeweis nicht durch einen weniger aussagekräftigen Urkundenbeweis ersetzt wird. Gleichgültig ist, wer dieses Protokoll aufgenommen hat.[174]

hemmer-Methode: Eine Einschränkung bei der Vernehmung durch einen Richter, wie sie der BGH bei § 252 StPO vertritt (Fall 30), besteht bei § 250 S. 2 StPO gerade nicht. Allerdings stellt die Vorschrift des § 251 StPO, der Ausnahmen zu § 250 S. 2 StPO regelt (dazu sogleich), für die Verlesung richterlicher Protokolle weniger strenge Voraussetzungen als für die Verlesung anderer Protokolle auf.

b) Gesetzlich normierte Ausnahme des § 251 I Nr. 2 StPO

§ 251 StPO normiert eine Ausnahme von diesem Grundsatz, so dass unter bestimmten Voraussetzungen doch eine Protokollverlesung anstatt einer Zeugenvernehmung zulässig ist. Da es sich vorliegend nicht um ein richterliches Protokoll handelt, richtet sich die Verlesbarkeit nach § 251 I StPO.

Unerheblich ist insoweit, dass H nach der Trennung der Verfahren nicht mehr als Angeklagter, sondern als Zeuge zu behandeln ist. Denn § 251 StPO ist ausweislich seines Wortlauts auf beide Fälle anwendbar.

In Betracht kommt hier ein Fall des § 251 I Nr. 2 StPO, dass der Zeuge in absehbarer Zeit nicht gerichtlich vernommen werden kann. Denn H ist geflohen und nicht auffindbar. Da auch keine Anhaltspunkte dafür bestehen, dass H alsbald gefasst werden kann, ist § 251 I Nr. 2 StPO einschlägig.

Deswegen ist eine Verlesung des Protokolls über die Vernehmung des H als Beweis entgegen § 250 S. 2 StPO ausnahmsweise zulässig.

2. Beweisverwertungsverbot wegen fehlender Belehrung über ein Zeugnisverweigerungsrecht?

Möglicherweise könnte sich ein Beweisverwertungsverbot daraus ergeben, dass H bei seiner Vernehmung nicht über sein Zeugnisverweigerungsrecht belehrt worden ist. Nach der Trennung der beiden Verfahren ist H nämlich nicht mehr als Angeklagter, sondern nunmehr als Zeuge zu behandeln, da er jetzt nicht mehr Beteiligter dieses Prozesses ist.

a) Keine Belehrung des H über sein Zeugnisverweigerungsrecht nach § 52 I Nr. 3, III S. 1 StPO

Ein Zeugnisverweigerungsrecht des H könnte sich aus § 52 StPO ergeben. Als Bruder ist er verwandt mit P in gerader Linie i.S.d. § 1589 I S. 1 BGB. Ihm stand somit ein Zeugnisverweigerungsrecht nach § 52 I Nr. 3 StPO zu, über das er entgegen § 52 III S. 1 StPO nicht belehrt wurde.

---

174 Meyer-Goßner/Schmitt, § 250, Rn. 7.

b) Folge: Grundsätzlich Beweisverwertungsverbot

Nach allgemeiner Ansicht folgt aus der fehlenden Belehrung nach § 52 III S. 1 StPO grundsätzlich ein Beweisverwertungsverbot.[175] Das ergibt sich aus dem Schutzzweck des Zeugnisverweigerungsrechts, das eine Zwangslage des Aussagenden verhindern und die familiären Beziehungen schonen will.

c) Ausnahme wegen Flucht des H?

Fraglich ist allerdings, ob dieses Ergebnis auch bestehen kann, obwohl H durch seine Flucht seine Aussage im Prozess verhindert und nur so die Zeugenstellung erlangt hat.

aa) Insofern ist zu beachten, dass das frühere Geständnis auch dann hätte verwertet werden können, wenn H nicht geflohen wäre. Denn dann hatte die Staatsanwaltschaft als „Zeugin vom Hörensagen" über das Geständnis bei der ersten Vernehmung des H berichten können.

hemmer-Methode: Wäre H bei der Vernehmung im Rahmen des Ermittlungsverfahrens überdies von dem Ermittlungsrichter vernommen worden, könnte zusätzlich auf die Wertung des § 254 I StPO abgestellt werden: Nach dieser Vorschrift ist eine Protokollverlesung bei Geständnissen stets möglich, wenn diese in einem richterlichen Protokoll festgehalten wurden. Diese Verlesungsmöglichkeit bestünde auch dann, wenn H (unterstellt, die Verfahren wären nicht wegen der Flucht getrennt worden) als Angeklagter in der Hauptverhandlung von seinem Schweigerecht als Angeklagter (vgl. § 243 V S. 1 StPO) Gebrauch gemacht hätte. Denn die §§ 250 S. 2, 252 StPO sind auf Geständnisse des Angeklagten nicht anwendbar.

bb) Zu beachten ist weiterhin, dass sich die Ermittlungsbehörden ordnungsgemäß verhielten. Ihnen blieb zum damaligen Zeitpunkt keine andere Möglichkeit, als H als Beschuldigten zu vernehmen. Er konnte somit nur auf seine Aussagefreiheit als Beschuldigter, nicht aber auf eventuelle Zeugnisverweigerungsrechte hingewiesen werden.

cc) Demgegenüber hat sich H wegen seiner Flucht aus der Untersuchungshaft pflichtwidrig verhalten.

Die Rolle des zeugnisverweigerungsberechtigten Zeugen fiel ihm nur deswegen zu, weil die Verfahren aufgrund der Flucht getrennt wurden. Hätte H sich ordnungsgemäß verhalten, wäre seine Aussage verwertbar gewesen. Das darf sich nicht dadurch ändern, dass er sich pflichtwidrig der Hauptverhandlung entzog (BGHSt 27, 139, 142.).

Ergebnis:

Deswegen ist die Zeugenaussage des H ausnahmsweise trotz fehlender Belehrung nach § 52 III S. 1 StPO verwertbar.

IV. Zusammenfassung

- Unter den Voraussetzungen des § 251 StPO ist die Verlesung des Protokolls einer Aussage entgegen § 250 S. 2 StPO ausnahmsweise zulässig.
- Die fehlende Belehrung über ein Zeugnisverweigerungsrecht nach § 52 III S. 1 StPO führt grundsätzlich zu einem Beweisverwertungsverbot.

[175] BGHSt 14, 160 = **juris**byhemmer; Meyer-Goßner/Schmitt, § 52, Rn. 32 m.w.N.

- Das gilt aber nach der Wertung des § 254 StPO dann nicht, wenn ein geständiger Mitbeschuldigter die Zeugenstellung nur durch eigenes pflichtwidriges Verhalten erlangt.

V. Vertiefung

- **Zur Reichweite des Unmittelbarkeitsgrundsatzes:** BGH, NJW 2007, 678 ff. = Life&Law 2007, 678 ff. = **juris**byhemmer: Wird ein Zeuge in der Hauptverhandlung nicht vernommen, weil er sich vorab auf ein umfassendes Auskunftsverweigerungsrecht gemäß § 55 StPO berufen hat, so darf seine Vernehmung nicht durch Verlesung von ihm stammender früherer schriftlicher Erklärungen gemäß § 251 I Nr. 2 StPO ersetzt werden. Dafür spricht bereits der Wortlaut der Vorschrift. Denn der Zeuge kann unabhängig von einer Auskunftsverweigerung jedenfalls zu seiner Person „vernommen“ werden. Möglich bleibt hingegen, die Erkenntnisse aus dem Schriftstück über einen „Zeugen vom Hörensagen“ in die Hauptverhandlung einzuführen (etwa mittels Zeugenvernehmung des Staatsanwalts, welcher die schriftliche Erklärung entgegengenommen hat).

Fall 32: Hafen-Mafia

Sachverhalt:

Silvio (S) ist wegen Bildung einer kriminellen Vereinigung angeklagt, § 129 StGB. Er wird beschuldigt, in Hamburg eine „Hafen-Mafia“ gegründet zu haben, die unter anderem Schutzgelder erpresse.

Als Zeugen sollen in der Hauptverhandlung der V-Mann Vicente (V) und der Polizist Peppone (P) aufgeboten werden. Allerdings gibt es gewisse Probleme:

V ist eng in die unteren Führungsebenen der „Hafen-Mafia“ eingebunden und konnte so Informationen erlangen, die er an die Staatsanwaltschaft weitergab. Diese will nach Möglichkeit vermeiden, dass V's Identität bekannt wird. Denn die „Hafen-Mafia“ konnte trotz Festnahme einiger prominenter Mitglieder noch nicht vollständig zerschlagen werden. Der V-Mann könnte deswegen auch in Zukunft noch wertvolle Ermittlungsergebnisse liefern. Außerdem ist zu befürchten, dass V mit Vergeltungsmaßnahmen rechnen müsste, falls seine Identität bekannt wird.

***Frage 1:** Welche Möglichkeiten bestehen, die Aussage des V in die Hauptverhandlung einzuführen, möglichst ohne dabei dessen Identität preiszugeben?*

P soll dagegen über einzelne Vorgänge bei der Festnahme aussagen, welche die Anklage stützen. Allerdings ist P ständig im Einsatz und kann sich nicht mehr recht an die Einzelheiten erinnern. Er hat allerdings bereits im Ermittlungsverfahren eine Aussage gemacht, die protokolliert wurde.

***Frage 2:** Darf das Protokoll der früheren Vernehmung verlesen werden? Können dem P auch einzelne Passagen vorgehalten werden?*

I. Einordnung

Teil 1 des Falles beschäftigt sich mit der Frage, auf welche verschiedenen Arten die Aussagen eines V-Mannes in einen Prozess eingeführt werden können. Sehen Sie diesen Fall in Zusammenhang mit Fall 11, der die Frage nach der Rechtmäßigkeit eines V-Mann-Einsatzes behandelt.

Teil 2 ist der Standard-Fall des sog. „Protokollvorhalts“.

II. Gliederung

Frage 1: Einführung der Aussage des V in den Prozess

1. Reguläre Vernehmung als Zeuge

2. Sonstige Möglichkeiten nach der „Stufentheorie“

a) Vernehmung unter Geheimhaltung der Identität, § 68 III StPO

b) Vernehmung durch einen ersuchten oder beauftragten Richter, §§ 223 f., 251 I Nr. 2 StPO

c) Rückgriff auf Beweissurrogate: Verlesung polizeilicher Vernehmungsprotokolle bzw. Vernehmung des polizeilichen Führungsbeamten

d) Rspr.: Übertragung per Ton und Bild von einem anderen Ort (§ 247a StPO) unter Verwischung des Gesichtsfeldes und Verzerrung der Stimme

Frage 2: Zulässigkeit des Aktenvorhalts

1. Protokollverlesung grds. unzulässig nach § 250 S. 2 StPO, aber Ausnahme nach § 253 StPO
2. Darüber hinaus besteht auch die Möglichkeit von Vorhalten

III. Lösung

Frage 1: Wie kann die Aussage des V in den Prozess eingeführt werden?

1. Reguläre Vernehmung des Zeugen

Grundsätzlich kann V natürlich als Zeuge im Prozess vernommen werden. Dann wird aber zum einen dessen Identität offenbart, so dass er für weitere Ermittlungen nicht zur Verfügung steht, zum anderen wird er dadurch möglicherweise selbst Gefahren ausgesetzt.

Bei V-Männern steht der Staatsanwaltschaft außerdem die Möglichkeit zu, eine Sperrerklärung zu erwirken, so dass die Identität des Ermittlers geheim bleibt. Zwar ist § 110b III S. 3 StPO für den V-Mann nicht entsprechend anwendbar; eine Sperrerklärung ist jedoch analog § 96 StPO möglich.[176]

hemmer-Methode: Gegen den Willen der Staatsanwaltschaft muss die Identität des V-Mannes also nicht bekanntgegeben werden. Das gilt genauso für Informanten (analog § 96 StPO) und verdeckte Ermittler (über § 110b III S. 3 StPO).

2. Sonstige Möglichkeiten

Allerdings bestehen weitere Möglichkeiten, die Aussage eines V-Mannes in den Prozess einzuführen. Je nach Ermessen kann die Ermittlungsbehörde hier eine mehr oder weniger weit reichende Sperrerklärung abgeben, so dass folgende Maßnahmen verbleiben (Stufentheorie).

a) Vernehmung unter Geheimhaltung der Identität, § 68 III StPO

Nach § 68 II, III StPO kann einem Zeugen gestattet werden, Angaben zu seinem Wohnort oder zu seiner Person nicht machen zu müssen, wenn zu besorgen ist, dass ansonsten er oder eine andere Person gefährdet wäre (§ 68 III StPO erfordert die Gefährdung für Leib, Leben oder Freiheit).

Ist dem Zeugen unter den Voraussetzungen des § 68 III S. 1 StPO gestattet worden, Angaben zur Person nicht oder nur über eine frühere Identität zu machen, darf er sein Gesicht entgegen § 176 II S. 1 GVG ganz oder teilweise verhüllen.

Da größere kriminelle Vereinigungen dazu neigen, „abtrünnige" Mitglieder zu bestrafen, dürfte von einer entsprechenden Gefahrenlage auszugehen sein.

Allerdings wird dies im vorliegenden Fall wahrscheinlich nicht genügen. Denn Anwesende wie S oder dessen Anwalt könnten V möglicherweise dennoch identifizieren.

---

[176] Meyer-Goßner/Schmitt, § 96, Rn. 12.

b) Vernehmung durch einen ersuchten oder beauftragten Richter, §§ 223 f., 251 I Nr. 2 StPO

Als weitere Schutzstufe ist die Vernehmung durch einen ersuchten oder beauftragten Richter nach §§ 223 f. StPO möglich.

„Nicht zu beseitigendes Hindernis“ i.S.d. § 223 I StPO ist dabei die Sperrerklärung der Staatsanwaltschaft. Das Protokoll dieser Vernehmung kann dann nach § 251 II Nr. 1 StPO in der Hauptverhandlung verlesen werden.

Allerdings haben auch hier die Verfahrensbeteiligten ein Recht zur Teilnahme,[177] so dass auch so eine Identifizierung des V noch denkbar wäre.

c) Rückgriff auf Beweissurrogate

Geht die Sperrerklärung derart weit, ist eine Vernehmung als Zeuge vor Gericht gänzlich ausgeschlossen, das Beweismittel ist unerreichbar i.S.d. § 244 III S. 3 Nr. 5 StPO. Dennoch kommt dann grundsätzlich die Beweisführung durch so genannte Beweissurrogate in Betracht.

Insofern ist zunächst an die Möglichkeit der Verlesung eines polizeilichen Vernehmungsprotokolls nach § 251 I Nr. 2 StPO als Ausnahme zu § 250 StPO zu denken.

Weiterhin kann der Führungsbeamte des V-Mannes, also die Kontaktperson bei der Polizei oder Staatsanwaltschaft, als Zeuge vom Hörensagen vernommen werden.

Diese Beweismittel haben jedoch eine deutlich schwächere Beweiskraft.

[177] Meyer-Goßner/Schmitt, § 223, Rn. 19.

d) Übertragung per Ton und Bild von einem anderen Ort (§ 247a StPO) unter Verwischung des Gesichtsfeldes und Verzerrung der Stimme

Nach der Rechtsprechung des BGH[178] ist aber noch an eine weitere Möglichkeit zu denken: Der Zeuge kann an einem anderen Ort vernommen und die Aussage in Bild und Ton in das Sitzungszimmer übertragen werden, vgl. § 247a StPO.

Der BGH hat dabei entschieden, dass bei einer derartigen Übertragung auch eine Verwischung des Gesichtsfeldes und eine Verzerrung der Stimme möglich ist, obwohl dies nicht ausdrücklich im Gesetz geregelt ist. Das folgt aus einem „erst-recht-Schluss“ der oben genannten Maßnahmen. Denn bei einer derartigen Verzerrung kann sich das Gericht ein besseres Bild von der Glaubwürdigkeit des V-Mannes machen, zudem kann die Verteidigung die Aussage durch ein besser durchsetzbares Fragerecht erschüttern.

hemmer-Methode: Inwieweit nach dieser Rechtsprechung unter Beachtung des Fair-Trial-Grundsatzes überhaupt noch die Vernehmung der Führungspersonen bzw. die Protokollverlesung zulässig ist, kann in einzelnen Fällen fraglich sein. Denn so wird der Schutz des V-Mannes wie auch die Verteidigungsmöglichkeiten des Angeklagten bestmöglich gewährleistet. Andererseits hat der BGH entschieden, dass § 247a StPO nicht anzuwenden ist, wenn dennoch eine Identifizierung des Zeugen droht, beispielsweise wegen besonders engem Kontakt zu dem Angeklagten.[179]

[178] BGH, NJW 2003, 74 ff. = **juris**byhemmer.

[179] BGH, NStZ 2004, 345 ff. = **juris**byhemmer.

Beobachten Sie hier die weitere Entwicklung der Rechtsprechung.
Ein Sonderproblem hinsichtlich § 252 StPO kann entstehen, wenn eine zeugnisverweigerungsberechtigte Person gegenüber einem V-Mann aussagt und später von ihrem Zeugnisverweigerungsrecht Gebrauch macht (vgl. dazu Hemmer/Wüst, StPO, Rn. 297 ff. bzw. BGH, NJW 1994, 2904 ff.).

Frage 2: Verlesung des Protokolls und Möglichkeit des Vorhalts

1. Verlesung des Protokolls

Fraglich ist, ob das Protokoll der früheren Aussage des P zur Gedächtnisstützung verlesen werden kann.

a) Nach § 250 S. 2 StPO ist die Verlesung eines Protokolls grundsätzlich nicht möglich. Denn die Zeugenaussage ist sachnäher, das Fragerecht aus § 240 StPO ist so gewährleistet.

b) Allerdings macht das Gesetz davon einige Ausnahmen. So ist es nach § 253 I StPO möglich, bezüglich einzelner Tatsachen, an die sich ein Zeuge nicht mehr erinnern kann, die entsprechenden Passagen eines früheren Vernehmungsprotokolls zu verlesen. Beweis ist dann nicht nur die Zeugenaussage, sondern auch das Protokoll als Urkunde.[180] Der Zeuge muss während der Verlesung anwesend sein.

Da diese Voraussetzungen hier erfüllt sind, ist eine Verlesung möglich.

2. Möglichkeit von Vorhalten

Darüber hinaus ist es auch zulässig, einem Zeugen Vorhalte aus früheren Protokollen zu machen.

Im Gegensatz zur Verlesung nach § 253 StPO ist dann nicht das Protokoll als Urkunde, sondern lediglich die Zeugenaussage Gegenstand des Beweises.

Der Vorhalt ist also kein Urkundenbeweis, sondern ein „Vernehmungsbehelf“ (Meyer-Goßner/Schmitt, § 249, Rn. 28).

Dem P können also auch Passagen des Protokolls vorgehalten werden.

hemmer-Methode: Relevant ist diese Unterscheidung in Fällen, in denen eine Verlesung nicht zulässig ist, wenn also z.B. ein Polizist, der den Angeklagten bereits im Ermittlungsverfahren vernommen hat, als Zeuge über die damalige Vernehmung aussagen soll. § 253 StPO hilft hier nicht weiter, da es nicht um das Protokoll der Vernehmung des Zeugen, sondern der Vernehmung des Angeklagten geht! Ein Vorhalt ist aber nach dem BGH zulässig (z.B. BGH 14, 311 f.).

IV. Zusammenfassung

- Will die Staatsanwaltschaft die Vernehmung eines V-Mannes / verdeckten Ermittlers / Informanten verhindern, kann sie eine Sperrerklärung erwirken.
- Nach der Stufentheorie sind dann die Vernehmung unter Geheimhaltung der Identität, die Vernehmung vor dem beauftragten oder ersuchten Richter oder die Beweisführung durch Surrogate (Vernehmungsprotokoll, Vernehmung des Führungsbeamten) möglich.

180 Meyer-Goßner/Schmitt, § 253, Rn. 1.

- Nach neuer Rechtsprechung des BGH ist dem eine Vernehmung an einem anderen Ort mit verzerrter Bild- und Tonübertragung in das Sitzungszimmer (§ 247a StPO) vorzuziehen.
- § 253 StPO erlaubt ausnahmsweise das Verlesen von Protokollen, darüber hinaus sind Vorhalte zulässig.

V. Vertiefung

- **Zur Vernehmung von V-Leuten und anderen Personen, deren Identität geheim gehalten werden soll**: Hemmer/Wüst, StPO, Rn. 340 ff. und Rn. 297 ff.
- **Zur Videoübertragung nach Entfernung des Angeklagten aus dem Sitzungssaal, § 247 S. 4 StPO:** BGH, NJW 2007, 709 ff. = Life&Law 2007, 395 ff. = **juris**byhemmer: Die gemäß § 247 S. 4 StPO gebotene Unterrichtung eines vorübergehend entfernten Angeklagten kann auch so erfolgen, dass er das Geschehen im Sitzungssaal mittels Videoübertragung mitverfolgen kann. Der Vorsitzende muss sich dann jedoch vergewissern, dass die Videoübertragung nicht durch technische Störungen beeinträchtigt wurde.

Kapitel III: Rechtsmittel

Fall 33: Die unberücksichtigte Zeugin

Sachverhalt:

Melanie (M) hat in einem Supermarkt Spirituosen, Energydrinks und Zigaretten gestohlen. Der Richter am Amtsgericht verurteilte sie zu eineinhalb Jahren Freiheitsstrafe auf Bewährung.

M will dieses Urteil aber nicht hinnehmen. Denn Bianca (B), die den Diebstahl beobachtet hat, wurde bisher nicht als Zeugin gehört, da sie sich erst spät bei der Polizei meldete. B ist der Meinung, dass M der Täterin nicht ähnlich sah.

Frage: *Welches Rechtsmittel kann M einlegen? Prüfen Sie die Zulässigkeit!*

I. Einordnung

Die StPO kennt als ordentliche Rechtsbehelfe die Beschwerde, die Berufung und die Revision. Im Gesetz werden zunächst allgemeine Voraussetzungen für alle drei Rechtsmittel geregelt (§§ 296 ff. StPO), bevor besondere Regelungen für Beschwerde (§§ 304 ff. StPO), Berufung (§§ 312 ff. StPO) und Revision (§§ 333 ff. StPO) getroffen werden.

Diese ordentlichen Rechtsbehelfe, auch Rechtsmittel genannt, zeichnen sich durch Suspensiv- und Devolutiveffekt aus: Zum einen wird durch die rechtzeitige Einlegung von Berufung und Revision (nicht bei der Beschwerde) die Rechtskraft des Urteils gehemmt, vgl. §§ 316 I, 343 I StPO, sog. Suspensiveffekt. Zudem bringen die Rechtsmittel das Verfahren in eine höhere Instanz, sog. Devolutiveffekt.

Daneben kennt die StPO auch außerordentliche Rechtsbehelfe, nämlich die Wiederaufnahme des Verfahrens nach §§ 359 ff. StPO und die Wiedereinsetzung in den vorigen Stand nach §§ 44 ff. StPO. Diese haben aber weder Suspensiv- noch Devolutiveffekt.

Dieser Fall weist keine besondere Schwierigkeit auf. Er soll Ihnen in erster Linie das Prüfungsschema nahebringen.

II. Gliederung

1. Abgrenzung der möglichen Rechtsmittel

2. Zulässigkeit der Berufung

a) Statthaftigkeit, § 312 StPO

b) Annahme bzw. Entbehrlichkeit, § 313 StPO

c) Rechtsmittelberechtigung, §§ 296 ff. StPO

d) Beschwer

e) Form und Frist, § 314 I StPO

f) Kein Rechtsmittelverzicht, § 302 StPO

g) Zuständiges Berufungsgericht, §§ 1 ff. StPO, 74 III GVG

III. Lösung

Es stellt sich die Frage, mit welchem Rechtmittel M gegen das Urteil des AG vorgehen kann.

1. Abgrenzung der möglichen Rechtsmittel

Zunächst ist zu klären, welches Rechtsmittel M sinnvollerweise einlegen wird. In Betracht kommt hier die Einlegung von Berufung oder Revision.

Nach § 335 I StPO ist nämlich auch gegen erstinstanzliche Urteile des AG die sogenannte Sprungrevision möglich.

Während im Rahmen der Revision das Urteil lediglich rechtlich überprüft wird, wird bei der Berufung das erstinstanzliche Urteil nicht einfach in sachlicher und rechtlicher Hinsicht überprüft, sondern es kommt zu einer neuen Verhandlung, in der auch neue Tatsachen und Beweismittel eingeführt werden können, vgl. § 323 III StPO. Die Berufung ist also eine zweite Tatsacheninstanz. M möchte erreichen, dass eine weitere Zeugin gehört wird. Das ist nur im Rahmen der Berufung möglich.

2. Zulässigkeit der Berufung

Zunächst müsste die Berufung statthaft sein.

a) Statthaftigkeit

Nach § 312 StPO ist die Berufung gegen Urteile des Strafrichters und des Schöffengerichts zulässig. Demnach kann nur gegen erstinstanzliche Urteile des AG mit der Berufung vorgegangen werden.

M wurde vom Strafrichter am AG verurteilt. Die Berufung ist also statthaft.

b) Annahme bzw. Entbehrlichkeit

Da M zu einer Freiheitsstrafe von eineinhalb Jahren auf Bewährung verurteilt wurde, muss die Berufung nicht nach § 313 StPO angenommen werden.

c) Rechtsmittelberechtigung

Wer ein Rechtsmittel einlegen kann, ist im Gesetz abschließend geregelt. Nach § 296 I StPO kann jedenfalls der Beschuldigte, also auch die M, ein Rechtsmittel einlegen.

hemmer-Methode: Weitere Rechtsmittelberechtigte sind der Staatsanwalt (§ 296 I StPO), der gesetzliche Vertreter des Angeklagten (§ 298 StPO), der Privatkläger (§ 390 StPO), der Nebenkläger (§ 401 StPO) und der Einziehungsberechtigte (§§ 433, 296 I StPO). Zudem steht dem Verteidiger des Beschuldigten eine abgeleitete Rechtsmittelberechtigung nach § 297 StPO zu, die jedoch vom Willen des Beschuldigten abhängt.

d) Beschwer

Voraussetzung für jedes Rechtsmittel ist die Beschwer des Rechtsmittelführers, da es ansonsten am Rechtsschutzinteresse fehlt.[181] Ein Verfahrensbeteiligter ist beschwert, wenn seine Rechte oder schutzwürdigen Interessen durch die Entscheidung unmittelbar beeinträchtigt sind.[182] Die Beschwer kann sich aber nur aus dem Tenor, nicht aus den Entscheidungsgründen ergeben.[183]

---

181 BGHSt 16, 374; 28, 330; Roxin/Schünemann, § 51, Rn. 11.

182 Meyer-Goßner/Schmitt, Vor § 296, Rn. 9.

183 BGHSt 7, 153 ff.

Der Beschuldigte ist bei jeder nachteiligen Entscheidung, nicht jedoch bei Freispruch (auch aus Mangel an Beweisen) oder bei Einstellung des Verfahrens beschwert. M wurde zu einer Freiheitsstrafe verurteilt, demnach ist sie beschwert.

e) Form und Frist

Nach § 314 I StPO ist die Berufung bei dem Gericht, das das angefochtene Urteil erlassen hat (lat.: iudex a quo), binnen einer Woche schriftlich oder zu Protokoll der Geschäftsstelle einzulegen. Die Fristberechnung richtet sich nach § 43 StPO.

hemmer-Methode: Ob die Berufung rechtzeitig eingelegt wurde, prüft gemäß § 319 I StPO das Gericht des ersten Rechtszuges.

f) Kein Rechtsmittelverzicht

Die M hat auch keinen Rechtsmittelverzicht gem. § 302 StPO erklärt.

hemmer-Methode: Beachten Sie hierzu die neue Rechtsprechung des Großen Senats, der zur Wirksamkeit eines bei einem „Deal" erklärten Rechtsmittelverzichts eine qualifizierte Belehrung verlangt. Vgl. hierzu Fall 3.

g) Zuständiges Berufungsgericht

Die sachliche Zuständigkeit bestimmt sich gemäß § 1 StPO nach dem GVG. Gemäß § 74 III GVG ist für die Berufung gegen Urteile des Strafrichters das Landgericht zuständig.

Nach § 76 I S. 1 GVG entscheidet die kleine Strafkammer, die mit einem Richter und zwei Schöffen besetzt ist.

hemmer-Methode: Bei der Berufung gegen ein Urteil des erweiterten Schöffengerichts ist nach § 76 VI S. 1 GVG ein zweiter Richter hinzuzuziehen.

Die Berufung der M wäre demnach zulässig.

hemmer-Methode: Wie oben bereits erwähnt, ist die Berufung eine zweite Tatsacheninstanz. Hält das Berufungsgericht die Berufung für zulässig und stehen keine Verfahrenshindernisse entgegen, kommt es zu einer neuen Hauptverhandlung. Deren Gang wird in den §§ 323 ff. StPO geregelt und entspricht weitgehend dem Gang der Hauptverhandlung in der ersten Instanz.
Hält das Berufungsgericht die Berufung für begründet, hebt es nach § 328 I StPO das Urteil auf und entscheidet selbst. § 331 I StPO verbietet aber eine reformatio in peius, wenn nur der Angeklagte bzw. die Staatsanwaltschaft zu dessen Gunsten Berufung eingelegt hat.
Anderenfalls verwirft das Gericht die Berufung als unbegründet.

IV. Vertiefung

- **Zur Berufung:** Hemmer/Wüst, StPO, Rn. 475 ff.

Fall 34: Die Zweifel des Basti

Sachverhalt:

Lars (L) importierte zusammen mit Wolfgang (W) aus China nachgemachte Fußballtrikots der Nationalmannschaft. In Deutschland verkauften sie diese Trikots zu überteuerten Preisen an zahlreiche Kundinnen. Abgelenkt vom Frauenheld W war es L ein Leichtes, den Damen vorzutäuschen, dass es sich dabei um Originale handele. Allerdings ging das Geschäft nicht lange gut und flog auf. L wurde vom zuständigen Schöffengericht zu dreieinhalb Jahren Freiheitsstrafe wegen bandenmäßigen Betrugs gemäß § 263 I, III S. 2 Nr. 1, 2. Var. StGB verurteilt.

Staatsanwalt Basti (B) ist allerdings der Ansicht, dass dieses Urteil so nicht rechtens sei. Zum einen hat einer der Schöffen die Hälfte der Beweisaufnahme verschlafen. Zudem filmte ein eingeschleustes Kamerateam Teile der Hauptverhandlung, ohne dass das Gericht einschritt. Schließlich ist B der Meinung, dass der Zusammenschluss von zwei Personen noch keine Bande begründen könne.

Deswegen erwägt B, gegen das Urteil Revision einzulegen. Problematisch ist allerdings, dass das AG mit seinem Urteil dem ausdrücklichen Antrag der Staatsanwaltschaft folgte, die zunächst auch von einer Bande ausging.

Frage: *Hat eine Revision des B Aussicht auf Erfolg?*

I. Einordnung

Auch die Revision zählt zu den Rechtsmitteln. Die im Fall behandelten verfahrensrechtlichen Probleme sollten Ihnen bereits aus vorherigen Fällen bekannt sein. In der Prüfung werden Ihnen diese meist in der Frage nach den Erfolgsaussichten der Revision begegnen. Dann kommt es neben der Frage nach dem Verfahrensfehler auch auf die Begründung eines Revisionsgrundes an.

Die StPO unterscheidet zwischen absoluten Revisionsgründen, bei deren Vorliegen die Revision stets begründet ist, vgl. § 338 StPO, und relativen Revisionsgründen, bei denen das Urteil auf dem Fehler beruhen muss, vgl. § 337 I StPO.

II. Gliederung

1. Zulässigkeit der Revision

a) Statthaftigkeit

b) Rechtsmittelberechtigung

c) Beschwer

(P): Gericht folgt dem Antrag der Staatsanwaltschaft

d) Form, Frist

e) Revisionsbegründung
Differenzierung zwischen Verfahrens- und Sachrügen

f) Zuständiges Revisionsgericht

g) Kein Rechtsmittelverzicht

2. Begründetheit der Revision

a) Der schlafende Schöffe

aa) Verfahrensfehler

bb) Absoluter Revisionsgrund des § 338 Nr. 1 bzw. Nr. 5 StPO?

b) Die Filmaufnahmen des Kamerateams

aa) Verletzung des § 169 I S. 2 GVG

bb) Absoluter Revisionsgrund des § 338 Nr. 6 StPO? Str.

cc) Relativer Revisionsgrund des § 337 I StPO

c) Vorliegen einer Bande

aa) 2 Personen sind nach h.M. noch keine Bande i.S.d. § 263 III S. 2 Nr. 1 StGB

bb) Beruhen des Urteils auf dem Fehler, § 337 StPO?

3. Ergebnis

III. Lösung

Die Revision des B hat Aussicht auf Erfolg, wenn sie zulässig und begründet ist.

1. Zulässigkeit der Revision

Zunächst müsste die Revision überhaupt statthaft sein.

a) Statthaftigkeit

Nach den §§ 333, 335 StPO ist die Revision gegen alle erstinstanzlichen Urteile und gegen Berufungsurteile statthaft.[184]

B möchte hier gegen ein Urteil des AG vorgehen. Gegen ein solches ist die Revision nach § 335 I StPO dann als so genannte Sprungrevision statthaft, wenn auch die Berufung gegen das Urteil zulässig wäre. Dies ist nach § 312 StPO der Fall.

[184] Beulke, Rn. 559.

hemmer-Methode: Die Sprungrevision dient dazu, das Verfahren zu vereinfachen und dem Beschwerdeführer die zweite Tatsacheninstanz zu ersparen, soweit lediglich Rechtsfragen geklärt werden sollen. Auf die Voraussetzungen des § 313 StPO kommt es dabei nicht an.

b) Rechtsmittelberechtigung

Gem. § 296 I StPO ist die Staatsanwaltschaft berechtigt, Rechtsmittel einzulegen. Davon kann sie auch zugunsten des Beschuldigten Gebrauch machen, vgl. § 296 II StPO.

c) Beschwer

Die Staatsanwaltschaft müsste zudem beschwert sein, da es ihr ansonsten am Rechtsschutzbedürfnis fehlen würde. Das ist vorliegend fraglich, da das Schöffengericht dem Antrag der Staatsanwaltschaft in seinem Urteil folgte.

Zu bedenken ist allerdings, dass die Staatsanwaltschaft im Prozess nicht Partei ist, sondern allgemein die Aufgabe der staatlichen Rechtspflege erfüllt.[185]

Deswegen kann sie auch dann Rechtsmittel einlegen, wenn das Gericht ihrem ausdrücklichen Antrag entsprochen hat, da sie Entscheidungen entgegenzutreten hat, die gegen das Gesetz verstoßen.[186]

[185] Meyer-Goßner/Schmitt, vor § 296, Rn. 14.

[186] RG 48, 26; KG JR 69, 349; Meyer-Goßner/Schmitt, a.a.O.

d) Form und Frist

Nach § 341 I StPO muss die Revision binnen einer Woche schriftlich oder zu Protokoll der Geschäftsstelle bei dem Gericht, dessen Urteil angefochten wird (iudex a quo), eingereicht werden. Diese Voraussetzung wird nach § 346 I StPO noch vom erstinstanzlichen Gericht überprüft.

e) Revisionsbegründung

Nach § 344 I StPO hat der Rechtsmittelführer die Revision zu begründen. Dies muss binnen eines Monats nach Ablauf der Frist zur Einlegung der Revision geschehen, vgl. § 345 I StPO.

hemmer-Methode: Unterscheiden Sie also Revisionsfrist und Revisionsbegründungsfrist!

Dabei unterscheidet das Gesetz zwischen Verfahrensrügen gegen die prozessordnungswidrige Art und Weise des Zustandekommens des Urteils, und Sachrügen. Bei Ersteren müssen auch die den Mangel begründenden Tatsachen angegeben werden, vgl. § 344 II S. 1 StPO. Dagegen genügt bei der Sachrüge, dass sich aus der Begründung ergibt, dass die Verletzung sachlichen Rechts gerügt wird.[187]

B möchte das Urteil sowohl wegen Verfahrensverstößen (schlafender Schöffe und Fernsehaufnahmen) als auch wegen der Verletzung von sachlichem Recht (Bandenbegriff) anfechten.

f) Zuständiges Revisionsgericht

Über die Sprungrevision entscheidet nach § 335 II StPO das Gericht, das auch im Falle einer durchgeführten Berufung zuständig gewesen wäre. Für die Berufung wäre nach § 74 III GVG das LG zuständig gewesen. Über die Revision gegen dieses Berufungsurteil hätte nach § 121 I Nr. 1b GVG das OLG zu entscheiden gehabt. Demnach ist das OLG auch für die Sprungrevision sachlich zuständig.

hemmer-Methode: Merken Sie sich, dass das OLG Revisionsgericht ist, wenn das AG in 1. Instanz zuständig war. Ist hingegen das LG oder das OLG erstinstanzlich zuständig, ist der BGH als Revisionsinstanz zuständig, vgl. § 135 I GVG.
In Bayern gilt es die Besonderheit zu beachten, dass von der Möglichkeit des § 25 II EGGVG Gebrauch gemacht wurde, näher bestimmte Zuständigkeiten dem Obersten Landgericht zuzuweisen (vgl. Gesetz vom 12.07.2018, GVBl. S. 550). Statt der Oberlandesgerichte entscheidet demnach das Bayerische Oberlandesgericht („BayObLG") gegen Berufungsurteile des LG oder bei Sprungrevisionen gegen Urteile des Amtsgerichts (Art. 12 Nr. 1 AGGVG, § 9 EGGVG).

g) Kein Rechtsmittelverzicht

Ein Rechtsmittelverzicht seitens der Staatsanwaltschaft ist nicht ersichtlich.

Die Revision des B ist somit zulässig.

[187] Beulke, Rn. 567.

2. Begründetheit der Revision

Die Revision des B ist begründet, wenn einer der Revisionsgründe der §§ 337, 338 StPO vorliegt oder eine Prozessvoraussetzung fehlt. Nach § 337 I StPO muss für die Begründetheit der Revision das Urteil auf der Verletzung eines Gesetzes beruhen (relative Revisionsgründe). Bei Vorliegen gewisser absoluter Revisionsgründe vermutet das Gesetz unwiderleglich, dass das Urteil auf diesen beruht, vgl. § 338 StPO.

a) Der schlafende Schöffe

aa) Vorliegen eines Verfahrensfehlers

Eine Verletzung eines Gesetzes könnte sich zunächst daraus ergeben, dass einer der Schöffen während der Beweisaufnahme geschlafen hat. Nach § 226 I StPO müssen die zur Urteilsfindung berufenen Personen während der Hauptverhandlung ununterbrochen anwesend sein.

Der Schöffe ist auch nicht lediglich kurz eingenickt, sondern hat richtig geschlafen. Er gilt dann als abwesend. Das Urteil ist also verfahrensfehlerhaft ergangen.

hemmer-Methode: Ausführlich zum schlafenden Richter oder Schöffen Fall 22.

bb) Vorliegen eines Revisionsgrundes

Fraglich ist aber, ob sich daraus ein Revisionsgrund ergibt. In Betracht kommt zunächst der absolute Revisionsgrund des § 338 Nr. 5 StPO. Denn § 226 I StPO schreibt die Anwesenheit der Schöffen während der Hauptverhandlung vor.

Der BGH geht aber bei Mängeln in der Person des Richters, die dessen Anwesenheit in Frage stellen, von einem Besetzungsmangel i.S.d. § 338 Nr. 1 StPO aus.[188] Das gleiche muss auch bei einem Schöffen gelten. § 29 I S. 1 GVG bestimmt, dass sich das Schöffengericht aus einem Richter und zwei Schöffen zusammensetzt.

Da der schlafende Schöffe als abwesend gilt, ist diese vorgeschriebene Besetzung nicht eingehalten. Diese Regelung verdrängt § 338 Nr. 5 StPO.

Der absolute Revisionsgrund des § 338 Nr. 1 StPO liegt somit vor.

hemmer-Methode: Schon jetzt steht aufgrund des absoluten Revisionsgrundes des § 338 Nr. 1 StPO fest, dass die Revision begründet ist. In einem umfassenden Gutachten müssen aber auch die anderen Probleme noch behandelt werden.

b) Die Filmaufnahmen des Kamerateams

Die Begründetheit der Revision könnte sich zudem aus der Tatsache ergeben, dass ein eingeschleustes Kamerateam während der Hauptverhandlung Filmaufnahmen machte.

aa) Vorliegen eines Verfahrensfehlers

Dann müsste sich daraus zunächst ein Verfahrensfehler ergeben. § 169 I S. 2 GVG bestimmt, dass Filmaufnahmen während der Hauptverhandlung unzulässig sind. Gegen diese Vorschrift wurde verstoßen, das Urteil ist demnach verfahrensfehlerhaft.

---

[188] BGH, NJW 2001, 3062; ebenso Roxin/Schünemann, § 44, Rn. 37.

hemmer-Methode: Ausführlich zur unzulässigen Erweiterung der Öffentlichkeit Fall 2.

bb) Vorliegen eines absoluten Revisionsgrundes

Es könnte dann der absolute Revisionsgrund des § 338 Nr. 6 StPO einschlägig sein, wenn während der mündlichen Verhandlung die Vorschriften über die Öffentlichkeit des Verfahrens verletzt wurden.

(1) Allerdings halten Rechtsprechung und Teile der Literatur in Fällen der unzulässigen Erweiterung der Öffentlichkeit § 338 Nr. 6 StPO nicht für gegeben. Denn in erster Linie wolle § 169 GVG verhindern, dass Gerichtsverhandlungen heimlich stattfinden und das Vertrauen der Bürger in die Rechtspflege untergraben würde. Einer Erweiterung der Öffentlichkeit komme eine derartige überragende Bedeutung hingegen nicht zu.[189]

(2) Dagegen wendet sich eine beachtliche Ansicht.[190] Dafür spricht, dass der ganze § 169 GVG eine „Vorschrift über die Öffentlichkeit des Verfahrens" darstellt. Zudem komme auch dem Verbot der unzulässigen Erweiterung eine erhebliche Bedeutung zu, da ansonsten die Unabhängigkeit des Gerichts durch Beeinflussung durch Massenmedien und Öffentlichkeit beeinträchtigt ist. Deswegen liegt nach dieser Ansicht auch bei der unzulässigen Erweiterung der Öffentlichkeit der absolute Revisionsgrund des § 338 Nr. 6 StPO vor.

[189] BGHSt 36, 119 ff.; Meyer-Goßner/Schmitt, § 338, Rn. 47.

[190] Roxin/Schünemann § 47 Rn. 24; zur Verfassungsmäßigkeit der Einschränkung der Öffentlichkeit und deren Bedeutung für ein faires Verfahren vgl. auch BVerfG, NJW 2001, 1635 ff.

cc) Vorliegen eines relativen Revisionsgrundes

Dieser Streit braucht aber dann nicht entschieden zu werden, wenn letztlich auch die erste Ansicht zur Begründetheit der Revision kommt. Denn auch wenn man nicht vom Vorliegen eines absoluten Revisionsgrundes ausgeht, kann dennoch ein relativer Revisionsgrund nach § 337 I StPO gegeben sein.

hemmer-Methode: So ziehen Sie sich elegant aus der Affäre – zeigen Sie zunächst die Argumente auf und lassen Sie anschließend den Streit dahinstehen. Zudem können Sie dann noch auf § 337 StPO eingehen.

Dann müsste das Urteil auf der Verletzung eines Gesetzes beruhen. Dabei reicht es aus, wenn nicht auszuschließen ist, dass ohne den Fehler anders entschieden worden wäre.[191]

Vorliegend wurde § 169 I S. 2 GVG verletzt. Bei einer Erweiterung der Öffentlichkeit besteht die Gefahr der Beeinflussung der Unabhängigkeit der zur Urteilsfindung berufenen Personen. Es ist nicht auszuschließen, dass auch in diesem Fall durch das Kamerateam ein gewisser Einfluss auf Richter und Schöffen ausgeübt wurde und diese ansonsten anders entschieden hätten.

Das Urteil beruhte demnach auf der Verletzung des § 169 I S. 2 GVG, ein relativer Revisionsgrund nach § 337 I StPO ist gegeben.

[191] Meyer-Goßner/Schmitt, § 337, Rn. 37.

c) Vorliegen einer Bande

Die Begründetheit der Revision kann sich schließlich daraus ergeben, dass das Gericht trotz der Mitwirkung von lediglich zwei Personen von einer Bande ausging.

hemmer-Methode: Bei derartigen Sachrügen kann hervorragend materielles Recht inzident abgeprüft werden! Rügt der Rechtsmittelführer die Verletzung sachlichen Rechts, müssen Sie das Urteil auf seine Richtigkeit hin überprüfen.

aa) Bandenbegriff

Es stellt sich demnach die Frage, ob bereits der Zusammenschluss von zwei Personen zur tatbestandlichen Begründung einer Bande i.S.d. § 263 III S. 2 Nr. 1 StGB genügt.

Diese Frage war lange Zeit heftig umstritten. Der BGH ging davon aus, dass bereits zwei Mitglieder eine Bande begründen können.[192] Dem wurde von der Literatur aber zu Recht entgegengehalten, dass die besondere Gefährlichkeit der Bande aufgrund gruppendynamischer Prozesse erst ab drei Personen gegeben sei.[193] Dieser Ansicht hat sich inzwischen auch der große Senat des BGH angeschlossen.[194]

Demnach war L nicht Mitglied einer Bande.

bb) Beruhen des Urteils auf dem Fehler

Das Urteil müsste zudem auf diesem sachlichen Fehler beruhen, vgl. § 337 I StPO.

Hätte das AG § 263 III S. 2 Nr. 1 StGB richtig angewandt, hätte es den L nicht wegen eines besonders schweren Falles des Betrugs verurteilen dürfen. Der Revisionsgrund des § 337 I StPO ist also gegeben.

3. Ergebnis

Die Revision des B ist demnach zulässig und wegen des Vorliegens der Revisionsgründe der §§ 337, 338 Nr. 1 StPO auch begründet. Das OLG wird demnach das Urteil des AG nach § 353 I aufheben und die Sache an das AG nach § 354 II S. 1 StPO zurückverweisen.

hemmer-Methode: Das Gericht, an welches die Sache zur anderweitigen Verhandlung und Entscheidung verwiesen wurde, ist dann an die rechtliche Beurteilung des Revisionsgerichts gebunden, vgl. § 358 I StPO. Nur im Ausnahmefall des § 354 I StPO entscheidet das Revisionsgericht selbst.
Im Übrigen gilt auch bei der Revision das Verbot der reformatio in peius, vgl. § 358 II S. 1 StPO.

IV. Zusammenfassung

- Gegen erstinstanzliche Urteile des AG ist nach § 335 I StPO neben der Berufung auch die so genannte Sprungrevision statthaft.

---

[192] BGHSt 23, 239 = **juris**byhemmer; NStZ 1998, 256.

[193] Unter anderen Geilen, Jura 1979, 446; Otto, Jura 1989, 203.

[194] Life&Law 2001, 634 ff. Ausführliche Zusammenfassung der Probleme bei einer „Bande" siehe Life&Law 2006, 681 ff.

- Die Staatsanwaltschaft ist beschwert, auch wenn das Gericht in seinem Urteil dem Antrag der Staatsanwaltschaft vollständig folgt.
- Bei Abwesenheit von zur Urteilsfindung berufenen Personen oder dem gleichzustellenden Mängeln der Person verdrängt der absolute Revisionsgrund des § 338 Nr. 1 StPO den des § 338 Nr. 5 StPO.
- Nach h.M. fällt die unzulässige Erweiterung der Öffentlichkeit nicht unter § 338 Nr. 6 StPO, sondern ist als relativer Revisionsgrund des § 337 I StPO zu prüfen.
- Sachrügen werden immer auf § 337 I StPO gestützt.

V. Vertiefung

- **Zur Revision:** Hemmer/Wüst, StPO, Rn. 489 ff.
- **Zur Bandenproblematik**: Hemmer/Wüst, StrafR BT I, Rn. 39.

Fall 35: Rechtsmittelchaos

Sachverhalt:

Horst (H) wurde am 02.04.2020 vor dem AG Nürnberg wegen Hausfriedensbruchs (§ 123 StGB) zu einer Geldstrafe verurteilt. Unmittelbar nach Verkündung des Urteils legt der Verteidiger Volker (V) des H Berufung ein.

Erst am 15.04.2020 wird dem H das Urteil zugestellt. Nachdem die Akten dem für die Berufung zuständigen Landgericht Nürnberg-Fürth vorgelegt wurden, geht dort am 15.05.2020 um 20 Uhr im Nachtbriefkasten ein Schriftsatz des V ein, in dem dieser mitteilt, dass er das Rechtsmittel der Revision durchführen wolle. Zugleich rügt er die Verletzung materiellen Rechts.

Frage: *Wurde eine zulässige Revision eingelegt?*

I. Einordnung

In dieser besonderen Konstellation wurden sowohl das Rechtsmittel der Berufung als auch das der Revision eingelegt.

Prägen Sie sich ein, dass die Berufung eine neue Tatsacheninstanz ist, in der das Urteil nicht nur in rechtlicher, sondern auch in tatsächlicher Hinsicht überprüft wird. Neue Tatsachen und Beweismittel können eingeführt werden, vgl. § 323 III StPO. Demgegenüber wird in der Revision das Urteil lediglich in rechtlicher Hinsicht überprüft.

hemmer-Methode: Welches Rechtsmittel ein Verteidiger einlegen wird, hängt also auch davon ab, warum er das Urteil angreift: Will er lediglich eine rechtliche Frage klären lassen, bedarf es keiner neuen Beweisaufnahme, so dass die (Sprung-)Revision unter Umständen Zeit spart und mehr Sinn macht.

II. Gliederung

Zulässigkeit der Revision

1. Statthaftigkeit

⇨ Sprungrevision nach § 335 I StPO möglich

⇨ Vorher eingelegte Berufung unschädlich

2. Anfechtungsberechtigung des Verteidigers nach § 297 StPO

3. Revisionsfrist, § 341 StPO

⇨ Einlegung bzw. Übergangserklärung bei „iudex a quo“

⇨ Rechtzeitige Übermittlung hier nicht mehr möglich

III. Lösung

Die Revision ist zulässig, wenn sie statthaft ist, vom Verteidiger eingelegt werden konnte und dies fristgemäß erfolgte.

1. Statthaftigkeit

a) Die Revision ist gem. § 333 StPO gegen die Urteile der Strafkammern und der Schwurgerichte sowie gegen die im ersten Rechtszug ergangenen Urteile der Oberlandesgerichte statthaft. Hier liegt ein Urteil des Amtsgerichts vor. Allerdings ist gegen dieses Urteil die Sprungrevision möglich, §§ 335 I, 312 StPO.

b) Unschädlich ist in diesem Zusammenhang, dass zunächst Berufung eingelegt wurde. Der Übergang von Berufung zu Revision ist möglich, wenn das Urteil alternativ mit beiden Rechtsmitteln anfechtbar ist.

Dies gilt selbst dann, wenn das Rechtsmittel zunächst ausdrücklich als Berufung bezeichnet wurde und die Akten dem Berufungsgericht übersandt wurden.[195]

Hintergrund für diese Praxis ist der Gedanke, dass der Rechtsmittelführer das Vorliegen der Urteilsgründe abwarten können soll, um entscheiden zu können, ob bzw. welche Rechtsfehler vorliegen und welches Rechtsmittel aussichtsreich erscheint. Aus demselben Grund ist es dem Rechtsmittelführer erlaubt, zunächst ein unbenanntes Rechtsmittel einzulegen, um bis zum Ablauf der Begründungsfrist eine endgültige Entscheidung zu treffen, ob das Rechtsmittel der Berufung oder der Revision durchgeführt werden soll.[196]

Die Befassung des Berufungsgerichts mit der Sache ist dann nur eine vorläufige.

[195] Meyer-Goßner/Schmitt, § 335, Rn. 10.
[196] BGHSt 2, 63.

hemmer-Methode: Auf die Frage, ob überhaupt die Berufung auf zulässige Art eingelegt wurde, mussten Sie hier aufgrund der Fallfrage nicht eingehen. Problematisch ist insoweit, dass dies nach Verkündung, aber noch vor Zustellung geschah.
Lassen Sie sich hier aber nicht verwirren. Anders als im Zivilprozess (§ 317 I S. 1 ZPO) ist eine Zustellung im Strafprozess nur erforderlich, wenn der Angeklagte bei der Verkündung abwesend war, § 35 I S. 1, II S. 1 StPO. Deswegen beginnt die Berufungsfrist auch grundsätzlich mit der Verkündung, nur bei Abwesenheit des Angeklagten mit der Zustellung, vgl. § 314 StPO.

2. Anfechtungsberechtigung

Anfechtungsberechtigt ist grundsätzlich die Staatsanwaltschaft und der Beschuldigte, § 296 I StPO.

Laut Sachverhalt geht ein Schriftsatz des V ein, in dem dieser mitteilt, dass er das Rechtsmittel der Revision einlegen wolle. Nach § 297 StPO kann der Verteidiger für den Beschuldigten Rechtsmittel einlegen, sofern er nicht gegen dessen ausdrücklichen Willen handelt. Als Verteidiger ist, ohne dass es einer weiteren Vollmacht bedarf, der im bisherigen Verfahren tätig gewesene Wahl- oder Pflichtverteidiger ausgewiesen. § 297 StPO begründet dabei eine Rechtsvermutung, dass der Verteidiger mit Vollmacht und auf Grund eines entsprechenden Auftrags des Beschuldigten handelt.[197] Anhaltspunkte dafür, dass der V vorliegend dem ausdrücklichen Willen des H zuwider handelt, sind nicht ersichtlich. V durfte die Revision einlegen.

[197] Meyer-Goßner/Schmitt, § 297, Rn. 2.

3. Frist

a) Fraglich ist aber, ob die Erklärung des Übergangs von Berufung auf Revision fristgemäß erfolgte. Voraussetzung für einen Übergang zur Revision ist, dass dieser Wechsel innerhalb der Revisions*begründungs*frist (§ 345 I StPO) erfolgt.[198] Die Erklärung muss gegenüber dem Gericht erfolgen, dessen Urteil angefochten wird, vgl. § 345 I S. 1 StPO, da die Übergangserklärung der Einlegung eines (anderen) Rechtsmittels entspricht und daher wie eine solche zu behandeln ist. Außerdem hat das Ausgangsgericht auch die Ordnungsmäßigkeit des Rechtsmittels zu überprüfen, vgl. § 346 StPO.

b) Der Fristlauf bestimmt sich nach § 345 I StPO. Gem. § 345 I S. 1 StPO ist der Revisionsantrag einschließlich der Begründung spätestens binnen eines Monats nach Ablauf der Frist zur Einlegung des Rechtsmittels anzubringen. War das Urteil schon vor der Revisionseinlegung zugestellt, so schließt sich die Frist des § 345 I S. 1 StPO an die des § 341 I StPO an. Sie beginnt also erst nach Ablauf der Einlegungsfrist, auch wenn die Revision schon vorher eingelegt worden war.

Dies war vorliegend aber gerade nicht der Fall. Vorliegend legte der Verteidiger nach der Verkündung des Urteils am 02.04.2020 die Berufung ein. Die Zustellung des Urteils erfolgte am 15.04.2020, also nach Ablauf der einwöchigen Einlegungsfrist des § 341 I StPO.

Deshalb begann der Fristlauf nach § 345 I S. 2 StPO erst mit der Zustellung am 15.04.2020. Sie endete gem. § 43 I StPO am 15.05.2020.

c) Die Erklärung des V ging am 15.05.2020 beim Landgericht ein. Gemäß § 345 I StPO muss die Revision allerdings bei dem Gericht eingereicht werden, dessen Urteil angefochten wird, hier dem AG. Mit einer Weiterleitung des Schriftsatzes seitens des Landgerichts an das zuständige Amtsgericht ist an diesem Tag nicht mehr zu rechnen. Denn der Schriftsatz wurde erst um 20 Uhr in den Nachtbriefkasten eingeworfen.

Die Erklärung ist damit verfristet.

Ergebnis

Eine zulässige Revision wurde nicht eingelegt. Das Landgericht hat über die Berufung zu entscheiden.

IV. Zusammenfassung

- Ein Urteil kann auch unbestimmt angefochten werden, d.h. die Wahl zwischen Berufung und Revision kann zunächst offengelassen werden. Ebenso ist der Übergang von einer eingelegten Berufung zur Revision möglich.
- Die Übergangserklärung muss innerhalb der Revisionsbegründungsfrist erfolgen und gegenüber dem Gericht, dessen Urteil angefochten werden soll (lat.: iudex a quo), erklärt werden.

[198] BGHSt 2, 69 f.; 25, 324; Meyer-Goßner/Schmitt, § 335, Rn. 3.

Die Zahlen beziehen sich auf die Nummern der Fälle.